WERNER FUTTER

Die Subsidiarität der Amtshaftung — Instrument der Haftungslenkung

Schriften zum Öffentlichen Recht

Band 252

Die Subsidiarität der Amtshaftung
Instrument der Haftungslenkung

Mit einer Kritik des Kommissionsentwurfes zur Reform des Staatshaftungsrechts

Von

Dr. Werner Futter

DUNCKER & HUMBLOT / BERLIN

Alle Rechte vorbehalten
© 1974 Duncker & Humblot, Berlin 41
Gedruckt 1974 bei Buchdruckerei Bruno Luck, Berlin 65
Printed in Germany
ISBN 3 428 03241 1
D 21

Vorwort

Man mag sich fragen, ob es sinnvoll ist, eine Arbeit über die „Subsidiarität der Amtshaftung" vorzulegen, nachdem der Kommissionsentwurf zur Reform des Staatshaftungsrechts (1973) eine solche Subsidiarität nicht mehr vorsieht, ja die Amtshaftung überhaupt durch eine unmittelbare Staatshaftung ersetzen will. Die Gründe, die die Rechtsprechung bewogen haben, trotz aller Wandlungen im Recht der staatlichen Ersatzleistungen an dem Subsidiaritätsdogma starr festzuhalten. schienen mir gleichwohl der Untersuchung wert. Diese Beharrungskraft einer ständigen Rechtsprechung und ihre Ursachen galt es zu analysieren. Dabei war es notwendig, den haftungsrechtlichen Hintergrund der einzelnen Fallgruppen darzustellen und die durch die Subsidiarität bewirkten Verschiebungen herauszuarbeiten.

Die Auseinandersetzung mit dieser Rechtsprechung war auch deshalb geboten, weil das Problem der Haftungsbegrenzung mit der Streichung der Subsidiaritätsklausel keineswegs entfällt. Vielmehr nimmt jetzt die neugeschaffene *Reduktionsklausel* Aufgaben der Haftungslenkung wahr. Sie adäquat zu beurteilen war nicht möglich, ohne auf Tatbestand und Umfang der Haftung im Kommissionsentwurf einzugehen.

Die Arbeit lag im Wintersemester 1973/74 dem Fachbereich Rechtswissenschaft der Universität Tübingen als Dissertation vor. Neuere Literatur konnte nicht mehr berücksichtigt werden.

Dank schulde ich meinem verehrten Lehrer Prof. Dr. Dr. h. c. Josef Esser, der die Arbeit betreut hat und Herrn Ministerialrat a. D. Dr. J. Broermann für die Aufnahme der Arbeit in die „Schriften zum Öffentlichen Recht".

Tübingen. den 6. Juni 1974

Werner Futter

Inhaltsverzeichnis

Einleitung 13

1. Kapitel

Ursprung und Entwicklungsgeschichte der Subsidiaritätsklausel in der Amtshaftung — 19

- § 1 Römisch-rechtliche Ausgangslage 19
- § 2 Mittelalterliche deutsche Rechte 22
- § 3 Das allgemeine Landrecht für die preußischen Staaten 24
- § 4 Die Regelung im Bürgerlichen Gesetzbuch vom 18. 8. 1896 und ihre Voraussetzungen 28
  - I. Einleitung 28
  - II. Die Voraussetzungen der BGB-Regelung 29
    1. Der I. Entwurf zum BGB 30
    2. Der II. Entwurf und die Gesetz gewordene Fassung 31
       - a) Schroers Ansicht 32
       - b) BGHZ (GS) 13, 88 33
       - c) Eigene Ansicht 34
    3. Die Ausgleichsfrage im Innenverhältnis und der II. Entwurf 35
    4. Die Intention des Gesetzgebers bei der Formulierung „einem Dritten gegenüber obliegende Amtspflicht" 36
- § 5 Die Überleitung der Beamtenhaftung auf den Staat 37
  - I. Verhältnis Amtshaftung — Staatshaftung 37
  - II. Subsidiäre Amtshaftung — subsidiäre Staatshaftung 39
- § 6 Zusammenfassung des 1. Kapitels 42

2. Kapitel

Die Subsidiarität der Amtshaftung und das Grundgesetz — 44

- § 7 Die verschiedenen Versuche, die Subsidiarität staatlicher Haftung zu rechtfertigen 44
  - I. Der mittelbare Beamtenschutz 44
  - II. Das staatsrechtliche Subsidiaritätsprinzip 49
  - III. Die Subsidiaritätsklausel im Amtshaftungsrecht als Ausprägung des sozialen Rechtsstaats (OLG Bamberg) 52

§ 8 Die problematischen Fallkonstellationen ... 54

I. Störung des Ausgleichs unter deliktisch haftenden Gesamtschuldnern ... 54
   1. Das Problem ... 54
   2. Lösungsversuche ... 56

II. Der Regreßausschluß bei den Versicherern ... 61
   1. Genese des Dogmas ... 61
   2. Ausweitungen des Dogmas ... 68
      a) Die Leistungen der Sozialversicherung ... 69
      b) Lohnfortzahlung als anderweite Ersatzmöglichkeit ... 71

III. Die rechtliche Ausgestaltung der Straßenverkehrssicherungspflicht ... 74
   1. Öffentlich-rechtliche Ausgestaltung der STVSP ... 74
   2. Mangelnde Konsequenz bei der Bekämpfung der SK ... 76

IV. Konkurrenzprobleme zwischen Amtshaftung und anderen Haftungsgrundlagen ... 81
   1. Allgemeine Problematik ... 81
   2. Verhältnis § 839 I 2 BGB — § 7 StVG ... 81
   3. Eigene Stellungnahme ... 85
   4. § 18 StVG ... 87

3. Kapitel
Die Einschränkung der Subsidiaritätsklausel ... 89

§ 9 Die finanziellen Auswirkungen der Subsidiaritätsklausel ... 89

I. Die praktische Relevanz der Subsidiaritätsklausel ... 89
II. Zahlenmaterial und Versuch einer „Hochrechnung" ... 91

§ 10 Methodische Prämissen der Rechtsprechung bei der Auslegung der Subsidiaritätsklausel ... 93

I. Die Wortlaut-Argumentation der Rechtsprechung ... 94
II. Die Ausweitung der Amtshaftung durch die Rechtsprechung ... 96
III. Der Wortlaut einer Norm und der BGH ... 98
   1. BGHZ 50, 325 und § 50 Abs. 2 ZPO ... 98
   2. Das allgemeine Persönlichkeitsrecht und der Wortlaut der §§ 847, 253 BGB ... 99
   3. Subsidiäre Ausgestaltung der AVB als flankierende Maßnahme der Auslegung der SK ... 100
IV. Schlußbetrachtung ... 102

§ 11 Auflösung der Fallgruppen ... 104

I. Gebot der einschränkenden Auslegung der Subsidiaritätsklausel durch verfassungsrechtliche Bestimmungen ... 104
   1. Verstoß gegen den Gleichheitssatz ... 105

2. Verstoß gegen Art. 34 GG 106
II. Beschränkung der Wirkung der Subsidiarität der Amtshaftung auf das Außenverhältnis? 108
　1. Begründungsversuche aus dem Wortlaut und den Gesetzesmaterialien 108
　2. Ausgangspunkt einer veränderten Auslegung ist die Schuldnerauswechslung durch Art. 34 GG 110
　3. Die Entlassung des deliktisch haftenden Zweitschädigers 111
III. Leistungen von „kollektiven" Vorsorgeträgern als anderweite Ersatzmöglichkeit 112
IV. Die Anspruchskonkurrenz zwischen § 839 I und § 7 StVG 115
V. Straßenverkehrssicherungspflicht 115
VI. Ergebnis 116

4. Kapitel

Begrenzungen staatlicher Haftung in anderen Rechtsordnungen im Vergleich mit dem Entwurf eines Staatshaftungsgesetzes für die BRD　117

§ 12 Der Kommissionsentwurf 1973 zur Reform des Staatshaftungsrechts 119
　I. Die Fragen der Haftungsbegründung und der Haftungsbegrenzung im Entwurf — die beiden ersten Grundsatzbeschlüsse 119
　　1. Die Staatshaftung als „Unrechtshaftung" 119
　　2. Die geplanten Haftungsbegrenzungen 121
　　　a) Die Begrenzung des haftungsbegründenden Tatbestandes 122
　　　b) Die Begrenzung des haftungsausfüllenden Tatbestandes durch die geplante Reduktionsklausel in § 2 Abs. 2 StHG 1973 123
　　　c) Weitere Haftungsbeschränkungen 128
　II. Die erweiterte Haftung nach Privatrecht und die Rechtswegvereinheitlichung — der 3. und 4. Grundsatzbeschluß 130

§ 13 Begrenzungen staatlicher Haftung in den Rechtsordnungen der DDR, der Schweiz, Österreichs und Englands sowie in Frankreich (Länderberichte) 130
　I. Die Einschränkungen der Staatshaftung in der DDR 130
　　1. Die Streichung des „Spruchrichterprivilegs" in § 1 Abs. 4 StHG DDR 131
　　2. Die Regelung der Schadensabwendungspflicht in § 2 StHG DDR 132
　　3. Die Subsidiaritätsklausel in § 3 Abs. 3 StHG DDR 132
　II. Die Einschränkungen der Staatshaftung in der Schweiz 135
　　1. Die Haftung nach dem VG 135
　　2. Ausnahmeregelung im Vormundschaftsrecht 136

III. Die Einschränkungen der Amtshaftung nach dem AHG in Österreich 136
  1. Die Haftung nach dem AHG 137
  2. Ausnahmeregelung im Vormundschaftsrecht 138
 IV. Die Einschränkungen staatlicher Haftung im Crown Proceedings Act 139
    Einschränkungen, die durch den CPA zur Anwendung kommen 139
 V. Das Recht der Staatshaftung in Frankreich und seine Beschränkungen 141
 VI. Ergebnis 142

§ 14 Abschließende Würdigung des Kommissionsentwurfes 1973 zur Reform des Staatshaftungsrechts und eigener Reformvorschlag 143

 I. Die Prämissen des Kommissionsentwurfs 1973 143
 II. Eigener Reformvorschlag 145

Anhang 148

Literaturverzeichnis 155

Abkürzungen

Im folgenden werden nur die nicht allgemein verwendeten Abkürzungen genannt. Paragraphen im Text ohne Zusatz sind solche des BGB.

AHG	=	Österreichisches Amtshaftungsgesetz vom 18.12.1948, vgl. Anhang
BK	=	Bonner Kommentar
CPA	=	Crown Proceedings Act, vom 1.1.1948
FS	=	Festschrift
JBl	=	Juristische Blätter (Österreich)
JRPV	=	Juristische Rundschau für Privatversicherung
KomE	=	Kommissionsentwurf eines Staatshaftungsgesetzes und einer Grundgesetzänderung, Oktober 1973, vgl. Literaturverzeichnis
RdA	=	Recht der Arbeit
RefE	=	Referentenentwurf eines Gesetzes zur Änderung und Ergänzung schadensrechtlicher Vorschriften, Januar 1967, vgl. Literaturverzeichnis
SK	=	Subsidiaritätsklausel (§ 839 I 2)
StGH DDR	=	Staatshaftungsgesetz der DDR vom 12.5.1969, vgl. Anhang
StGH 1973	=	Entwurf eines Staatshaftungsgesetzes, vgl. KomE
StVSP	=	Straßenverkehrssicherungspflicht
VG	=	Verantwortlichkeitsgesetz der Schweiz vom 14.3.1958, vgl. § 13 II
ZBR	=	Zeitschrift für Beamtenrecht
ZgesStW	=	Zeitschrift für die gesamte Staatswissenschaft

Einleitung

Gegenstand und Aufbau der Arbeit

I. Die Subsidiarität der Amtshaftung, deren ursprünglicher Zweck es war, die Entscheidungsfreudigkeit und Tatkraft des Beamten nicht zu lähmen[1], wird heute von der Rechtsprechung bewußt dazu verwendet, die Haftung des Staates zu begrenzen. Die Rechtsprechung macht jedenfalls weitherzigen Gebrauch von der Vorschrift des § 839 I 2 BGB, da sie diese Norm als Instrument der Haftungslenkung begreift[2]. Damit steht die Subsidiarität der Amtshaftung in dem größeren Problemkreis des Haftungsausschlusses bzw. der Haftungsbegrenzung bei mehreren Schädigern. Das Verhältnis Beamter (= privilegierter Schädiger) und Zweitschädiger rückt so in den Mittelpunkt des Interesses. Die Redaktoren des § 839 I 2 BGB haben ausweislich der Gesetzesmaterialien[3] ausdrücklich nur das Verhältnis Beamter — Geschädigter geregelt. Seit der Einführung einer staatlichen Haftung hat sich damit ein Ausgleichsproblem zwischen den beiden Schädigern ergeben, dem sich die Rspr. nicht gestellt hat. Beim ähnlich gelagerten Problemkreis „vertraglicher Haftungsausschluß" hat die Rspr. die Ausgleichsaufgabe durch eine Risikoverteilung zwischen Erst- und Zweitschädiger gelöst. Nach Sinn und Zweck der jeweiligen haftungslenkenden Bestimmung begründet man im Einzelfall die „Relativität" oder auch die „Absolutheit" der Bestimmung, um so zu praktikablen Ergebnissen zu kommen. Die Rspr. hat mit dieser Begründung die Haftungserleichterung des § 1359 BGB nur im Außenverhältnis anerkannt, während die Bestimmung des § 636 RVO auch Auswirkungen auf das Innenverhältnis hat[4]. Bei § 839 I 2 hat der BGH eine solche Abwägung nie vorgenommen, er ging vielmehr stets im Anschluß an das RG davon aus, daß auch ein interner Schadensausgleich zwischen den Schädigern mangels Gesamtschuldverhältnis nicht möglich sei[5]. Dieses Gesetzesverständnis führte

---

[1] *Mugdan*, Bd. II (Prot.) S. 1156; Amtl. Protokolle II Abschnitt 2, S. 660 ff.
[2] So der jetzige Vizepräsident des BGH, *Fritz Hauss*, Zur Reform des deutschen Haftungsrechts, 1964, S. 15 unter Bezugnahme auf die „beharrende Linie" der Rechtsprechung und „den Einfluß der Rechnungshöfe".
[3] *Mugdan*, Bd. II S. 1270 am Ende; S. 461.
[4] Zu § 1359: BGHZ 35, 317 (322 f.); zu § 636 RVO: BGH NJW 1967, 982. BGHZ 51, 37, dazu *Gitter*, S. 248 ff.
[5] Anders der Referentenentwurf 1967, der zwischen einem Haftungsausschluß auf Grund allgemeiner und besonderer Vorschrift unterscheidet, wo-

14 Einleitung

vielfach zu unbefriedigenden Ergebnissen. Das folgende Beispiel mag das veranschaulichen:

Ein vollkaskoversicherter Verkehrsteilnehmer, der durch eine von einem grob fahrlässig handelnden Beamten falsch geschaltete Verkehrsampel[6] mit einem anderen Verkehrsteilnehmer, der ebenfalls Grün hatte, zusammenstößt, ohne daß beide ein Verschulden trifft, hat nach deutschem Recht weder gegen den Beamten noch gegen den Staat einen Schadensersatzanspruch, wenn und soweit er von seiner privaten Kaskoversicherung Ersatz des Schadens verlangen kann.

Ein Schadenersatzanspruch gegenüber dem Staat nach § 839 BGB, Art. 34 GG soll insoweit gar nicht entstehen, auf die Versicherung kann daher ein Ausgleichsanspruch nach § 67 VVG auch nicht übergehen. Die Subsidiaritätsklausel verhindert so schon das Entstehen des Amtshaftungsanspruchs[7].

Unter einer anderweitigen Ersatzmöglichkeit i. S. des § 839 I 2 BGB verstand die Rechtsprechung ab 1932 stets auch private und gesetzliche Versicherungsansprüche[8]. Dies hat dazu geführt, daß der vorsorgende Versicherungsnehmer, der durch seine Prämien den Versicherungsschutz erkauft, im Ergebnis den Staat entlastet und das Risiko letztlich über den Versicherer, dem der Regreß verschlossen wird, der Gesamtheit der Versicherungsnehmer aufgebürdet wird. Sowohl die Privat- als auch die Sozialversicherung werden ständig mit Kosten belastet, die durch fahrlässig begangene Amtspflichtverletzungen entstehen. Über die Prämien zahlt die Gesamtheit der Versicherten den Schadensersatz, den eigentlich der Staat (und damit die Gesamtheit der Bürger) für seine fahrlässig handelnden Beamten schuldete. Ebenso unbefriedigend wird auch der verwandte Fall gelöst, daß neben dem fahrlässig handelnden Beamten ein weiterer Schädiger haftet[9]. Der Geschädigte kann sich von vorneherein nur an den Dritten halten, gegenüber dem Staat soll gar kein Anspruch entstehen. Da der BGH — gegen starke Widerstände im Schrifttum[10] — § 839 BGB auch auf die Teilnahme am allgemeinen

---

bei er zu der Gruppe „allgemeine Vorschrift" neben §§ 1359, 1664 BGB auch § 839 I 2 BGB rechnet (S. 142, 143 Begründung). Ähnlich bezieht auch *Hanau*, VersR 67, 516 (520) den § 839 I 2 BGB in diese Überlegungen ein.

[6] In einem solchen Fall bejahte BGH NJW 1971/2220 die Amtshaftung. Der im Beispiel gegebene Anspruch gegen die Kaskoversicherung verhindert schon die Entstehung dieses Anspruches, so zuletzt wieder BGHZ 50, 271 (273, 274). Zur Bedeutung der Ampelfälle: BGHZ 54, 332 und BGH NJW 1972/1268 (Auszug) = Betr. 1972/1163.

[7] So in ständiger Rechtsprechung das RG und ihm folgend der BGH: RG Recht 1911 Nr. 2565; RGZ 81, 428; 137, 20 (21); 138, 209 (212); 145, 56 (68). BGH NJW 1962, 1862; BGHZ 28, 297 (301); 31, 148 (151); 37, 375 (378).

[8] RGZ 138, 209; RGZ 145, 56 waren die ersten Entscheidungen zu privaten Versicherungsverträgen, RGZ 161, 199 (202) für die Sozialversicherung.

[9] Dazu *Wagenfeld*, S. 135 ff.; BGH VersR 1966, 184.

[10] Etwa *Bender*, Staatshaftungsrecht, S. 121; *Esser* II, S. 442 bei FN 25.

Straßenverkehr, also bei Dienstfahrten anwendet[11], ergaben sich dort besonders unerfreuliche Ergebnisse. Durch die Subsidiaritätsklausel kommt es im zivilrechtlichen Haftungssystem zu Risikoverschiebungen bei Straßenverkehrsunfällen, die kaum gerechtfertigt werden können[12].

II. Die Subsidiaritätsklausel blieb von allen Wandlungen, die das Amtshaftungsrecht durchgemacht hat, unberührt. Alle Diskussionen um das staatliche Haftungssystem hatten keinen Einfluß auf die Ergebnisse der Judikatur. Der Referentenentwurf eines Gesetzes zur Änderung und Ergänzung schadensersatzrechtlicher Vorschriften vom Januar 1967 hat in seinem § 839 die Subsidiaritätsklausel gestrichen, in dem neu zu schaffenden § 839 a I Nr. 1 RefE 1967 in geringerem Umfang aber beibehalten[13]. Die Arbeit wird — angesichts der geringen Verwirklichungschancen des Referentenentwurfs[14] — prüfen, welche Funktion der Subsidiarität im Amtshaftungsrecht zukommt und untersuchen, inwieweit die judiziellen Ausweitungen im System staatlicher Ersatzleistungen einerseits, aber doch auch im zivilrechtlichen Verständnis der Haftungsbeschränkungen eine veränderte Beurteilung der Subsidiarität der Amtshaftung erfordern. Die Rechtfertigung für eine solche Untersuchung liegt einmal in der praktischen Bedeutung für die Versicherer und über sie für die Versicherten[15]. Solange eine Generalreform des Regresses noch in weiter Ferne ist, erscheint es „als durch nichts gerechtfertigt"[16], den Schaden auf die Versicherungsträger zu verlagern. Daß es sich hierbei um praktisch relevante Überlegungen handelt, zeigt die Verfassungsbeschwerde, die die Landesversicherungsanstalt Westfalen gegen die Benachteiligung der Versicherungen und Vorsorgeträger zugunsten des Staates einlegte[17]. Daneben soll die Arbeit bei den Reformbestrebungen in der Bundesrepublik Deutschland von Nutzen sein, da es zum einen wenig Klarheit darüber gibt, wie sich die Subsidiarität der Amtshaftung finanziell auswirkt und andererseits auch nicht darüber, ob und wie die Staatshaftung in bezug auf die Haftungs-

---

[11] BGHZ 42, 176 und BGHZ 49, 267.
[12] Vgl. dazu *Füchsel*, DAR 1972, 313.
[13] Teil I des Referentenentwurfs 1967, S. 4 ff.
[14] *Robert Fischer* bezeichnet den Entwurf und die Vorarbeiten dazu als „offenbar hoffnungslos steckengeblieben", Die Weiterbildung des Rechts durch die Rechtsprechung, 1971, S. 21. Auf den Entwurf der Staatshaftungsrechtskommission wird später eingegangen.
[15] Bei den Krankenversicherungen ist die praktische Bedeutung des Regresses zwar gering, doch macht der Anteil an den Gesamtausgaben, der im Regreßweg wieder hereingeholt wird, bei den Berufsgenossenschaften zwischen 4 und 5 % aus und bei den Kraftfahrzeug-Kaskoversicherungen sogar bis zu 20 %. Dazu *Weyers*, Unfallschäden S. 114 f.; *v. Bieberstein*, VersR 1972, 991 ff.
[16] *Esser* II, S. 442; *Weyers*, Unfallschäden S. 113.
[17] BVerfGE 21, 362 (366, 375 ff.).

beschränkung zugunsten des Staates reformiert werden soll. Der Referentenentwurf von 1967 hat keine Verwirklichungschancen mehr und der dem Bundesinnenminister im Oktober 1973 überreichte Entwurf der Staatshaftungskommission wird in der gegenwärtigen Legislaturperiode (1972 - 1976) nicht mehr Gesetz werden können. Der Kommissionsentwurf versucht zudem, das Ziel Haftungsbeschränkung anstatt durch die Subsidiaritätsklausel durch eine Reduktionsklausel zu erreichen. Trotzdem wird auch diese Änderung Widerstände auslösen, zumal die Einführung der unmitelbaren Staatshaftung die Subsidiarität der Haftung nicht notwendig ausschließt, wie § 3 Abs. 3 StHG der DDR von 1969 zeigt[18].

In der Literatur wurde das Problem der Subsidiarität der Amtshaftung zu Beginn der 30er Jahre diskutiert, als die ersten Entscheidungen des Reichsgerichts zu dem Problem der privaten Versicherungsleistungen ergingen[19]. Danach wurde es sehr still um diese Frage bis zu der Entscheidung des Großen Zivilsenats des Bundesgerichtshofs vom 12. 4. 1954[20], mit der bei schuldhaft rechtswidrigem Eingriff neben der Amtshaftung ein nach Enteignungsrecht zu beurteilender sog. Anspruch aus enteignungsgleichem Eingriff gewährt wurde. Damit wurde die Subsidiarität der Amtshaftung bei konkurrierenden Ansprüchen gegen die öffentliche Hand außer Kraft gesetzt.

Im Anschluß an diese Entscheidung, die im Schrifttum teilweise auf scharfe Ablehnung, überwiegend aber auf Zustimmung gestoßen ist, wurde auch das Problem der Subsidiarität wieder diskutiert[21], obwohl man den Schwerpunkt der Entscheidung vor allem in einem Ausbau des Staatshaftungsrechts sah.

Es fehlt aber eine Darstellung, die systematisch und auch dogmengeschichtlich an die vorliegenden Judikate herangeht und die Subsidiarität als Problem in den Mittelpunkt stellt. Lediglich zwei Aufsätze nennen die Subsidiarität im Titel[22], wobei nur einer davon auf die materiell-rechtlichen Fragen eingeht.

---

[18] Zur Reduktionsklausel vgl. § 2 Abs. 2 Entwurf 1973. Kritisch zur Funktion einer Reduktionsklausel im Staatshaftungsrecht: *Lorenz-Meyer*, Haftungsstruktur und Minderung der Schadensersatzpflicht durch richterliches Ermessen, 1971, S. 128 f.; *Bydlinski*, JBl. 1968, S. 333. Der Text von § 3 Abs. 3 DDR StGH ist im Anhang zu finden.

[19] *Gerhard*, JW 1933, 778; *Kerschbaum*, JW 1935, 2600; *Arnold*, JRPV 1936, 353; *Nelte*, JRPV 1934, 113; *Junck*, JRPV 1934, 311.

[20] BGHZ (GS) 13, 88 ff.

[21] Einerseits *Schroer*, JZ 1955/308 ff.; andrerseits *Lerche*, JuS 1961/237 ff. Schroer FN 13 behandelt nur diesen Aspekt, auf den auch Lerche und *Scheuner*, JuS 61/243 eingehen.

[22] *Baumann*, Gedanken zur Subsidiarität der Amtshaftung, AcP 169, 317 ff.; *Waldeyer*, Die Grenzen der Subsidiaritätsklausel im Amtshaftungsrecht, NJW 72, 1249 - 1254.

Angesichts der gewaltigen finanziellen Ausweitung der Staatshaftung, angefangen von der Ausdehnung der Amtshaftung auf alle Personen, denen öffentliche Gewalt anvertraut ist (Art. 34 GG) und angesichts der Ausdehnung von Begriffen wie „öffentliche Gewalt" und „einem Dritten gegenüber obliegende Amtspflicht" schon durch das Reichsgericht, bleibt es unverständlich, daß man es versucht hat, die restriktiv wirkende Subsidiaritätsklausel heute damit zu rechtfertigen, sie bewirke in „erster Linie eine fiskalische Besserstellung der öffentlichen Hand"[23] zu Lasten Dritter. Bedenkt man, daß bei Schaffung des BGB im I. Entwurf die Subsidiarität ausdrücklich abgelehnt wurde[24] und sie von der II. Kommission nur deshalb eingeführt wurde, um zu gewährleisten, daß „Entschlossenheit und Tatkraft" des Beamten nicht durch die Furcht für jedes leichte Versehen persönlich einstehen zu müssen, beeinträchtigt würde[25], erscheint diese Funktionsverschiebung problematisch, zumal die Fälle anderweiter Ersatzmöglichkeiten gerade durch die Ausdehnung der Amtshaftung stark zugenommen haben. An Versicherungsleistungen, die heute den Hauptanteil anderweiter Ersatzmöglichkeiten ausmachen, hatten die Gesetzesredaktoren nicht gedacht, wenigstens tauchen solche Erwägungen in den Motiven zum BGB nirgends auf.

Auch die Rechtfertigung der Subsidiarität damit, die Amtshaftung nach § 839 BGB, Art. 34 GG sei eine Art Billigkeitshaftung[26] kann nur Befremden hervorrufen. Beide Ansichten übernehmen Argumente des 19. Jahrhunderts aus der Diskussion um die subsidiäre Staatshaftung neben der Beamtenhaftung. Außer der Subsidiaritätsklausel in § 839 BGB muß daher auf die Subsidiarität der Staatshaftung eingegangen werden.

Der Referentenentwurf von 1967 begründet die Beibehaltung der Subsidiarität in § 839 a I Nr. 1 RefE 67 damit[27], der Gesichtspunkt des Beamtenschutzes sei durch den Übergang der Haftung auf den Staat nicht überholt, da der Staat bei grober Fahrlässigkeit im Rückgriff den Beamten in Anspruch nehmen könne. Es wird anhand einer Parallele zur schadensgeneigten Arbeit und zur Rückgriffspraxis zu zeigen sein, daß auch diese Begründung nicht tragfähig ist.

III. Dadurch ist der Aufbau der Arbeit vorgezeichnet. Zunächst wird die Herkunft und Entstehungsgeschichte der Subsidiaritätsklausel im

---

[23] So *Wussow*, Unfallhaftpflichtrecht, Rdnr. 484 im Anschluß an BGHZ 13, 88, 104.
[24] *Mugdan* II, S. 461.
[25] *Mugdan* II, S. 1156.
[26] So *Staudinger/Schäfer*, § 839 Rdnr. 350 im Anschluß an BGH VersR 1966, 366 (367).
[27] Begründung zum Referentenwurf S. 128.

BGB in einem kurzen historischen Abriß dargestellt werden (Kapitel 1), wobei deutlich gemacht werden soll, daß die Subsidiaritätsklausel dazu diente, die personale Beamtenhaftung zu mildern, wenn schon eine reichseinheitliche Regelung der Staatshaftung aus Kompetenzgründen unerreichbar war. Die Funktionsverschiebung unter dem GG und die heutige Absicherung des § 839 I 2 BGB durch Argumente, die der Diskussion um die Staatshaftung und deren Subsidiarität entlehnt sind, soll überleiten zu der Diskussion materieller Probleme, anhand derer die Fragwürdigkeit der heutigen Lösungen dargetan werden soll (Kapitel 2). Der BGH selbst hat im Anschluß an eine Begründung des RG gemeint[28], die nicht mehr stets sachgerechten Ergebnisse seien unvermeidbar, da es dem Richter verwehrt sei, dem Gesetz von sich aus die Beachtung zu versagen.

Es wird gezeigt werden, daß schon de lege lata eine andere Interpretation der Subsidiaritätsklausel möglich, in vielen Einzelfällen geradezu geboten ist. Selbst wenn in der Sicht der h. L. die interpretatorischen Möglichkeiten nicht mehr ausreichen sollten, läßt sich an anderen Beispielen richterlichen Entscheidungsverhaltens, insbesondere an sogenannten „geglückten richterlichen Rechtsfortbildungen"[29] zeigen, daß die Zwangsläufigkeit der Ergebnisse zur Subsidiarität der Amtshaftung nur eine scheinbare ist (Kapitel 3).

Ein Blick auf die Einschränkungen der staatlichen Haftung in anderen Rechtsordnungen wird abschließend zeigen, ob es sich bei der Subsidiarität der Amtshaftung um ein allgemein verbreitetes Prinzip oder um eine Ausnahme handelt. Neben den deutschsprachigen Rechtsordnungen in der DDR, in Österreich und der Schweiz werden die Haftungsmodalitäten in Frankreich und England kurz geschildert.

Auf Grund dieser Ergebnisse wird dann die Frage, ob und wie das Staatshaftungsrecht hier fortgebildet und reformiert werden kann, erörtert. Dabei wird sich zeigen, daß eine Reduktionsklausel, wie sie der Entwurf 1973 vorsieht, zu ähnlichen Unzuträglichkeiten führen würde. Ein eigener Reformvorschlag wird den Abschluß der Arbeit bilden (Kapitel 4).

---

[28] BGHZ 42, 176 (181) im Anschluß an RGZ 145, 56 (64/65).
[29] So der Titel der Schrift von *Karl Larenz*, Kennzeichen geglückter richterlicher Rechtsfortbildungen, 1965. Zur Begründung des BGH in BGHZ 42, 181 vgl. die zweifelnden Bemerkungen von *Robert Fischer* zu der gleichartigen Begründungsmethode anderer Entscheidungen mit beharrender Tendenz, Weiterbildung S. 37 zu BGHZ 54, 332 (1. Ampelfall) und S. 38 zu BGHZ 50, 45 (§ 934 1. Alt. BGB).

1. Kapitel

Ursprung und Entwicklungsgeschichte der Subsidiaritätsklausel in der Amtshaftung

§ 1 Römisch-rechtliche Ausgangslage

In allen Epochen des römischen Rechts haftete der Beamte schlicht wie ein Privater. Eine spezifische „Amtshaftung" hat es nur in zwei Fällen gegeben. Einmal galt etwas besonderes für die Richter, die ein ungerechtes Urteil gefällt hatten[1], zum andern kannte das römische Recht seit einem Senatsbeschluß aus der Zeit Trajans die Haftung der Munizipalmagistrate[2], die einen unfähigen oder gar keinen Vormund zum Nachteil des Mündels bestellt hatten. Die verletzte Partei hatte gegen den Richter, der ungerecht urteilte, ursprünglich mangels einer obligatorischen Verbindung[3] keinen Anspruch. Erst durch die „actio contra judicem, qui litem suam facit" wurde diese Lücke geschlossen: der Richter haftete der verletzten Partei auf Schadensersatz[4]. Aus dieser unbedingten Richterhaftung wegen ungerechter Urteile entwickelte sich im Mittelalter die sogenannte Syndikatsklage, deren Bedeutung für das richterliche Entscheidungsverhalten kaum überschätzt werden kann[5].

Von der heutigen Haftung des Spruchrichters unterschied sie sich vor allem durch ihre Haftung sowohl für dolus, als auch für imprudentia, während nach § 839 II 1 BGB heute nur bei Rechtsbeugung gehaftet wird[6].

---

[1] *Windscheid*, Pandekten, 5. Aufl. 1882, § 470 FN 1/S. 771; *Delius*, Beamtenhaftpflichtgesetze 3. Aufl. 1921, § 2/S. 22.

[2] *Kaser*, Römisches Privatrecht I, S. 367; *Sachers*, Tutela Sp. 1581 f., in: Paulys Realenzyklopädie; *Levy*, Privatstrafe und Schadenersatz, S. 41 ff.; A. A. F. *Rudorff*, Vormundschaft III, 1834, S. 154 ff.

[3] So *Koch*, ALR 1854, Anm. 80 bei § 90 II 10/S. 99.

[4] *Koch*, ebenda; *Levy*, S. 48 ff.

[5] Ausführlich dazu *Engelmann*, Die Wiedergeburt der Rechtswissenschaft in Italien, S. 193 ff.

[6] *Esser*, Schuldrecht II S. 443; a. A. *Staudinger/Schäfer*, § 839, 411, diese beziehen neben § 336 StGB auch § 334 StGB mit ein. Kritisch zum Richterprivileg *Merten*, in: FS für Wengler S. 519 ff.

Neben der Richterhaftung entwickelte das römische Recht einen weiteren Typ echter Amtshaftung[7], die Haftung der Munizipalmagistrate, die ihre Pflichten bei Bestellung eines tutors zum späteren Schaden des pupillus versäumt hatten. Der genannte Senatsbeschluß läßt diese Klage von Anfang an nur subsidiär zu. Das Mündel sollte durch die actio subsidiaria die Magistrate nur im Notfalle, wenn die Klagen gegen den Vormund (actio tutelae) und eventuelle Bürgen keine vollständige Schadloshaltung gewährten, in Anspruch nehmen[8]. Wir haben hier die erste subsidiäre Klage gegen eine staatliche Behörde vor uns. Sie könnte der Ausgangspunkt für die Subsidiaritätsklausel in § 839 BGB gewesen sein. Nützlich erscheint es daher, kurz darzustellen, weshalb das römische Recht eine solche Möglichkeit entwickelte und welche Rechtsnatur diese Klage hatte.

Ursprünglich hatte das Mündel nur Rechte gegen den Vormund. Die Entwicklung des subsidiären Rechtsbehelfs gegen die Magistrate hängt eng zusammen mit der Entwicklung der Vormundschaft selbst, von einem Recht des Vormunds hin zu einer Pflicht des Vormunds, die ihm im Interesse des Pflegebefohlenen auferlegt wird. Mit der Betonung des Schutzgedankens wurden an die Sorgfalt, die der Vormund den Geschäften des Mündels zu widmen hatte, erhöhte Anforderungen gestellt. Verbunden damit nahm die Zahl der obrigkeitlich ernannten Vormünder gegenüber den Fällen gesetzlicher Vormundschaft stark zu, so daß der Sorgfaltsanspruch gegenüber dem Mündel auch auf die den Vormund bestellende Behörde ausgedehnt wurde[9]. Unter Trajan wurde die Haftung der Munizipalmagistrate für omnis culpa anerkannt, nachdem sie sich zuvor gewohnheitsrechtlich entwickelt hatte[10].

Die Haftung für omnis culpa verwundert angesichts der unbestritten pönalen Natur der Klage, die Levy nachgewiesen hat[11]. Auf den Widerspruch zwischen Subsidiarität und Straffunktion ist Levy allerdings nicht eingegangen. Er vergleicht diese subsidiäre Haftung mit der Haftung des Magistrats, der im Verfahren wegen „damnum infectum" säumig ist. Beide Klagen stellten eine „Reaktion dar auf einen Schaden, der einen privaten Dritten infolge unzureichender Sorgfalt eines Munizi-

---

[7] *Levy*, S. 41 bezeichnet diese ‚actio subsidiaria' als „Regreßklage aus einer amtsähnlichen Tätigkeit"; S. 42 weist er auf den „staatsrechtlichen Ursprung" der Klage hin.

[8] *Levy*, S. 41 FN 4 und S. 43 FN 1; *Zimmern*, Röm. Privatrecht, 1826, S. 946. *Sachers*, Tutela Sp. 15.

[9] *Rudorff*, Vormundschaft III S. 153; *Zimmern*, S. 942.

[10] Diese Haftung blieb aber immer auf die magistratus municipales in der Provinz beschränkt. Die unabhängige Stellung und Autorität des römischen Magistrats überhob diesen der Verantwortlichkeit ebenso wie die Consuln und Praetoren.

[11] *Levy*, S. 41 ff., 46, 50.

§ 1 Römisch-rechtliche Ausgangslage

palmagistrats betroffen hat"[12]. Diese letztere Form der Amtshaftung ist nie subsidiär gewesen, da es bei ihr eine primär haftende Mittelsperson wie den tutor nicht gab. Auch die Richter konnten immer und nicht nur subsidiär belangt werden.

Dies zeigt, daß dem römischen Recht, das die Haftung auf Schadenersatz wegen Fehlern bei amtsähnlichen Tätigkeiten bei verschiedenen prätorischen Klagen kannte, die Subsidiarität der „Amtshaftung" nur in einem Einzelfall bekannt war. Allein die Klage gegen die Munizipalmagistrate wegen Verletzung der Pflichten als Vormundschaftsbehörde war subsidiär.

2. Aus der Verschiedenheit der amtsähnlichen Haftungen läßt sich daher mit Sicherheit nur entnehmen, daß die Subsidiarität der Haftung kein allgemeines Prinzip war, um die Autorität des Amtes möglichst unangefochten zu lassen und den Amtsträger zu schützen. Vielmehr wurde die Subsidiarität in und für einen Einzelfall entwickelt, um dem schutzbedürftigen Mündel im Notfall zu helfen.

Der Ausgangspunkt für die subsidiäre Haftung der Munizipalmagistrate lag in der Vorstellung, der Vormund, der allerdings „näher am Schaden" ist als die Behörde, müsse primär haften. Er wurde — was auch Levys Formulierung bestätigt — als unmittelbarer Verursacher angesehen. Grund für die subsidiäre Ausgestaltung dieser Haftungsform war daher der Gedanke, die Mittelsperson, der tutor, solle primär haften, da er für seine Versäumnisse in erster Linie aufkommen sollte. Den Schutzerfordernissen des Mündels wurde durch die Subsidiarität der Haftung auch Genüge getan, sie erforderten keine gesamtschuldnerische Haftung von Vormund und Behörde. Dies ist um so bemerkenswerter, als es angesichts der pönalen Natur der actio subsidiaria — mindestens aus heutiger Sicht — nahegelegen hätte, beide anteilig haften zu lassen. Hier zeigt sich aber erneut, daß das römische Recht davon ausging, der Vormund müsse als der primär Verantwortliche auch voll haften. Ein in allen Fällen wirksamer Schutz des Mündels wurde in ausreichendem Umfang gewährleistet, wenn der Munizipalmagistrat bei Zahlungsunfähigkeit des Vormunds und seiner Bürgen in Anspruch genommen werden konnte.

Als Ergebnis ist somit festzuhalten: Dem römischen Recht war zwar eine Haftung auf Schadenersatz wegen Verstoßes gegen eine Rechtspflicht bei amtsähnlicher Tätigkeit bekannt, die nur dann zum Zuge kam, wenn der Betroffene nicht zunächst anderweit Ersatz erlangen konnte. Diese actio subsidiaria war auch — so Levy — staatsrechtlichen Ursprungs[13]. Der Schutz des Beamten selbst spielte jedoch keine Rolle,

---
[12] *Levy*, S. 46 f.
[13] *Levy*, S. 41 und 42.

denn auch bei leichtem Versehen hatte die actio subsidiaria pönalen Charakter. Nicht Schadenersatz, sondern Strafe war der ursprüngliche Zweck der Klage. Die Geldsumme wurde an den Geschädigten bezahlt (Privatstrafe), so daß man aus heutiger Sicht die schadenersatzrechtliche Funktion der Klage in den Vordergrund stellen kann.

Neben dieser Klage kannte das römische Recht andere amtshaftungsähnliche Klagen staatsrechtlichen Ursprungs mit pönalem Charakter, bei denen ebenso für omnis culpa gehaftet wurde und die nicht subsidiär waren[14]. Die Subsidiarität war somit kein allgemeines Prinzip der amtshaftungsähnlichen Haftungsformen, sondern eine Einzelerscheinung die den dem Vormundschaftsrecht eigenen Konflikt zwischen Vormund, Vormundschaftsbehörde und Mündel adäquat lösen wollte. Im folgenden wird daher zu zeigen sein, daß die Übernahme der subsidiären Haftung auf alle Beamten im preußischen ALR auf einem falschen Verständnis der römischen Vorschriften beruhte. Die Übergangszeit im Mittelalter braucht daher nur kurz erwähnt zu werden.

§ 2 Mittelalterliche deutsche Rechte

In den mittelalterlichen deutschen Stadtrechten gab es von jeher Vormundschaftsordnungen, in denen der Rechtsschutz des Minderjährigen und des Mündels eine wichtige Rolle spielte. Eine der wichtigsten Regelungen war die Nürnberger Vormundschaftsordnung von 1399. Diese Vormundschaftsordnung enthielt aber keine Bestimmung, nach der der Rat oder die Vormundschaftsbehörde subsidiär gehaftet hätten. Rudorff weist darauf hin, daß diese Klage in Deutschland „erst seit Einführung des römischen Rechts durch die Reichsgesetzgebung allgemein bekanntgeworden sei"[1]. Eine kontinuierliche Entwicklung und Übermittlung des römischen Rechts über die subsidiäre Haftung der Vormundschaftsbehörde hat nicht stattgefunden. Die Regelungen der Vormundschaft in den mittelalterlichen Stadtrechten und Landesordnungen war sehr verschieden, was angesichts der Zersplitterung der Stadtrechte nicht verwunderlich ist.

Fest steht angesichts der jahrhundertelangen Unterbrechung in der Erforschung und Übermittlung des römischen Rechts, daß die subsidiäre Haftung der Vormundschaftsbehörde erst im 15. Jahrhundert und später Eingang in die Stadt- und Land(es)rechte hatte, als die Rezeption des römischen Rechts in Deutschland auf dem Höhepunkt war

---

[14] Etwa die Klage, die gegen den im Verfahren wegen ‚damnum infectum' säumigen Munizipalmagistrat gegeben wurde. Vgl. dazu die Nachweise bei *Levy*, S. 45 ff.

[1] *Rudorff* III, S. 157, auch in FN 17; S. 161, auch FN 15.

§ 2 Mittelalterliche deutsche Rechte

und die Erforschung des römischen Rechts in Deutschland selbst aufgenommen wurde.

Gebauer vergleicht in seiner Arbeit von 1726[2] römisches und deutsches Recht und erwähnt die „Reformation guter Policey zu Augsburg" von 1548 und die „Polizeiordnung von Frankfurt" aus dem Jahre 1577, die beide über eine Verpflichtung der Magistrate noch nichts enthalten[3]. In des Herzogtums Preußens Landesordnung[4] und mehreren anderen, wie der württembergischen von 1621[5] wird aber eine subsidiäre Haftung des Magistrats und der Richter, „welche ihnen von Amts wegen solche Vormünder gegeben" vorgesehen.

Aus der Durchsicht dieser Vorschriften ergibt sich, daß die mittelalterlichen Vormundschafts-, Pupillen- oder auch Waisenordnungen der deutschen Städte und Länder in sehr weitgehendem Maße auf die actio subsidiaria des römischen Rechts zurückgriffen. Ausschlaggebend für diesen Rückgriff war die für das Vormundschaftsrecht optimale Kombination von Mündelschutz und Strafe für den Vormund. Nur dazu diente die Subsidiarität dieser staatlichen Haftung.

Grundsätzlich stand in allen Vormundschaftsordnungen der Strafzweck gegenüber dem „Muthwillen" des Vormunds im Vordergrund. Das zeigt schon die häufige Regelung der Vormundschaft in den Polizeiordnungen. Soweit die subsidiäre Klage gewährt wurde, war hierfür der Schutz des Mündels ausschlaggebend, meist unter Hinweis auf das römische Recht. Der Schutz der Behörde oder des Beamten spielte im Mittelalter keine Rolle[6].

Ergebnis: Eine subsidiäre Klageform taucht im deutschen Recht, soweit ersichtlich, erst nach 1400 auf. Der Gedanke der subsidiären Haf-

---

[2] G. D. Gebaueri, D. de actione tutelae adversus magistratus, 1726, in Exercitt. acad. Tom. I N, VIII S. 209 - 234.

[3] Ebenda S. 223.

[4] Ebenda S. 224. Diese Vorschrift lautete: „Woferne die Pupilli von den Vormündern und Curatoribus, oder deroselben Erben und Bürgen ihre Sachen nicht recuperieren, noch mit deroselben Güttern vergnüget werden können, so mögen sie alsdann wegen des, so ihnen noch hieran ermangelt, den Magistrat und Richter, welche ihnen von ambts wegen solche Vormünder gegeben, wo erweislich, daß bey denselbigen einige negligenz oder culpa vorgelaufen, mit dem Ultimo subsidio der action, welche dannenhero subsidiaria gennenet wird, convenieren und belangen."

[5] Vgl. Quellen zur Neueren Privatrechtsgeschichte Deutschlands 1968, Bd. II 1 bearbeitet von G. K. Schmelzeisen.

[6] In Tit. 42, § 2, 4 der ‚Ordinatio Provincialis Wurtenbergica' kommt diese Schutzrichtung deutlich zum Ausdruck: „Da einigen Nachtheil oder Schaden ihrer Haab und Gütter widerfahren sollte, wollen wir hiermit denen jungen Pflege-Kindern und Minderjährigen vorbehalten, auch hiermit einen Zugang und Macht gegeben haben, sie (= die Vormundschaftsbehörde) deshalber subsidiaria um Erstattung, Abtrag und Bekehrung zu beklagen."

tung des Beamten für ein Versehen bei amtlicher Tätigkeit wurde in engem Anschluß an die römischen Quellen auf das Vormundschaftsrecht beschränkt.

§ 3 Das allgemeine Landrecht für die preußischen Staaten

Das ALR regelt die Vormundschaft ausführlich im 18. Titel des 2. Teils. Die §§ 301 ff. II 18[1] bringen die uns schon bekannte Regelung der subsidiären Haftung. Nach § 302 darf der Richter erst dann haften, „wenn kein anderes gesetzmäßiges Mittel, den Pflegebefohlenen zu entschädigen mehr übrig ist". Dieses Prinzip wird durch die §§ 107, 170, 475 ALR II 18 für doloses und grob fahrlässiges Handeln wieder modifiziert.

Diese Regelung der vormundschaftlichen Haftung im ALR ist nicht überraschend. Die römisch-rechtliche Lösung dieser Frage wird differenziert und im Einzelfall auch die *„vorzügliche"* Haftung des Richters angeordnet[2]. Für den Normalfall *„mäßigen Versehens"* bleibt es bei der subsidiären Haftung des Richters[3].

Daneben wird im 10. Titel des 2. Teils, der „von den Rechten und Pflichten der Diener des Staats" handelt, zum ersten Mal eine allgemeine Haftung der Beamten für jegliches Verschulden vorgesehen. Wegen der beginnenden Ausweitung der Verwaltung in Preußen kam es zu dieser — fortschrittlichen — Regelung staatlicher Verantwortlichkeit, wenn auch in der Form der Beamtenhaftung in den §§ 88 ff. ALR II 10. § 89 lautet: „Jedes dabei (bei der Amtsführung) begangene Versehen, welches bei gehöriger Aufmerksamkeit und nach den Kenntnissen, die bei der Verwaltung des Amtes erfordert werden, hätte vermieden werden können und sollen, muß er vertreten." Im Anschluß an das römische Recht war unbestritten, daß auch der Richter unter diese Haftungsnorm fiel. Umstritten war dabei aber, ob auch der Richter für jedes leichte Versehen haften sollte. Diese allgemeine Amtshaftung wird durch § 91 ALR II 10 zu einer subsidiären gemacht. Die Vertretung findet nur dann statt, „wenn kein anderes gesetzmäßiges Mittel, wodurch

---

[1] Beachtenswert in diesem Zusammenhang § 841 BGB, der außerhalb des § 839 BGB eine solche Subsidiarität auch heute noch statuiert.

[2] So § 475 II 18 ALR: „Ist das Versehen bei Beurteilung der Sicherheit (für ein Darlehen) gegen rechtliche Grundsätze begangen worden, so haftet das Vormundschaftsamt vorzüglich. Eine direkte Haftung ordnet § 170 II 18 ALR an, allerdings nur bei Vorsatz und Fahrlässigkeit bei der Bestellung unfähiger Personen zum Vormund.

[3] § 302 II 18 ALR ordnet für den Fall mäßigen Versehens (§ 301) an, daß der Richter „erst alsdann haften darf, wenn kein anderes gesetzmäßiges Mittel den Pflegebefohlenen zu entschädigen, mehr übrig ist". § 303 legt dann — ganz wie im römischen Recht — die Reihenfolge der vor dem Richter haftenden Personen fest.

den nachteiligen Folgen eines solchen Versehens abgeholfen werden könnte, mehr übrig ist".

Diese allgemeine Haftung für „Civilbedienstete" in den §§ 88 ff. II 10 ALR abstrahierte von den aus dem römischen Recht bekannten Einzelfällen der Syndikatsklage und der Magistratshaftung im Vormundschaftsrecht und verallgemeinerte die Haftung für alle Beamten. Hierin liegt die entscheidende Neuerung. Die neu eingeführte Beamtenhaftung wurde zwar unter Berufung auf die römischen Prinzipien subsidiär ausgestaltet, doch ist die Einführung einer allgemeinen Haftung der Beamten trotzdem eine wichtige Errungenschaft der Aufklärung. Gerade in jener Zeit war das Problem akut geworden. Durch die Säkularisierung vieler Kirchengüter während der nachreformatorischen Entwicklung kam es zu einer starken Ausweitung der staatlichen Verwaltung. Auf Grund dieser Ausweitung und der damit verbundenen gewachsenen Eingriffs- und Machtbefugnisse des Staates kam es andernorts — etwa in Österreich — zu einer Stärkung staatlicher Autorität, die sich auch darin ausdrückte, daß der Monarch selbst nicht haften mußte. Es wurde als mit der Würde eines absoluten Monarchen unvereinbar angesehen, daß der Staat, den er darstellte, haften sollte. Dieses Prinzip wurde auch auf die Staatsdiener erstreckt, so daß ein Ausschluß der Eigenhaftung der Beamten damit verbunden war. Besonders anschaulich wird die Fortschrittlichkeit des ALR im Vergleich zu Österreich.

Der Aufbau einer einheitlichen Staatsgewalt ging dort unter Franz I. (1792 - 1835) einher mit der Bildung eines Verwaltungsapparates, dessen Träger die neue soziale Klasse der Beamten wurde. Der hierarchische Aufbau der Beamtenschaft und ihre hoheitlichen Aufgaben gliederten diese — in der Vorstellung der Staatslehre — derart an den Staat an, daß die Beamten als Teil des Staates an der Souveränität und Würde desselben teilhatten. Als angeblich zwingende Folge für das Haftungsrecht ergab sich eine Ausgliederung der Beamten aus dem für alle geltenden Recht. Der Autoritätsanspruch des absoluten Herrschers bezog seine Beamten mit ein und machte sie auch de jure durch das österreichische Hofdekret vom 14. März 1806 unangreifbar. Darin wurde ausdrücklich ausgesprochen, daß Beamte wegen ihrer Amtshandlungen niemals belangt werden durften[4]. Bedenkt man, daß das ALR im Jahre

---

[4] Justizgesetzsammlung Nr. 758: „Es ist in den Gesetzen gegründet, daß Staatsbeamte ihrer Amtshandlungen wegen vor dem Zivilgericht niemals belangt werden können und daß daher der Zivilrichter sich die Grenzen seiner Gerichtsbarkeit von Amts wegen gegenwärtig halten, sohin solche Klagen, welche gegen Staatsbeamte ihrer Amtshandlungen wegen eingebracht werden, sogleich zurückweisen müsse." Zum ganzen W. D. Kollmeier, Die Amtshaftung in Österreich und England, Diss. Marburg 1962, S. 7 ff.

1794 in Kraft trat[5] und unter Friedrich dem Großen begonnen wurde, so ist der Unterschied in den Vorstellungen deutlich. Das österreichische ABGB von 1811 enthält demzufolge auch keine den §§ 88 ff. ALR entsprechende Vorschriften. Erst durch das österreichische Amtshaftungsgesetz aus dem Jahre 1949 wurde diese unbefriedigende Rechtslage geändert.

Das ALR hat die Rechtsschutzmöglichkeiten der von staatlichen Eingriffen Betroffenen stark ausgeweitet. Auch die Subsidiaritätsklausel in § 91 II 10 ALR, die diese generelle Haftung wieder einschränkt, kann die Bedeutung, die dem ALR auf dem Gebiet staatlicher Verantwortung zukommt, nicht entscheidend schmälern. Für unser Thema ist es jedoch von Interesse weshalb die Beamtenhaftung generell subsidiär ausgestaltet wurde. Koch bemerkt dazu in seinem Kommentar, „an der subsidiarischen Natur der Klage hat sich nichts geändert"[6]. Damit bezieht er sich auf den Rechtszustand, der als römisches Recht tradiert wurde. Unter der subsidiarischen Natur der Klage nach § 91 II 10 ALR versteht er nicht nur — wie etwa Windscheid diesen Ausdruck verwendet[7] — daß der Kläger zunächst Rechtsmittel einlegen muß. Andere gesetzmäßige Mittel sind vielmehr alle Mittel, die dem Beschädigten zur Befriedigung zur Verfügung stehen[8]. Aus der Formulierung Kochs erkennt man, daß die Subsidiarität der Amtshaftung nicht als etwas Besonderes, sondern als selbstverständliche Übernahme aus dem römischen Recht angesehen wurde. Die Subsidiarität ergibt sich für ihn gleichsam automatisch aus den römisch rechtlichen Vorbildern. Insoweit irrt Koch, denn die römischen Vorbilder hatten — wie gezeigt — nur einen bestimmten Einzelfall aus konkreten Schutzerwägungen heraus subsidiär ausgestaltet. In der Ausweitung auf alle Beamten liegt eine wichtige Neuerung und Erweiterung dieses Grundsatzes, bei der es sich fragt, welche Gründe der Ausdehnung der Subsidiarität auf alle Beamten zu Grunde lagen.

---

[5] Das Publikationspatent datiert vom 5. 2. 1794. In Kraft trat das ALR am 1. 6. 1794.

[6] *C. F. Koch*, Kommentar in Anmerkungen, 1854, § 90 II 10 ALR, Anm. 80.

[7] *Windscheid*, 5. Aufl. S. 773 berichtet in FN 1: Man streitet ferner darüber, ob die Syndikatsklage subsidiarisch sei, oder nicht, und erläutert dies dann so: „d. h. ob sie voraussetze, daß die zu Gebote stehenden Rechtsmittel gegen das Urteil angewendet worden seien, und ob sie demnach wegfalle usf.".

[8] Die § 302 II 18 ALR und § 91 II 10 ALR decken sich in der Formulierung: „wenn kein anderes gesetzmäßiges Mittel mehr übrig ist". Der Unterschied zwischen Windscheid und Koch weist auf die verschiedene Bedeutung des Wortes subsidiarisch hin. Bei der Syndikatsklage war allein die Frage der Rechtsmittel interessant, während bei der actio subsidiaria eine materielle Subsidiarität gemeint ist. In den Motiven zum BGB (*Mugdan* II, S. 461 oben) wird unter Bezug auf § 91 II 10 ALR unter subsidiär beides verstanden. Einmal, daß alle Rechtsmittel vorher ausgenützt wurden und, daß der Anspruch nur dann „stattfindet, wenn kein anderes gesetzmäßiges Mittel, wodurch den nachteiligen Folgen abgeholfen werden könnte, mehr übrig ist".

Leider hat Koch an dieser Stelle nicht Suarez zitiert, wie er es verschiedentlich an wichtigen Stellen tut[9], so daß man auf Erläuterungen zu den §§ 89 ff. ALR angewiesen ist.

Koch selbst begründet die Erweiterung des Anspruchs gegen alle Beamten und bei jedem Versehen lediglich damit, daß er darauf verweist, die §§ 89 - 91 ALR seien an die Stelle des „römischen Prinzips der sog. Syndikatsklage und des Prizips Tit. D. quod quisque juris etc. bezüglich auf eine ungerechte Obrigkeit" getreten. Auf die Subsidiarität und deren Weitergeltung weist er mit Selbstverständlichkeit hin, so leitet er auch § 91 ALR aus dem römischen Haftungsrecht ab. Dort war aber nur die actio subsidiaria auch materiell subsidiär, während die Klage gegen den Richter lediglich voraussetzte, daß der Betroffene zunächst alle Rechtsmittel einlegte und so Abhilfe versuchte, ansonsten aber nicht materiell subsidiär war. § 91 ALR hat sich damit nicht begnügt, diese Vorschrift läßt jedes gesetzmäßige Mittel, um den nachteiligen Folgen abzuhelfen, ausreichen, um die Klage gegen den Beamten zu versagen. Es liegt daher nahe, anzunehmen, daß die Idee der Subsidiarität aus dem römischen Vormundschaftsrecht bloß übertragen wurde, ohne daß die Konsequenzen ganz übersehen wurden.

Durch § 91 ALR wird im Gegensatz zur actio subsidiaria nicht mehr der Geschädigte geschützt, der ansonsten ganz ausfiele, sondern der Beamte. Die allgemeine Beamtenhaftung und die Haftung der vormundschaftlichen Organe war im ALR noch getrennt geregelt, erst das BGB regelt die Haftung aller Beamter, auch der Vormundschaftsrichter einheitlich in § 839 BGB. Die §§ 1697 und 1848 BGB sind rein deklarative Verweisungsnormen, sie stellen lediglich eine ohnehin geltende Rechtslage klar[10]. Anders ist die Lage auch heute noch in Österreich, die getrennt verlaufenen Entwicklungen zeigen sich dort auch heute noch in getrennten Vorschriften. § 265 ABGB sieht die subsidiäre Haftung des „vormundschaftlichen Gerichts" vor, während allgemein die Amtshaftung — ohne Subsidiaritätsvorschrift — im Amtshaftungsgesetz von 1949 geregelt ist. Im ALR stehen die Vorschriften im 18. Titel nicht unvermittelt nebeneinander, denn der Verweis in § 305 II 18 ALR auf §§ 127 ff. II 10 ALR zeigt, daß das Vormundschaftsrecht als lex specialis angesehen wurde.

Ergebnis: Die Entwicklung, die in § 839 BGB dazu führte, die Subsidiarität allgemein auf die Haftung aller Beamten anzuwenden, hat

---

[9] So ausführlich zum Vormundschaftsrecht, vgl. *Koch,* Note 1 vor ALR II 18 § 1, wo er wegen der leitenden Gedanken auf Suarez' Schlußvorträge verweist.

[10] Neben den §§ 1697, 1848 BGB, die auf § 839 I und III BGB verweisen, ist auch § 1872 II S. 2 zu nennen. Dort wird für die Haftung des Familienrates auf die Haftung des Vormundschaftsgerichts verwiesen.

mit den Vorschriften des ALR begonnen. Die geschichtlich bedingte weitschweifige Regelung der Haftung des Vormundschaftsgerichts im 18. Titel ist im BGB durch den bloßen Verweis auf § 839 in § 1697 BGB ersetzt.

Eine Begründung für die Ausweitung der Subsidiarität auf die Haftung für alle Beamten findet sich erst in den Materialien zum BGB und den Entwürfen zum hessischen und bayerischen Gesetzbuch. Es ist nicht auszuschließen, daß bei der Redaktion des ALR der enge Anschluß an die römischen Überlieferungen mit den Interessen des Staates zusammentraf. Die Vorstellungen der damaligen Zeit schlossen es etwa aus, Ansprüche gegen Pfandbuchbeamte wegen fahrlässig falscher Eintragung zu geben, solange ein gesetzmäßiger Anspruch auf Berichtigung zwischen den Parteien bestand. Diese gesetzmäßigen Mittel waren zunächst mit der Klausel intendiert. Dennoch haftete der Beamte nach § 91 II 10 ALR auch im Falle groben Versehens nur subsidiarisch. Der Strafcharakter trat, ganz im Gegensatz zur Haftung der Vormundschaftsbehörde gegenüber dem Beamtenschutz, völlig in den Hintergrund. § 91 ALR beruht auf den römischen Vorbildern über die Haftung der Magistrate. Durch die Verallgemeinerung des Subsidiaritätsgedankens wurde die Schutzrichtung der Klausel entscheidend verändert, ohne daß dies erkannt wurde.

Die Verallgemeinerung der Subsidiarität der „Amtshaftung" auf alle Beamten beruht daher auf einer zu Unrecht angenommenen Analogie zu den römischen Haftungsvorbildern.

§ 4 Die Regelung im Bürgerlichen Gesetzbuch vom 18. 8. 1896 und ihre Voraussetzungen

I. Einleitung

Gegenüber Argumentationen, die sich noch heute ausschließlich auf die Entstehungsgeschichte einer Norm beziehen, ist Skepsis geboten. Isele[1] hat mit Recht schon für die Anfänge der Arbeit mit dem BGB festgestellt, daß die Offenlegung aller Materialien zu einem „regen Materialienkult" geführt habe. Dieser Materialienkult soll in dieser Arbeit nicht weiterbetrieben werden, doch muß die Entstehungsgeschichte des § 839 BGB kurz dargestellt werden, da sich die Vertreter der verschiedensten Meinungen bei der Interpretation der Subsidiaritätsklausel auf sie berufen. Nur so kann die Widersprüchlichkeit der weiteren Entwicklung verständlich werden. Die ausgeprägte Berücksichtigung der Materialien bei der Auslegung des § 839 I 2 BGB ist be-

---

[1] *Isele*, AcP 150 (1949), 10.

sonders erstaunlich, weil sich die Rechtsprechung andernorts von den Vorstellungen des BGB-Gesetzgebers — zu recht — entfernt hat und den Materialien nur noch einen Stellenwert „hinter dem Komma" beilegt. Lerche hat deshalb gerade anhand § 839 I 2 BGB vor einer entscheidenden Berücksichtigung der Entstehungsgeschichte gewarnt und gemeint, in ihrer Bedeutung für die heutige Arbeit mit dem Gesetz werde sie „weit überschätzt"[2].

Ohne nun den alten — weitgehend theoretischen — Streit zwischen der subjektiven und objektiven Auslegungstheorie[3] hier aufnehmen zu wollen, der die Praxis im übrigen nie wirklich beeinflußt hat, muß doch festgehalten werden, daß bei älteren Gesetzen der historischen Interpretation allenfalls ein beschränkter Stellenwert zukommen kann. Gerade die Rechtsprechung der oberen Gerichte zeigt, daß die entscheidende Berücksichtigung der Materialien zur Entscheidung von Sachverhalten der Gegenwart — auch bei neueren Gesetzen — eine selten konstatierte Ausnahme geblieben ist[4]. Weder das BVerfG[5] noch der BGH[6] greifen zur Auslegung einer Gesetzesbestimmung häufig entscheidend auf die Materialien zurück. Das BVerfG hat im Gegenteil ausdrücklich erklärt, die Materialien seien „immer nur mit einer gewissen Zurückhaltung, in der Regel bloß unterstützend, zu verwerten"[7].

II. Die Voraussetzungen der BGB-Regelung

Die personale Beamtenhaftung anstelle der Staatshaftung war ein politisches Produkt der konservativen Vorstellungen des späten 19. Jahrhunderts. Danach ergab sich die privatrechtliche Regelung, trotz der „obrigkeitlichen" Funktion der Beamten, zwangsläufig aus der Konstruktion des Staatsdienerverhältnisses als einem privatrechtlichen Mandatskontrakt[8]. Ganz wie im römischen Recht, dem diese Haftungsform nachgebildet wurde, haftete der Beamte anfangs nur dann, wenn er auch nach allgemeinem Deliktsrecht gehaftet hätte. Erst später wurde seine Haftung Dritten gegenüber auch auf die Verletzung von spezi-

---

[2] *Lerche*, JuS 1961, 242 FN 10 unter Bezugnahme auf *Schroer*, JZ 1955, 308 und BGHZ (GS) 13, 88.
[3] Vgl. nur *Engisch*, Einführung S. 88 ff., *Esser*, Grundsatz und Norm S. 122 ff., 176 ff., *Coing*, Rechtsphilosophie S. 322 ff., *Mennicken* untersucht das Verhältnis von subjektiver und objektiver Auslegungstheorie, Das Ziel der Gesetzesauslegung, S. 19, 24, 30, 48.
[4] z. D. BGHZ 16, 71 (80) (Schallplattenurteil), in dem § 16 Abs. 1 Satz 2 GWB historisch interpretiert wird. BGHZ 37, 60 f.
[5] Ausdrücklich anders sogar BVerfGE 1/299 (321); 10, 234 (244); 11, 126 (129 ff.). Abweichend aber z. B. 2/266 (276); 4, 299 (304).
[6] BGH NJW 1951, 369; BGHZ 33, 330.
[7] BVerfGE 11, 130 unter Berufung auf RGZ 128, 111.
[8] *Heidenhain*, Amtshaftung S. 20.

fischen Dienstpflichten ausgedehnt. Diesen Rechtszustand gibt in etwa § 736 des I. Entwurfs wieder[9], der nur eingefügt wurde, um einem „doppelten Mißverständnis"[10] vorzubeugen. Der spätere § 839 BGB stellt demgegenüber keine Neuregelung dar, sondern ist das konservierte Ergebnis der Ansicht des 19. Jahrhunderts[11].

Legitimiert wurde dieses Ergebnis mit der fehlenden Reichskompetenz. Dem Reichsgesetzgeber fehlte die Zuständigkeit für das öffentliche Recht[12]. Man glaubte daher, auf eine Staatshaftung verzichten zu müssen. Das war letztlich keine überzeugende Argumentation, zumal die Staatshaftung im Reichstag ausführlich inhaltlich diskutiert und abgelehnt wurde. Die aus der generellen Haftung des Beamten entstehenden Härten suchte man zu beschränken. Unter dem Eindruck der Idee von der Staatshaftung[13] erschien es sehr weitgehend, wenn der Beamte für jedes Verschulden haften mußte, zumal er nicht privat, sondern funktionell für den Staat tätig wurde.

1. Der I. Entwurf zum BGB

Die Entwicklung vom I. Entwurf zu der schließlich Gesetz gewordenen Regelung verlief dabei sehr sprunghaft. Im I. Entwurf wurde die Subsidiarität ausdrücklich abgelehnt, um den Rechtsschutz des Geschädigten nicht zu verkürzen. Die entscheidende Stelle in den Motiven lautet:

„Wenngleich Rücksichten der Billigkeit und die Rücksicht auf das bestehende Recht (in Preußen) sich dafür anführen lassen, die Haftpflicht des Beamten gegenüber dem geschädigten Dritten nur als eine subsidiäre zu gestalten, so ist es doch als bedenklich erachtet, in dieser Beziehung zugunsten der Beamten von den allgemeinen Grundsätzen, nach welchen die Haftung derselben für den aus ihrer Pflichtverletzung wirklich entstandenen Schaden nicht eine blos subsidiäre ist, abzuweichen, zumal durch die Anerkennung einer nur subsidiären Haftpflicht der Beamten dem verletzten Dritten die Verfolgung seiner Ansprüche erheblich erschwert wird[14]."

Der I. Entwurf ging damit über die Haftungsbestimmungen im preußischen Recht weit hinaus. Die bewußte Ablehnung der Sub-

---

[9] *Mugdan* II, S. CXXXI, dort vergleichend dargestellt § 736 (I. Entwurf), § 762 (II. Entwurf) und § 839 BGB.

[10] *Mugdan* II, S. 460.

[11] *Heidenhain*, Amtshaftung S. 19 stellt zu Recht fest: „Die persönliche Haftung des ... Beamten als Privatmann hat sonach den absoluten Staat, in dem Landesherr und Staatsdiener durch einen privatrechtlichen Mandatskontrakt miteinander verbunden waren, lange überdauert."

[12] *Mugdan* II, S. 1306, 1386. *Heidenhain*, Amtshaftung, S. 33. Gestützt auf die Kompetenzvorschrift in Artikel 4 Ziffer 13 der Verfassung des Deutschen Reiches vom 16. 4. 1871 (RGBl I S. 64) in der Fassung des Gesetzes vom 20. 12. 1873.

[13] *Mugdan* II, S. 1155 oben.

[14] *Mugdan* II, S. 461.

§ 4 Die Regelung im BGB und ihre Voraussetzungen

sidiarität der Beamtenhaftung zum Schutz der privaten Rechte ging nicht nur über die allgemeine Vorschrift des § 91 II 10 ALR hinaus, sondern auch über die Spezialvorschrift des § 29 Abs. 1 der preußischen Grundbuchordnung von 1872, obwohl das Grundbuchrecht den privaten Dritten stets sehr weitgehend geschützt hatte.

Dieser reformerische Impetus wurde allerdings ganz von privatrechtlichen Vorstellungen beherrscht, indem modern anmutende Schutzerwägungen angestellt wurden. Der Beamte wird dabei völlig von seiner hoheitlichen Funktion losgelöst und voll in das privatrechtliche Haftungssystem integriert.

2. Der II. Entwurf und die Gesetz gewordene Fassung

Nach den Protokollen wurde der Abänderungsantrag 1[15], der die subsidiäre Haftung vorsah, ohne große Diskussion angenommen. Der Schutz des Beamten trat gegenüber dem Schutz des privaten Dritten in den Vordergrund. Es wurde als zu weitgehend angesehen, den Beamten für jede Fahrlässigkeit haften zu lassen[16].

Die entscheidende Stelle lautet hier:

„Es geht zu weit, den Beamten regelmäßig wegen jeder Fahrlässigkeit bei Erfüllung einer ihm gegen einen Dritten obliegenden Amtspflicht haften zu lassen. Eine solche Haftung sei hart für den Beamten, der jeden Tag eine Menge von Amtspflichten erledigen müsse, nicht selten in der Erledigung des einen Geschäfts durch die Notwendigkeit, rasch ein Anderes vorzunehmen, gestört werde und in der Eile, mit der er handeln müsse, leicht ein Versehen begehen könne. Die Haftung bedrohe den Beamten ... und schädige dadurch das Interesse des Dienstes ..., weil sie (die Haftung) bei vielen Beamten zu übertriebener Ängstlichkeit führe[17]."

Die Abweichung vom I. Entwurf wurde nur mit der besonderen Stellung der Beamten gerechtfertigt, die es mit sich bringe, daß er fortdauernd „verpflichtet sei, in die Verhältnisse Dritter einzugreifen". Diese Änderung wurde nicht als Verstoß gegen die „allgemeinen Grundsätze" des I. Entwurfs angesehen[17]. Der Interessenkonflikt zwischen Schädiger und Geschädigtem wurde dadurch nicht aufgelöst, sondern lediglich im Ergebnis anders entschieden. Die Begründung wurde dem angepaßt, ohne daß die Belange der Geschädigten erwähnt werden.

---

[15] *Mugdan* II, S. 1153.
[16] Dazu *Schroer*, JZ 1955, 30, der die Darstellung der Entstehungsgeschichte allerdings mit seiner Anschauung vermengt und manche Zusammenhänge deshalb übersieht, z. B. den Bezug zwischen Staatshaftung und Subsidiarität, der sich m. E. aus *Mugdan* II, S. 1155 ergibt.
[17] *Mugdan*, II S. 1154; vgl. dazu *Wolany*, Rechtfertigung S. 125, der auf S. 127 versucht, die Bedeutung des ablehnenden 1. Entwurfs herunterzuspielen. Die dort angesprochenen „allgemeinen Grundsätze" seien bloß „technische" gewesen, „unsere Gründe" hätten nicht gegen die subsidiäre Ausgestaltung der Haftung gesprochen.

Die Veränderung der Argumentation beruhte auf den Erkenntnissen aus der Diskussion um die primäre Staatshaftung, bei der der Beamte nur im Rückgriff gehaftet hätte. Der sozialdemokratische Antrag auf Einführung der direkten Staatshaftung war von Anfang an ohne Aussicht auf Erfolg, zielte aber darauf ab, den geschädigten Privaten zu schützen. Diese optimale Möglichkeit ließ sich im Reichstag jedoch nicht durchsetzen. Durchgesetzt hatte sich — ganz im Gegensatz zu den Intentionen der SPD —, der Gedanke, dem Beamten, der nicht im eigenen Interesse handle, könne ein Übermaß an Haftung nicht zugemutet werden.

Die breite Diskussion um die Staatshaftung hat die Entscheidung des Reichstages somit nicht positiv beeinflussen können. Das braucht nicht zu überraschen, denn seit dem 6. Deutschen Juristentag (1865) hatte sich die Meinung in Deutschland erstaunlich geändert. Die Regierung berief sich auf die fehlende Regelungskompetenz und ließ damit die Erkenntnisse der Staatshaftungstheoretiker des 19. Jahrhunderts weitgehend außer Betracht, befand sich aber im Einklang mit der nunmehr herrschenden Lehre. Bluntschli, der noch vor dem 6. Deutschen Juristentag mit Verve gegen die „staatsrechtliche" Mehrheit ankämpfte und vermeiden wollte, daß die Staatskasse „ein Zauberschatz" werde und faktisch durch die Einführung der Staatshaftung eine „Staatsversicherung für Privatschaden"[18] geschaffen werde, hatte wenige Jahre später die Mehrheit für sich gewonnen. Unter dem Eindruck der Staatsgewalt des neu geschaffenen Deutschen Reiches hatte sich der positivistische Umschwung schon auf dem 9. Deutschen Juristentag (1871) angebahnt[19].

Über die Subsidiarität der Amtshaftung wurde abschließend im Reichstag ausdrücklich nicht gesprochen, die Staatshaftung hatte ganz im Vordergrund der Diskussion gestanden. Dieser Befund hat Anlaß zu Kontroversen gegeben, wie die Diskussion um die Staatshaftung für das Verständnis der Subsidiarität ausgewertet werden könne.

a) Schroers Ansicht

Schroer[20], der die Entwicklung der Beratungen zu § 839 BGB genau untersucht hat, kommt zu dem Ergebnis, die subsidiäre Haftung der

---

[18] *Bluntschli*, Gutachten zum 6. Deutschen Juristentag, Band I S. 50.

[19] Verhandlungen des 9. Deutschen Juristentags, Band III (1871) S. 63. Dort findet sich der Beschluß, der nur noch eine Empfehlung an den Gesetzgeber enthielt. Noch *Windscheid*, Pandekten 5. Aufl., Bd. 2 S. 774 FN 4 hatte die Staatshaftung als in Deutschland geltendes Recht angesehen, anders in der 8. Aufl., Bd. 2 S. 984 bei FN 4.

[20] In seinem Aufsatz in JZ 1955, 308 ff. *Heidenhain*, der sich in 1. Linie mit dem Problem Amtshaftung — Staatshaftung beschäftigt, spart das Problem

§ 4 Die Regelung im BGB und ihre Voraussetzungen

Beamten und die Frage der Staatshaftung hätten sich gegenseitig nicht beeinflußt. Er begründet seine Ansicht damit, daß es „eine höchst sonderbare Konsequenz gewesen wäre", wenn man die Haftung der Beamten deshalb subsidiär ausgestaltet hätte, weil man die Staatshaftung ablehnte. Die Subsidiarität sei nicht eingeführt worden, „weil die Staatshaftung abgelehnt wurde, sondern obwohl diese abgelehnt wurde". Von diesem Ausgangspunkt aus wirft er der Entscheidung des Großen Zivilsenats des BGH von 12. 4. 1954[21] vor, dort werde die historische Entwicklung verkannt, wenn man behaupte, die Subsidiarität sei eingefügt worden, weil die Staatshaftung gescheitert sei. Er beruft sich für seine Ansicht auf den Ablauf der Beratungen. Die II. Kommission habe zunächst die Subsidiarität der Amtshaftung angenommen und erst danach die Staatshaftung beraten.

Die Stellen, auf die er sich dabei bezieht, gibt Schroer aber nicht genau an[22]. Schon Lerche hat ihm daher entgegengehalten, daß die Stelle bei Mugdan II S. 1155 schwerlich anders verstanden werden könne als „in gedanklichem Zusammenhang" mit der Staatshaftung stehend[23]. Dürig hat sich der Auffassung Schroers angeschlossen, er hebt dessen „sorgfältige Quellenkritik" hervor[24]. Ohne das Problem zu vertiefen, bringt Dürig die Subsidiarität in § 839 I 2 BGB mit dem allgemeinen staatsrechtlichen Subsidiaritätsprinzip in Zusammenhang. Er meint, „bevor man den § 839 I 2 BGB contra legem ignoriere oder de lege ferenda abschaffe, solle man ihn erst im Zusammenhang mit dem allgemeinen staatsrechtlichen Subsidiaritätsprinzip sehen"[25]. Auf diesen interessanten Rechtfertigungsversuch muß später noch eingegangen werden.

b) BGHZ (GS) 13, 88

Der BGH hat sich in seiner Entscheidung vom 12. 4. 1954 auf einen anderen Standpunkt gestellt. Er geht von einem Zusammenhang

---

der Subsidiarität bewußt aus, Amtshaftung, S. 149 FN 4. Lediglich auf S. 165 FN 12 geht er kurz auf die Problematik ein, ohne aber eine geschichtliche Analyse zu versuchen.

[21] BGHZ (GS) 13, 88 (100 f.). Die entscheidende Formulierung lautet dort: „Gerade weil damals die Aufnahme einer allgemeinen Staatshaftungsklausel abgelehnt wurde, hat man sich schließlich aus der Erwägung, der Beamte, der ständig genötigt sei, im allgemeinen Interesse zu handeln, könne durch eine zu weitgehende Verschuldenshaftung in seiner Entschlußfreudigkeit gehemmt sein, mit einer subsidiären Haftung des Beamten abgefunden."

[22] *Schroer,* S. 309 r. Sp., gemeint sind wohl *Mugdan* II, S. 1154 unten und S. 1161 ff.

[23] *Lerche,* JuS 1961, 242 FN 36.

[24] *Dürig,* JZ 1955, 523 FN 8.

[25] *Dürig,* JZ 1955, 525 FN 16.

zwischen der Begründung der Subsidiarität und der Ablehnung der Staatshaftung aus. Die Regelung der Amtshaftung im BGB habe einmal das Ziel verfolgt, den Beamten zu schützen und zum anderen den Interessen des Geschädigten Rechnung tragen wollen. Nach Ablehnung der Staatshaftung habe man den Beamten durch die subsidiäre Ausgestaltung der Amtshaftung entgegenkommen wollen. Dieser Auslegung des geschichtlichen Werdeganges der Subsidiaritätsklausel durch den BGH widerspricht auch nicht, daß weder die Frage, was unter einer anderweitigen Ersatzmöglichkeit zu verstehen sei, noch die Ausgleichsproblematik unter Gesamtschuldnern in den Beratungen der II. Kommission und des Reichstags eine Rolle gespielt haben.

c) Eigene Ansicht

Aus den Materialien läßt sich die Frage, was letztlich kausal für die Schaffung der Subsidiarität der Amtshaftung war, nicht beantworten. Die konkreten Beweggründe für den Umschwung der Ansichten zwischen dem I. und dem II. Entwurf ergeben sich aus den Materialien gerade nicht. Das Schweigen der Protokolle kann dann nicht einseitig aus Plausibilitätserwägungen für oder gegen die eine Ansicht verwendet werden[26]. Fest steht nur, daß das Plenum des Reichstages die Staatshaftung abgelehnt und die Subsidiarität der Amtshaftung bestätigt hat. Weiter steht fest, daß der Schutz des Beamten vor übermäßiger Haftung in der II. Kommission den Ausschlag für die Subsidiarität gegeben hat und daß erst danach über die Staatshaftung beraten wurde. Ein gedanklicher Zusammenhang zwischen Ablehnung der Staatshaftung und Subsidiarität der Amtshaftung kann aber nicht von der zeitlichen Reihenfolge abhängen, denn die Probleme waren bekannt. Die privatrechtliche Ausgestaltung der Beamtenhaftung machte es erforderlich, den Beamten für jede Fahrlässigkeit haften zu lassen. Eine andere Lösung hätte sich in das BGB nicht ohne Bruch mit den allgemeinen Grundsätzen einfügen lassen. Gleichzeitig wurde aber auch erkannt, daß der Beamte funktionell nicht privatrechtlich, sondern hoheitlich, also öffentlich-rechtlich, tätig wurde. Die ungemilderte privatrechtliche Haftung hätte für ihn eine Härte bedeutet, da er nicht im eigenen Interesse tätig wurde. Diese Härte galt es zu mildern. Der Schutz des Beamten ließ sich nach Ablehnung der Staatshaftung zwangsläufig nur noch auf diese Weise, auf Kosten des Geschädigten verwirklichen. Für diese Aufgabe bot sich die Subsidiaritätsklausel an, die in Preußen geltendes Recht war. Vergleicht man den späteren § 839 I 2 BGB mit

---

[26] Zur Anwendung der historischen Interpretation in Zweifelsfällen *Engisch*, Einführung S. 81 und 95 f.; *Esser*, Grundsatz und Norm, S. 123 ff., 257; *Larenz*, Methodenlehre S. 308 ff. (311), 321.

§§ 89, 91 II 10 ALR, dann wird deutlich, daß der Schutz des Dritten durch das BGB immer noch verbessert wurde, da die neue Klausel sich nur noch auf Fahrlässigkeit bezieht, während im ALR die Haftung des Beamten immer ausgeschlossen war, soweit eine anderweitige Ersatzmöglichkeit bestand[27].

Schroer bewertet die Situation zu Unrecht ganz aus der Sicht des Geschädigten. Für den Geschädigten war es in der Tat absurd, daß er sich nunmehr anstatt an den Staat nur an den Beamten und an diesen auch nur subsidiär sollte halten dürfen.

Geht man von der Konzeption des I. Entwurfs aus, der sich in der Analyse der Lage des Geschädigten mit den Ergebnissen der Staatshaftungstheoretiker des beginnenden 19. Jahrhunderts deckte, daß es nämlich für den Verletzten ein Unglück sei, von einem nicht vermögenden Beamten, dem der Staat Gewaltmittel und Eingriffsbefugnisse gebe, geschädigt zu werden, dann hat Schroer recht, wenn er meint, der Schutz des Dritten werde durch § 839 BGB nicht wesentlich gefördert.

Es ging aber nicht nur um den Schutz des Dritten, sondern auch um den Schutz des Beamten. Der I. Entwurf hatte dabei dem Geschädigten den Vorzug gegeben, während die II. Kommission den Beamten bevorzugte. Dieses Ergebnis, ein Kompromißversuch zwischen den beiden widerstreitenden Schutzinteressen, beruhte letztlich auf den politischen Kräfteverhältnissen im Reichstag. Bei Annahme des Antrags der SPD auf Einführung der Staatshaftung wäre die Subsidiarität der Amtshaftung nämlich automatisch weggefallen. Bewertet man daher die Beratung aus der Sicht des Beamten, dann war die Subsidiaritätsklausel nach Ablehnung der Staatshaftung zu seinem Schutz unbedingt erforderlich, während der Geschädigte selbst nicht entscheidend schlechter gestellt wurde. Eine kausale Verknüpfung zwischen der Ablehnung der Staatshaftung und der Einführung des Subsidiaritätsprinzips kann aus dieser Sicht kaum bestritten werden[28].

3. Die Ausgleichsfrage im Innenverhältnis und der II. Entwurf

Ein dritter Punkt bedarf der Erörterung im Zusammenhang mit den Materialien. Bei Durchsicht der Motive und Protokolle fällt auf, daß die entscheidende Änderung, die die II. Kommission vorgenommen hat, sich auf die Ausgleichsfrage zwischen mehreren Schädigern nicht ausgewirkt hat. Im I. Entwurf sollte, da die Subsidiarität abgelehnt wurde, der Ausgleich über die Vorschrift des späteren § 426 BGB (§ 337 des I. Ent-

---

[27] *Koch*, Anm. 78 bei § 89 II 10 ALR.
[28] Ebenso *Lerche*, JuS 1961, 242 FN 36.

wurfs) erfolgen. Eine Ausnahme war nur für bestimmte Sondergruppen der Beamten im späteren § 841 BGB (§ 736 Abs. 2 des I. Entwurfs) vorgesehen.

Bei der Einfügung der Subsidiaritätsklausel durch die II. Kommission wurden die Auswirkungen auf das mögliche Dreierverhältnis nicht erörtert, wahrscheinlich aber ganz übersehen. In den Protokollen heißt es lediglich: „Der § 736 Abs. 2 (Haftung neben Anderen bei versäumter Aufsicht; Regreß), den der Antrag 1 in § 736 a sachlich unverändert wiedergibt, wurde nicht beanstandet[29]." Diese Vorschrift wurde unverändert Gesetz (§ 841 BGB), obwohl die Subsidiaritätsklausel des § 839 I 2 BGB sie in ihrer Wirkung auf Vorsatz beschränkte. Waldeyer zieht aus diesem Befund die Konsequenz, wegen § 841 BGB werde durch die Subsidiaritätsklausel in § 839 nur das Verhältnis zwischen Beamten (= Staat) und Geschädigtem, nicht auch das mögliche Verhältnis zwischen Beamten und Zweitschädiger geregelt[30].

Diese Fragen werden später zu erörtern sein[31]. Auch hier muß aber vor einer Überbetonung der Aussagekraft der Materialien gewarnt werden, denn wiederum findet sich in den Materialien gerade nichts zu dem fraglichen Punkt.

4. Die Intention des Gesetzgebers bei der Formulierung „einem Dritten gegenüber obliegende Amtspflicht"

Das Merkmal der Gesetz gewordenen Vorschrift des § 839 BGB „einem Dritten gegenüber obliegende Amtspflicht" muß in seiner Bedeutung für § 839 I 2 BGB kurz aus den Materialien heraus erläutert werden, da die Rspr. hier eine entscheidende Ausweitung des Amtshaftungstatbestandes vorgenommen hat. Im I. Entwurf wurde davon ausgegangen, daß zwischen dem Dritten und dem betroffenen Beamten besondere rechtliche Beziehungen bestehen müßten. Nicht jede Verletzung einer Dienstpflicht, die dem Beamten, dem Staat gegenüber oblag, sollte die Haftung auch einem Dritten gegenüber auslösen. Pflichten, die dem Beamten wie jedem Privaten oblagen, sollten die besondere Haftung ebenfalls nicht auslösen.

Die Kommission ging davon aus, daß dem Beamten besondere staatliche Eingriffsbefugnisse, um in die Sphäre des Dritten hineinzuwirken, gegeben sein müßten[32]. Prototypen unberechtigter Maßnahmen waren etwa Schäden, die durch den Grundbuchbeamten, das Vormundschafts-

---

[29] *Mugdan* II, S. 1157. Der Wortlaut der Vorschrift findet sich auf S. 1153.
[30] *Waldeyer*, NJW 1972, 1251 f.
[31] Vgl. § 8 I und § 11 II.
[32] *Mugdan* II, S. 459 f.

gericht, das Jugendamt oder auch die Zwangsvollstreckung verschuldet wurden. Hier oblagen dem Beamten dem Dritten gegenüber besondere Amtspflichten, da er auch besonders weitgehende Eingriffsbefugnisse hatte. Nach den Vorstellungen der Redaktoren des Entwurfs wäre die Verletzung der Sorgfaltspflicht im Straßenverkehr niemals eine gegenüber einem Dritten obliegende Amtspflicht gewesen[33]. Auch die dem Beamten anvertraute öffentliche Gewalt wurde in den Motiven sehr eng aufgefaßt. Darunter wurde ursprünglich nur die besonders verliehene Eingriffsbefugnis in die Rechtssphäre Dritter verstanden, nicht aber das Tätigwerden des Staates zum Schutze oder zur Fürsorge von Privaten[34]. In diesen Beziehungen hatte § 839 I 2 BGB seinen guten Sinn. Bei den meisten der hiernach möglichen Fälle der Amtspflichtverletzung wäre eine anderweite Ersatzmöglichkeit sehr selten gewesen. Viele denkbare Fälle werden von § 841 BGB erfaßt.

Die Einschränkung der Rechte Dritter hielt sich in relativ engem Rahmen. Sicher ist jedenfalls, daß an Versicherungsleistungen als anderweite Ersatzmöglichkeiten niemand gedacht hatte[35]. Das Versicherungswesen war auch noch nicht in dem Umfang verbreitet, wie es wenige Jahre später der Fall sein sollte[36].

§ 5 Die Überleitung der Beamtenhaftung auf den Staat

I. Das Verhältnis Amtshaftung - Staatshaftung

Das preußische Gesetz vom 1. 8. 1909 und ihm folgend das Reichsgesetz vom 22. 5. 1910 über die Haftung des Reiches für seine Beamten brachten die Übernahme der Beamtenhaftung durch den Staat, beide änderten an der bestehenden Vorschrift des § 839 BGB aber nichts[1]. In den Beratungen dieses Gesetzes im Reichstag wurde auf die Motivation, die zu der Regelung des § 839 I 2 BGB geführt hatte, gar nicht eingegangen. Lapidar wurde festgestellt, das Reich übernehme die Haf-

---

[33] *Münzel*, NJW 1966, 1341 ff.
[34] So aber später das Reichsgericht, RGZ 84, 27. Zu beidem unten § 10 II.
[35] Die Begründung des Reichsgerichts in RGZ 91, 232 (1917) geht davon aus, daß die Versicherungsgesellschaft, die an ihre Versicherungsnehmer gezahlt hat, anschließend vom Staat nach §§ 839 BGB, 67 VVG Ersatz verlangen kann. Versicherungsleistungen wurden somit in dieser Entscheidung nicht als anderweite Ersatzmöglichkeit angesehen. *Delius*, Beamtenhaftpflichtgesetze nennt in der mir zugänglichen 3. Auflage von 1921 auf S. 181 zum 1. Mal auch die auf Grund eines Versicherungsvertrages gemachten Leistungen als anderweite Ersatzmöglichkeit, während in der Rechtsprechung des RG erst in RGZ 138, 209 ff. dieser Grundsatz aufgestellt wurde.
[36] So auch RGZ 145, 56 (64).
[1] Pr.GS. S. 691 und RGBl. S. 798.

tung, die nach § 839 BGB beim Beamten entstanden sei. Im Gegensatz zu der heutigen Diskussion um § 839 I 2, in der oft Argumente zu hören sind, die die Idee der subsidiären Staatshaftung materiell zu rechtfertigen versuchen, gab es damals überhaupt keine Diskussion. Die Subsidiarität der Beamten wirkte nunmehr zugunsten des Staates, obwohl sie zum Schutz des Beamten geschaffen worden war.

Die Irrationalität dieses Vorgangs kann nur erklärt werden, wenn man den unbewußt gebliebenen Zusammenhang zwischen der Subsidiarität der Amtshaftung und der Subsidiarität der Staatshaftung aufzeigt. Zunächst muß jedoch die hier verwendete Terminologie geklärt werden, da die Begriffe in der Literatur uneinheitlich verwendet werden[2].

Den Charakter der positiven Regelung bezeichnet man zweckmäßig als Amtshaftung im Gegensatz zu Beamtenhaftung und Staatshaftung. Amtshaftung ist dabei definiert als mittelbare staatliche Haftung im Gegensatz zur unmittelbaren Staatshaftung, wie sie etwa der Entwurf 1973 vorsieht. Beamtenhaftung nenne ich das Haftungssystem, das den Beamten persönlich als Zurechnungsobjekt hat. Sowohl im Gegensatz zu Heidenhain als auch zu Dagtoglou bezeichne ich die Amtshaftung synonym als staatliche Haftung, um den geringen Abstand zur Staatshaftung auszudrücken. Entsprechend verwende ich den terminus Subsidiarität der Amtshaftung, um die Funktionsverschiebung gegenüber der Subsidiarität der Beamtenhaftung auszudrücken (= Subsidiarität staatlicher Haftung). Demgegenüber bedeutet Subsidiarität der Staatshaftung zweierlei, a) überwiegend ein Haftungs-System, bei dem primär der Beamte haftet und subsidiär der Staat eintritt und zwar generell (so heute noch teilweis im kantonalen schweizerischen Recht), b) eine Subsidiarität moderner Staatshaftungsformen, wie etwa durch § 3 III StHG DDR.

Die frühen Vertreter einer Staatshaftung in Deutschland wollten diese nur subsidiär eintreten lassen. Auch der neben Bluntschli entschiedenste Gegner jeder Staatshaftung, Edgar Loening, war bereit, für Ausnahmefälle eine subsidiäre Staatshaftung zuzugestehen. Darunter verstand man die Haftung des Staates in den Fällen, in denen der Geschädigte von dem primär haftenden Beamten — aus welchen Gründen auch immer — nichts bekommen konnte. Den inneren Grund dieses Privilegs für den Geschädigten sah man in der Billigkeit. Von Mohl führte 1834 aus, daß der durch „einen ungesetzlich handelnden Beamten Verletzte wegen Mangels an zureichendem Vermögen von letzterem

---

[2] *Dagtoglou*, BK Art. 34 Rdnr. 7 einerseits, *Heidenhain*, Amtshaftung S. 36 ff. andrerseits; *Schöning*, S. 114 ff.; wie hier *Maunz*, in: Maunz/Dürig/Herzog, Art. 34 Rdnr. 3 (1971).

nicht vollständig entschädigt werden könne, sei ein Unglück, welches der Betroffene zu tragen habe. Eine Überwälzung auf die Staatskasse wäre ein Unglück für die Steuerpflichtigen". Höchstens könne „aus dem zu Gnadengeschenken bestimmten Fonds dem unschuldig zu Schaden gekommenen und itzt nicht einmal vollständig zu Entschädigenden ein Beitrag aus Billigkeit abgereicht werden"[3].

Auch H. A. Zachariae begründete die subsidiäre Staatshaftung mit dem Schutz der staatlichen Finanzen vor zu großer Belastung[4]. Dieses Argument zur Begründung einer subsidiären Staatshaftung, also einer Ausfallhaftung, fand Beifall. Der stärkste Mangel der Beamtenhaftung, die Unsicherheit für den Geschädigten, war damit beseitigt.

II. Subsidiäre Amtshaftung — subsidiäre Staatshaftung

Als durch die Gesetze von 1909 und 1910 die Staatshaftung eingeführt wurde, verquickte sich diese Vorstellung in eigenartiger Weise mit der Subsidiarität der Beamtenhaftung, die historisch einen anderen Zweck und Ursprung hatte. Damit war im Ergebnis der Zustand hergestellt, den die Vertreter der Staatshaftung immer gefordert hatten. Der Staat haftete in 1. Linie, der Beamte nur noch im Regreßwege. Die Einführung der privativen Schuldübernahme für Amtshaftungsforderungen hat nicht den Zweck gehabt, die Staatshaftung zu verhindern[5]. Nach Einführung des BGB war es vielmehr so, daß man das Ziel, staatliche Haftung mit möglichst wenig Änderungen am hoch gelobten BGB zustande bringen wollte. Der Rechtspositivismus war so stark geworden, daß es auch für den Gesetzgeber inopportun gewesen wäre, das BGB jetzt schon zu ändern. Hinzu kam als wichtigster Anlaß aus der praktischen Politik, daß Preußen durch sein Gesetz den Weg des Reiches vorgezeichnet hatte.

Die Subsidiarität der Amtshaftung war nun zur Subsidiarität staatlicher Haftung geworden. Das Ergebnis läßt sich so kurz zusammenfassen: der Staat haftet grundsätzlich primär, aber subsidiär, wenn der Beamte fahrlässig gehandelt hat und eine andere Ersatzmöglichkeit besteht. Die mittelbare Staatshaftung war geschaffen[6]. Sie beruht auf einer Verquickung beider Subsidiaritätsformen.

---

[3] *von Mohl*, System der Präventiv-Justiz, 1834, S. 555. Vgl. zum Ganzen *Heidenhain*, Amtshaftung S. 22 f.
[4] *H. A. Zachariä*, ZgesStW 19 (1863), 582 (633 ff.). „Über die Haftungsverbindlichkeit des Staates aus rechtswidrigen Handlungen und Unterlassungen seiner Beamten."
[5] So aber *Heidenhain*, Amtshaftung S. 42, vgl. aber auch S. 36 ff., 39, 40, dort besonders FN 34.
[6] Vgl. *Papier*, S. 36 f., 99 ff., 113 ff.; *Merten*, in: FS für Wengler Bd. II S. 519.

Die Verquickung der 2 verschiedenen Formen der Subsidiarität zeigt anschaulich § 29 der Preußischen GBO von 1872[7]. Die Sanktionen für Verletzungen des Grundeigentums waren stets der Zeit weit voraus. Die bürgerliche Gesellschaft stellte typischerweise den Schutz des Grundeigentums an die Spitze. Absatz 1 von § 29 pr. GBO bringt die Subsidiarität der Beamtenhaftung, Absatz 2 die subsidiäre Staatshaftung. Hier stellte die Gesellschaft den Geschädigten sicher, er ging nie leer aus, andererseits schützte sie den Beamten durch die Subsidiarität der Amtshaftung. Die beiden Arten der Subsidiarität stehen sich ergänzend nebeneinander.

Die Beschränkung der Beamtenhaftung wurde von der Rechtsprechung auch unter der Geltung von Art. 131 WRV ohne weitere Begründung positivistisch auf die Staatshaftung übertragen. Erst unter der Geltung von Art. 34 GG begann man Sinn und Zweck der subsidiären staatlichen Haftung[8] zu hinterfragen. Die Rechtsprechung und die Literatur versuchten dann, die Relativierung der Staatshaftung zu Lasten Dritter unter Rückgriff auf die alte Argumentation zur subsidiären Staatshaftung zu rechtfertigen. Staudinger-Schäfer meinen etwa im Anschluß an eine Entscheidung des BGH, die Subsidiarität der staatlichen Haftung lasse sich damit rechtfertigen, daß die Haftung des § 839 BGB eine sehr weitgehende sei und ihre Überleitung auf den Staat auf Billigkeitsgründen beruhe. Es bestehe, so gesehen „eine Art Billigkeitshaftung"[9]. Man fühlt sich an die Mohlsche Argumentation aus dem Jahre 1834 erinnert. Auch das Argument, die staatlichen Finanzen müßten geschützt werden, taucht nun wieder als Rechtfertigung auf, obwohl sich die soziale Lage und die rechtliche Argumentationsebene verändert haben. Zu Zeiten der Bekämpfung der Staatshaftung wurde mit diesem Argument versucht, das Risiko staatlicher Schädigungen dem Geschädigten selbst, qua Unglück aufzubürden, nunmehr werden dadurch unbeteiligte oder mitbeteiligte Dritte belastet[10].

Ergebnis: Die Überleitung der Haftung auf den Staat bereitete anfangs keinerlei Probleme. Die Subsidiarität der Beamtenhaftung wurde als unproblematisch ebenfalls übernommen. Weder 1909/10 noch bei der

---

[7] § 29 pr. GBO lautete: „Die Beamten des Grundbuchamtes haften für jedes Versehen bei Wahrnemung ihrer Amtspflichten, soweit für den Beschädigten von anderer Seite her, Ersatz nicht zu erlangen ist. Soweit der Beschädigte nicht imstande ist, Ersatz seines Schadens von dem Grundbuchbeamten zu erhalten, haftet ihm für denselben der Staat."

[8] Informativ hierzu der Streit im Zuständigkeitsausschuß bei der Beratung von Art. 34 GG zwischen Dr. Laforet (CDU) und Dr. Hoch (SPD), dargestellt im BK vor Art. 34 GG (Entstehungsgeschichte).

[9] *Staudinger/Schäfer*, § 839 Rdnr. 350; BGH VersR 1966, 366 (367).

[10] Zu diesem Argument: BGHZ 13, 88 (104); *Wussow*, Haftpflichtrecht S. 227 f. (Rdnr. 482 ff.).

Einführung und Beratung von Art. 131 WRV wurden irgendwelche Bedenken in dieser Richtung geäußert. Man war bemüht, möglichst wenig zu ändern und man übernahm deshalb jeweils die schon bestehende Regelung. Gestützt auf eine kontinuierliche Rechtsprechung pflanzte sich die „primär-subsidiäre" staatliche Amtshaftung von 1909/10 bis heute fort.

Erst unter der Geltung des Grundgesetzes machten verschiedene Öffentlichrechtler grundlegende Bedenken gegen diese „Anseilung" der staatlichen Amtshaftung an das BGB geltend[11]. Der sich ständig vergrößernde staatliche Einfluß machte die Frage nach dem adäquaten Schutz des Privaten wieder aktuell. Die privatrechtliche Komponente der Staatshaftung, die in der Subsidiarität der Haftung besonders stark zum Ausdruck kommt, wurde dabei als veraltet angesehen.

Die Rechtfertigungsversuche für die subsidiäre Amtshaftung mit Argumenten, die zu Beginn des 19. Jahrhundert zur subsidiären Staatshaftung entwickelt worden waren, müssen angesichts des heutigen Entwicklungsstandes des Systems staatlicher Ersatzleistungen als in sich widersprüchlich angesehen werden. Die Rechtsprechung hat faktisch bereits weitgehend eine unmittelbare Staatshaftung verwirklicht und die in naher Zukunft zu erwartende Neuregelung des ganzen Komplexes wird, vom Ergebnis her gesehen, mehr ordnen und klarstellen, als neu regeln[12]. Der Staat hat als sozialer Staat viele ehemals private Aufgaben übernommen und damit zu erkennen gegeben, daß er Hilfestellungen auch dann anbieten will, wenn Schadensfälle auftreten, die nicht von ihm verursacht worden sind[13]. Diese Tatsachen legen es nahe, den Staat dann für ersatzpflichtig zu halten, wenn er rechtswidrig in die Sphäre der Bürger eingegriffen hat. Die Argumentationen, die die Subsidiarität verteidigen, fußen im 19. Jahrhundert und müssen daraufhin untersucht werden, ob das Staatsverständnis, das sie trägt, der gewachsenen privaten Abhängigkeit von staatlicher Macht entspricht[14]. Die immer komplexer werdende Umwelt hat dazu geführt, daß das Verschuldenserfordernis in der Amtshaftung kurz vor der endgültigen Preisgabe steht. Demgegenüber müßte die Subsidiarität staatlicher Haftung neu begründet werden.

---

[11] Der Ausdruck stammt von *Jellinek*, JZ 1955, 147. *Bettermann*, DÖV 1954, 299 (304); DÖV 1955, 528 (530) Grundrechte III 2, S. 837; *Lerche*, JuS 1961, 242 FN 37; *Dagtoglou*, BK Anm. 260 ff. zu Art. 34.

[12] Eine Ausnahme bildet der 1. Ampelfall BGHZ 54, 332. Dort wurde die Lücke spürbar. Vgl. dazu aber *Ossenbühl*, JuS 1971, 575 (581); *Bull*, DÖV 1971, 307.

[13] *Dietzel*, JZ 1969, 48 (50).

[14] Dazu neuerdings: *Schöning*, Rechtliche Auswirkungen der Technisierung der Verwaltung auf das System der öffentlichrechtlichen Ersatzleistungen, Diss. Bochum, 1973. Zur Ausweitung der Amtshaftung S. 113 ff., 123.

§ 6 Zusammenfassung des 1. Kapitels

Die subsidiäre Haftung der römischen Munizipalmagistrate wegen Verletzung amtsähnlicher Tätigkeiten ist die erste nachweisbare subsidiäre „Amtshaftung". Im Vormundschaftsrecht entwickelte sich diese Haftungsform weiter und wurde dort auch in den mittelalterlichen Vormundschaftsordnungen rezipiert.

Das preußische ALR gestaltete erstmals die Beamtenhaftung generell als subsidiäre Haftung aus. Daneben findet sich im Vormundschaftsrecht weiterhin eine spezielle Haftung, die ebenfalls subsidiär ausgestaltet ist. Der Verletzte, der bis zum ALR den schädigenden Beamten kaum haftbar machen konnte, kann nun den Beamten in Anspruch nehmen, aber nur, wenn er keine andere „gesetzliche Möglichkeit hat, den nachteiligen Folgen abzuhelfen".

Bei den Beratungen zu § 839 BGB griff die II. Kommission auf diese Vorschriften zurück. Maßgebende Begründung war der Schutz des Beamten, der nicht aus Furcht vor Haftung in seiner Entscheidungsfreudigkeit gehemmt werden sollte. § 839 I 2 BGB erscheint bei der privatrechtlichen Ausgangslage der „Gesetzgeber" als Versuch eines Kompromisses zwischen den Interessen des Geschädigten und denen des schädigenden Beamten.

Durch die Überleitung der Haftung auf den Staat durch die Gesetze von 1909/10 und Art. 131 WRV bzw. Art. 34 GG wurde diese Lage entscheidend verändert. Dennoch wird § 839 I 2 BGB als gegebene Beschränkung der Haftung automatisch mitübernommen. Dabei wird die spezifische Funktion, die § 839 I 2 BGB im privatrechtlichen Haftungssystem vor Übernahme der Beamtenhaftung auf den Staat gehabt hat, nicht berücksichtigt. So kommt es zu einem Funktionswandel der Klausel. Erst unter dem Einfluß der Vorschriften des Grundgesetzes[15] und des schnell voranschreitenden Ausbaus des Systems staatlicher Ersatzleistungen durch die Rechtsprechung werden die Auswirkungen der subsidiären staatlichen Haftung zunehmend als ungerechtfertigt empfunden. Durch die Ausweitung der Amtshaftung hat § 839 I 2 BGB eine ungeahnte Bedeutung, z. B. für die Versicherungen erlangt.

Im Schrifttum wird dennoch die Subsidiarität immer noch mit den Argumenten gerechtfertigt, die ursprünglich für die subsidiäre Staatshaftung entwickelt worden waren. Hierbei handelt es sich jedoch

---

[15] Vgl. *Ising*, S. 50, der zusammenfassend davon ausgeht, daß sowohl ein Verstoß gegen Art. 3 GG, als auch ein Verstoß gegen das Sozialstaatsprinzip vorliegt.

historisch um eine andere Quelle. Die scheinbar wohlüberlegte Entwicklung, auf die sich die Dogmatik noch heute stützt, muß daher auf ihre Rationalität untersucht werden.

2. Kapitel

Die Subsidiarität der Amtshaftung und das Grundgesetz

Einleitung: Im 1. Kapitel ist der Wandel der Subsidiaritätsklausel von einem Beamten- zu einem Fiskusprivileg gezeigt worden. Die Diskrepanz zwischen der Ausweitung der Amtshaftung allgemein und der Beibehaltung der Subsidiarität speziell wurde geschildert.

Nunmehr müssen die Rechtfertigungen für die Beibehaltung der Subsidiarität untersucht und auf ihre Rationalität überprüft werden.

§ 7 Die verschiedenen Versuche, die Subsidiarität staatlicher Haftung zu rechtfertigen

I. Der mittelbare Beamtenschutz

Bettermann hat schon 1954 die Vorschrift des § 839 I 2 BGB als obsolet bezeichnet. Nach der Überleitung der Haftung auf den Staat sei diese Vorschrift nach dem Satz „cessante ratione cessat lex ipsa" wegen der veränderten Normsituation gegenstandslos geworden. Die Subsidiaritätsklausel sieht Bettermann als bloßes Arbeitnehmerprivileg, auf das sich der Arbeitgeber, der Staat nicht berufen dürfe[1].

Im Schrifttum hat vor allem Schroer[2] dieser Argumentation widersprochen, mit der Begründung, der Beamte werde auch heute noch durch die Subsidiaritätsklausel geschützt. In Wahrheit habe sich die Normsituation nicht so entscheidend geändert. Die Regreßmöglichkeit bei grober Fahrlässigkeit bedrohe und belaste den Beamten, Art. 34 Satz 2 GG. Dadurch, daß der Beamte im Falle grober Fahrlässigkeit von seinem Dienstherrn im Rückgriff in Anspruch genommen werden könne und diese Möglichkeit durch die dem Staat zugute kommende Subsidiarität ausgeschlossen werde, werde mittelbar auch heute noch der Beamte geschützt. Der Normzweck des § 839 I 2 BGB — so meint Schroer — werde dadurch auch heute noch erfüllt.

---

[1] *Bettermann*, DÖV 1954, 304; erneut JZ 1961, 483.
[2] *Schroer*, JZ 1955, 311 ff.; auch *Staudinger/Schäfer*, § 839 Rdnr. 350: die Begründung des „Referentenentwurfs 1967" geht ebenfalls von dieser Argumentation aus, Teil II S. 128.

Es läßt sich kaum bestreiten, daß das Rückgriffsrecht des Staates in diesem Fall gar nicht zur Entstehung gelangt, da der Staat qua Entlastung durch § 839 I 2 BGB nicht haftet. Bestünde in einem solchen Fall die Klausel nicht, müßte der Beamte damit rechnen, in Anspruch genommen zu werden.

Abgesehen davon, daß damit die Behauptung Bettermanns, die Subsidiaritätsklausel sei als Arbeitnehmerprivileg nicht mehr existent, wenigstens teilweise widerlegt ist, müssen auch methodische Bedenken gegen die Argumentation Bettermanns geltend gemacht werden, denn der Grundsatz „cessante ratione legis cessat lex ipsa" entspricht in dieser Allgemeinheit nicht allgemeiner Anschauung. Er dürfte so absolut auch nicht zu halten sein, es sei denn, man legte eine rein subjektiv-historische Auslegungsmethode zu Grunde. Larenz[3] hat zu Recht darauf hingewiesen, daß eine Norm auch unter veränderten Verhältnissen einen „vernünftigen Sinn" behalten kann. Entscheidend ist, ob die Funktionsverschiebung angesichts der übrigen Entwicklung vernünftig ist. Zunächst muß aber die Frage erörtert werden, ob Schroers Prämisse, der grob fahrlässig handelnde Beamte sei schutzwürdig, richtig ist. Auszugehen ist dabei von einem Vergleich mit den arbeitsrechtlichen Grundsätzen. Die Beamtengesetze, etwa § 78 Abs. 2 BBG geben dem Staat gegenüber seinen grob fahrlässig handelnden Beamten einen Rückgriffsanspruch. Dieser Anspruch setzt voraus, daß der Staat selbst haftet.

Pagendarm[4], der ebenfalls die Ansicht vertritt, der grob fahrlässig handelnde Beamte verdiene besonderen Schutz, will diesen Rückgriffsanspruch bereits dann ausschließen, wenn die haftende Körperschaft sich nicht auf § 839 I 2 BGB berufen darf[5]. Er sieht die Schutzfunktion des § 839 I 2 BGB als so stark an, daß sie den Rückgriffsanspruch ausschließt. Aus dieser Position heraus bekämpft er die punktuelle Nichtanwendung der Subsidiaritätsklausel durch den BGH.

Diese Position setzt die grundlegende Wertung voraus, daß der Beamte auch bei grober Fahrlässigkeit schützenswert ist. Joseph Wolany hat diese Position ausdrücklich gerechtfertigt. In seinem Aufsatz „Zur Rechtfertigung der bloß subsidiären Haftpflicht"[6] meint er allerdings, ein grob fahrlässiges Verhalten sei nicht „das Typische" bei Amtspflichtverletzungen.

---

[3] *Larenz*, Methodenlehre S. 333.
[4] *Pagendarm*, LM § 839 (E) Nr. 5. Der BGH hat dies in BGHZ 13, 88 ausgesprochen. Danach darf eine staatliche Behörde nicht auf die Haftung einer anderen weiterverweisen, da die öffentliche Hand wirtschaftlich eine Einheit darstelle.
[5] Zu dieser Konstellation: *Staudinger/Schäfer*, § 839 Rdnr. 373.
[6] *Wolany*, Annales Universitatis Saraviensis, 1954, S. 121 - 133.

Ausgehend von der Wertung, die Art. 34 GG trifft, läge es nahe, umgekehrt zu argumentieren und zu behaupten, es sei gerade nicht gerechtfertigt, den Beamten, der grob fahrlässig, also leichtfertig handelt, auf Kosten eines Dritten zu schützen. Ansonsten hätte Art. 34 GG den Rückgriff auch bei grober Fahrlässigkeit ausschließen müssen, er behält ihn aber explizit vor. Art. 131 Abs. 1 WRV hatte im Anschluß an § 2 des „Gesetzes über die Haftung des Reiches für seine Beamten" den Rückgriff noch für jede Art von Schadensverursachung vorbehalten. Art. 34 GG beschränkte den Rückgriff dann bewußt auf die Fälle von Vorsatz und grober Fahrlässigkeit. Das damit verbundene Rückgriffsverbot im Falle leichter Fahrlässigkeit muß als Ausdruck der Betriebsverantwortung des Staates und als Ergebnis der beamtenrechtlichen Fürsorgepflicht gesehen werden[7]. Implizit kommt damit aber auch zum Ausdruck, daß es durch die Verfassung als gerechtfertigt angesehen wird, wenn Beamte bei grober Fahrlässigkeit selbst haften[8]. Die einzelnen Beamtengesetze haben den Rückgriffsvorbehalt im Wege einer „Kannbestimmung" ausgefüllt, so daß es im Einzelfall im Ermessen des Dienstherrn steht, ob er den Rückgriff durchführen will oder nicht.

Damit hat die Verwaltung eine gewisse Flexibilität erreicht, die allerdings nicht ganz an die Vorteile der arbeitsrechtlichen Regelung heranreicht. Zwar können auch bereits zuerkannte Regreßansprüche nach den entsprechenden Bestimmungen der Haushaltsordnungen[9] niedergeschlagen werden, doch ist anerkannt, daß diese Möglichkeit keine Maßnahme der Haftungslenkung mehr ist, sondern die ultima ratio. Die Rechtsprechung hat die Grundsätze über die Haftung bei schadensgeneigter Arbeit auf die hoheitliche Tätigkeit der Beamten nicht angewendet[10], dennoch ist erwogen worden, diese Grundsätze sinngemäß auf § 78 Abs. 2 BBG und die entsprechenden Vorschriften anzuwenden[11]. Dabei bliebe der absolute Haftungsausschluß bei leichter Fahrlässigkeit erhalten. Für eine analoge Anwendung spricht, daß viele abweichende Ergebnisse, etwa die Besserstellung beamteter Kraftfahrer gegenüber angestellten nicht hoheitlich handelnden öffentlichen Bediensteten durch

---

[7] *Dagtoglou*, BK Art. 34 Rdnr. 350; *Bonsmann*, ZRP 1969, 53; *Heine*, Die schadensgeneigte Arbeit des Beamten, Diss. München 1969, S. 150 f.

[8] *Donau*, MDR 1955, 717 r. Sp.; *Bonsmann*, ZRP 69, 53.

[9] § 59 BHO; § 59 bw LHO.

[10] BVerwGE 19, 243 (249) = NJW 1965, 458 mit ablehnender Anm. von *Henrichs*. Bei nicht hoheitlicher Tätigkeit wenden die Oberverwaltungsgerichte die Grundsätze des Arbeitsrechts analog an: OVG Münster DÖV 1969, 214; OVG Saarlouis DÖV 1969, 219 = NJW 1968, 1796. Diese Rechtsprechung hat Eingang in die entsprechenden Richtlinienerlasse gefunden, vgl. bw GABl. 1972, 1235 Abschnitt III 3.

[11] *Achterberg*, DVBl. 1964, 605 und 655; ders. AcP 164, 14; *Stich*, ZBR 1959, 215; *Stich*, ZBR 1960, 146 ff. (155); *Groß*, ZBR 1964, 72; *Heine* Schadensgeneigte Arbeit S. 8 ff., 130 ff., 220 ff.

nichts gerechtfertigt werden kann, sowie die Regelung in Art. 34 Satz 2 GG. Diese Regelung muß geradezu als positiv-rechtliche Ausprägung der im Arbeitsrecht entwickelten Grundsätze gelten. Der entscheidende Grund für die Durchbrechung des starren BGB-Haftungssystems im Arbeitsrecht ist die Tatsache, daß der Arbeiter letztlich ein fremdnütziges Risiko übernimmt, wenn er mit Werten umgeht und Entscheidungen trifft, die weitreichende Folgen haben können[12]. Diese Risikolage trifft auf den Beamten ebenso zu[13]. Mindestens aber kann man den Schutz des Beamten nicht auf Kosten Dritter verwirklichen. Bei dem mittelbaren Schutz über § 839 I 2 BGB ist aber gerade dies der Fall.

Das BAG hat die Begriffe grobe und leichte Fahrlässigkeit nicht verwendet, es spricht ganz allgemein von „nicht schwerer Schuld", da sich auch einmal ein grober Fehler als aus der „menschlichen Unzulänglichkeit" hervorgehendes „Abirren der Arbeitsleistung" darstellen könne[14]. Bei einmaliger grober Fahrlässigkeit, die isoliert dennoch nicht schwere Schuld ist, käme nach diesen Grundsätzen eine Schadensaufteilung in Betracht, eine Möglichkeit, die den Verwaltungsgerichten verschlossen ist.

Die analoge Anwendung der arbeitsrechtlichen Grundsätze führt im Ergebnis grundsätzlich zu einem besseren Schutz des Beamten. Andererseits würden durch diese Grundsätze die normalen Fälle grober Fahrlässigkeit den Beamten als Haftenden sehen. Das BVerwG hat eine analoge Anwendung stets abgelehnt, soweit die hoheitliche Tätigkeit der Beamten betroffen war. Das Gericht sah keinen Anlaß, den Schutz des Beamten zu vergrößern. In dem entschiedenen Fall ging es lediglich um einen Betrag von DM 600,—, so daß von der Sache her kein drängender Anlaß bestand, die festgefügte Rechtsprechung zu ändern[15]. Die Entscheidung des BVerwG sagt aber nichts darüber aus, ob nicht der Beamte schon zu stark geschützt wird, soweit § 839 I 2 BGB wirkt. Sie sagt auch nichts darüber aus, ob nicht die Grundsätze über die schadensgeneigte Arbeit insoweit angewendet werden können.

Verglichen mit der differenzierenden Lösung im Arbeitsrecht ist die Regelung durch § 839 I 2 BGB einerseits zu weit und andererseits viel zu eng. Zu weit, weil auch bei grober Fahrlässigkeit eine Entlastung des Beamten in vollem Umfang stattfindet, soweit nur eine anderweite

---

[12] Vgl. statt vieler *Larenz*, Schuldrecht II § 52 II/S. 212.
[13] So *Heine*, S. 199 ff., 226; *Stich*, ZBR 59, 215. a. A. BVerwGE 19, 243; *Achterberg*, DVBl 1964, 605 ff.
[14] BAG (GS) NJW 1958, 235 (239). Ebenso BGHZ 16, 111; 27, 62.
[15] BVerwGE 19, 249 ff.; *Dagtoglou*, BK Art. 34 Rdnr. 350. Das Gericht hat für außerordentlich hohe Schäden sich schon selbst von dem eigenen Präjudiz befreit.

Ersatzmöglichkeit gegeben ist[16], zu eng, weil der Beamte nur dann entlastet wird, wenn eine anderweite Ersatzmöglichkeit gegeben ist, nicht aber wenn eine „nicht schwere Schuld" seine Entlastung rechtfertigt. Die Haftungsfreistellung hängt von Gesichtspunkten ab, die haftpflichtrechtlich mit der Haftung rein gar nichts zu tun haben.

Heine[17] hat ausgehend vom Risikogedanken eine analoge Anwendung der im Arbeitsrecht entwickelten Grundsätze auch im hoheitlichen Bereich des öffentlichen Dienstes bejaht. Er will damit den Schutz der Beamten sachgemäß verstärken. Von seinem Standpunkt aus hätte er auch den viel zu weitgehenden Schutz der Beamten durch § 839 I 2 BGB bekämpfen müssen. Genausowenig wie einzusehen ist, weshalb ein grob fahrlässig handelnder Beamter, der nach den arbeitsrechtlichen Grundsätzen nicht voll haften müßte, als Beamter voll haften soll, ist einzusehen, weshalb ein Beamter, der nach diesen Grundsätzen haften müßte, nicht haften soll. Heine übersieht diese Problematik, wenn er meint, der Beamte hafte stets bei grober Fahrlässigkeit[18]. Das ist nicht richtig. § 839 I 2 BGB führt gerade zu einer solchen Entlastung. Wichtiger noch als der Schutz des Beamten durch die Anwendung der Grundsätze über die schadensgeneigte Arbeit ist der Abbau des ungerechtfertigten Schutzes durch Vergleich mit der arbeitsrechtlichen Lösung.

Als Ergebnis ist daher festzuhalten, daß der Ausgangspunkt der Lehre, die § 839 I 2 BGB auch heute noch als eine — wenn auch mittelbar — den Beamten schützende Norm begreift, nicht im Einklang steht mit der immer weiter differenzierenden Entwicklung des Haftungsrechts. Der Schutz des Beamten kann sachgemäß nur in Anlehnung an das Risikoprinzip verwirklicht werden. Das hat zur Folge, daß die Haftungslast nur zwischen Dienstherr und Beamten verteilt werden kann. Die Subsidiaritätsklausel, die diese Last einem Dritten auferlegt, kann heute nicht mehr mit Erwägungen zum Beamtenschutz legitimiert werden[19].

Die historisch argumentierende „Schutzreliktstheorie" verwendet Argumente, die der neueren Diskussion nicht standhalten können. Der Beamtenschutz durch § 839 I 2 BGB ist heute nicht mehr gerechtfertigt,

---

[16] *Heine*, S. 195 weist darauf hin, daß bei grober Fahrlässigkeit sowohl im Arbeits- als auch im Beamtenrecht immer wieder Fälle zur Entscheidung kommen, „wo die volle Haftung des Bediensteten ungerechtfertigt ist". (Vgl. BGHZ 16, 112; BVerwG DVBl 1966, 146.)

[17] *Heine*, S. 155 f.: „Die Unterschiede zwischen Staat und Betrieb sowie die Anwendbarkeit des Risikoprinzips."

[18] *Heine*, S. 196. Richtig ist daran nur, daß die flexible Lösung des Arbeitsrechts, die vom Grad der Schuld ausgeht, im Beamtenrecht nicht verwendet wird.

[19] Außer *Bettermann*, a.a.O., ebenso *Papier*, S. 119, der Art. 34 GG selbst als eine die Staatshaftung unmittelbar begründende Norm ansieht.

II. Das staatsrechtliche Subsidiaritätsprinzip

Verschiedentlich ist versucht worden, die Subsidiaritätsklausel in § 839 I 2 BGB aus dem allgemeinen staatsrechtlichen Subsidiaritätsprinzip heraus zu rechtfertigen[20]. Dürig hat gemeint, man solle § 839 I 2 BGB vor unbedachter Kritik „erst im Zusammenhang mit dem allgemeinen staatsrechtlichen Subsidiaritätsprinzip sehen"[21]. Wer den Staat primär haften lasse und § 839 I 2 BGB abschaffen wolle, „sozialisiere" und „verstaatliche".

Auch Küchenhoff hat Subsidiaritätsprinzip und Subsidiaritätsklausel in Verbindung gebracht. Er geht dabei den anderen Weg und versucht die Geltung des Subsidiaritätsprinzips mit Beispielen aus dem geltenden Recht zu beweisen. § 839 I 2 BGB sieht er als eine solche Ausprägung des allgemeinen Subsidiaritätsprinzips, da dieses Prinzip auch in der „Pflichtenlage des Staates" gelte[22].

Gegen diese Versuche hat sich Isensee ausgesprochen. Er wendet sich entschieden gegen die Vermengung von rechtstechnischen Subsidiaritätsvorschriften mit dem materiellen Subsidiaritätsprinzip. Technische Regelungen, die zum Instrumentarium der Gesetzesgestaltung gehören, dürfen seiner Ansicht nach nicht mit dem ein Über/Unterordnungsverhältnis erfordernden materiellen Subsidiaritätsprinzip der Verfassung verwechselt werden. Er sieht § 839 I 2 BGB als reine Konkurrenzbestimmung, ähnlich wie im Strafrecht, in der geradezu die Gegentendenz zum Subsidiaritätsprinzip zum Ausdruck komme. Er schließt seine Erwägungen mit der Feststellung, § 839 I 2 BGB beinhalte heute ein „anachronistisches Fiskusprivileg", das im „Subsidiaritätsprinzip sowenig wie in irgendeinem anderen Gesichtspunkt einen Rechtfertigungsgrund findet"[23]. Im Rahmen dieser Arbeit kann auf die Diskussion um die Geltung und Ableitung des staatsrechtlichen Subsidiaritätsprinzips nicht näher eingegangen werden. Erforderlich ist ein Eingehen auf diese Diskussion nur insoweit, als die Frage, ob die Subsidiaritätsklausel mit dem materiellen Subsidiaritätsprinzip in Zusammenhang steht und von daher legitimiert werden kann, beantwortet werden muß.

---

[20] *Dürig*, JZ 1955, 525 FN 16; *G. Küchenhoff*, RdA 1959, 202; *W. Hamann*, S. 30 ff. (Tüb. Diss. 1961).
[21] *Dürig*, JZ 1955, 525 FN 16.
[22] *Küchenhoff*, RdA 1959, 202.
[23] *Isensee*, Subsidiaritätsprinzip S. 86 - 88; ebenso *Zuck*, S. 47; *Glaser*, S. 42 f.; *Lerche*, JuS 1961, 242 FN 39.

Isensee beschreibt das Subsidiaritätsprinzip als Regulativ des Verhältnisses von Staat und Geselllschaft, durch das der je unteren Instanz der Vorrang im Handeln zugewiesen wird, soweit deren Kräfte ausreichen[24]. Diese Definition lehnt sich an die Definition der Enzyklika „Quadragesimo anno" vom 15. 5. 1931 an, deren Übersetzung lautet: „... wie dasjenige, was der Einzelmensch aus eigener Initiative und mit seinen eigenen Kräften leisten kann, ihm nicht entzogen und der Gesellschaftstätigkeit zugewiesen werden darf, so verstößt es gegen die Gerechtigkeit, das, was die kleineren und untergeordneten Gemeinwesen leisten und zum guten Ende führen können, für die weitere und übergeordnete Gemeinschaft in Anspruch zu nehmen; ...[25]." Dürig selbst definiert den Subsidiaritätsgedanken als „Grundsatz des ersatzweisen Beistandes der höheren Einheit, wenn die Kräfte der unteren Einheit nicht ausreichen" und sieht darin ein „echtes juristisches Vorrangs- und Zuständigkeitsprinzip"[26]. Bei seiner Beschäftigung mit den „Grundfragen des öffentlich-rechtlichen Entschädigungssystems"[27] sieht Dürig die Regelung des § 839 I 2 BGB als Bestimmung, die das Risiko auf der privaten gesellschaftlichen Ebene beläßt. Soweit der Betroffene qua anderweite Ersatzmöglichkeit die Kräfte hat, den Schaden selbst zu beheben, soll die höhere Einheit, der Staat nicht beansprucht werden. Eine Sozialisierung des Haftungsrisikos erscheint Dürig dann nicht erforderlich. Die Prämisse für seine Ansicht ist, daß er die staatliche Haftung als sehr weitgehend ansieht. Grundsätzlich ist er der Auffassung, daß das soziale Entschädigungssystem nicht zu einer vollständigen Abwälzung privaten Risikos auf den Staat führen darf. So gesehen bejaht Dürig das Fiskusprivileg in § 839 I 2 BGB, er bejaht den Funktionswandel des § 839 I 2 BGB und rechtfertigt ihn mit dem Subsidiaritätsprinzip.

Isensee bekämpft die Dürigsche Auffassung mit dem Vorwurf, der Staat stehe „unter dem Blickwinkel der Haftung jedem privaten Gläubiger gleich"[28], ein Über/Unterordnungsverhältnis, wie es das Subsidiaritätsprinzip voraussetze, bestehe gerade nicht. Ausgangspunkt Isensees ist die vollständige Ablehnung der gewandelten Funktion des § 839 I 2 BGB als Fiskusprivileg. Er leitet aus dem Subsidiaritätsprinzip einen grundsätzlichen verfassungsrechtlichen Einwand gegen alle Fis-

---

[24] *Isensee*, S. 28; vgl. auch den Untertitel der Arbeit.
[25] Der deutsche Text ist zitiert nach *Jostock*, Die sozialen Rundschreiben, 3. Aufl. 1961. Abgedruckt auch bei *Isensee*, Subsidiaritätsprinzip S. 19 FN 2.
[26] *Dürig*, in: Maunz/Dürig/Herzog, Art. 1 Rdnr. 54 unter Verweis auf *Dürig*, JZ 1953, 198 und 1955, 523.
[27] So der Titel des Aufsatzes, in dem *Dürig* in JZ 1955 auf S. 525 FN 16 auch zum Subsidiaritätsprinzip Stellung nimmt.
[28] *Isensee*, S. 87.

kusprivilegien ab, welche die Wettbewerbslage verschieben. § 839 I 2 BGB sieht er in diesem Zusammenhang[29].

Kritik ist schon an Isensees Ausgangspunkt geboten. § 839 I 2 BGB ist keine Konkurrenzbestimmung, sondern eine haftungslenkende Norm mit kanalisierender Wirkung. Isensee verkennt den Regelungsgehalt von § 839 I 2 BGB. Das Zivilrecht kennt eine solche Kanalisierung der Haftung vor allem im Atomhaftpflichtrecht, aber auch die relativen Haftungsausschlüsse wie in §§ 151 I BBG, 636 RVO müssen zu dieser Gruppe gezählt werden[30]. Recht hat Isensee nur insoweit, als eine solche haftungslenkende Norm auch technischer Natur ist. Der Zweck, der mit einer solchen Regelung verfolgt wird, hat aber im Gegensatz zu der strafrechtlichen Konkurrenzsubsidiarität einen materialen Gehalt[31].

Die Haftung des Staates läßt sich auch nicht vorschnell mit der privaten Haftpflicht gleichsetzen[32]. Schon die gesetzliche Regelung geht über die Ansprüche gegen private Schädiger hinaus, indem generell der entstandene Vermögensschaden ersetzt wird. Nimmt man die Ausweitung durch die Rechtsprechung hinzu, gewinnt die staatliche Haftung eine andere Qualität[33].

Die Verteidiger der Subsidiaritätsklausel berufen sich gerade auf die Besonderheiten der Beamtenhaftung gegenüber der privaten Haftpflicht[34]. Wolany rechtfertigt die Allein-Haftung eines Dritten, der neben dem Beamten schädigt, mit dem Satz, ein allgemeines Delikt lasse sich leichter vermeiden als eine Amtspflichtverletzung[35]. Er sieht, „daß die Wertung von Bestimmungen, die sich auf die Haftung für Amtspflichtverletzungen beziehen, stark vor den allgemeinen Anschauungen einer Zeit über den Staat und seine Aufgaben beeinflußt wird"[36].

Zu den Besonderheiten der staatlichen Haftung gehört ihre Erweiterung gegenüber dem allgemeinen Deliktsrecht. Die Amtshaftung ist gegenüber dem allgemeinen Deliktsrecht dadurch erweitert, daß das Vermögen schlechthin geschützt wird. Weiter reicht jeder Verstoß gegen

---

[29] *Isensee*, S. 88 und allgemein zu den Fiskusprivilegien S. 280. Isensee sieht keinen Unterschied zwischen beiden Formen, wie die Weiterverweisung auf S. 88 FN 8 auf § 56 = S. 280 beweist.
[30] Vgl. *Ising*, S. 4 ff.
[31] Zur Subsidiarität strafrechtlicher Normen, vgl. *Schönke/Schröder*, Rdnr. 59 ff. vor § 73 StGB; *Geerds*, Zur Lehre von der Konkurrenz im Strafrecht, S. 179 ff.
[32] So aber *Isensee*, S. 87.
[33] Ähnlich *Eike Schmidt*, Nachwort S. 148 FN 61.
[34] *Schroer*, JZ 1955, 31; BGHZ 34, 99 (101); OLG Bamberg NJW 1972, 689 (690 r. Sp. oben); *Papier*, S. 116 f.
[35] *Wolany*, S. 130.
[36] Ders. S. 123.

eine Rechtspflicht aus, der einen Schaden verursacht, ohne daß die Verletzung eines absoluten Rechts (§ 823 I) oder eines speziellen Schutzgesetzes (§ 823 II) erforderlich wäre[37].

Isensee geht auf diese Besonderheiten nicht ein. Es fehlt bei ihm auch die Überprüfung der Frage, inwieweit nicht das im BGB als deliktische Haftung ausgeformte Verhältnis zwischen Staat und Bürger in Wahrheit ein „obligationsähnliches" ist. Staat und Bürger treffen und schädigen sich nicht bei zufälliger Begegnung, sondern im Verlauf zwangsläufiger Beziehungen und Berührungen. Das zufällige Begegnen, wie etwa bei der Dienstfahrt, gehört nicht in diesen Bereich hoheitlicher Haftung[33]. Seine Auffassung ist davon geprägt, daß er das Fiskusprivileg als unzeitgemäß ansieht. Das aber ist gerade die Frage. Der Bezug zum allgemeinen staatsrechtlichen Subsidiaritätsprinzip kann hergestellt werden, da die Haftung von Staat und Privatem nicht gleichartig ist, ein Über/Unterordnungsverhältnis gegeben ist. Ob das Subsidiaritätsprinzip geeignet ist, die Funktionsverschiebung bei § 839 I 2 BGB zu rechtfertigen, ist eine andere Frage.

Festzuhalten bleibt, daß es erst durch diese Funktionsverschiebung möglich geworden ist, daß das Subsidiaritätsprinzip überhaupt mit § 839 I 2 BGB in Verbindung gebracht werden kann. Der ursprüngliche Normzweck des § 839 I 2 BGB ließe jedenfalls „keinen Brückenschlag" zu[38].

III. Die Subsidiaritätsklausel im Amtshaftungsrecht als Ausprägung des sozialen Rechtsstaates (OLG Bamberg)

Neuerdings hat das OLG Bamberg[39] im Anschluß an Wolany versucht, die Subsidiaritätsklausel als Ausprägung des sozialen Rechtsstaats zu rechtfertigen. „Gewisse öffentliche Interessen" sieht Wolany durch sie verwirklicht[40], und das OLG Bamberg führt in seiner Entscheidung aus: „Diese scheinbare Bevorzugung des Beamten und der öffentlichen Hand (durch § 839 I 2) ist nicht ein Niederschlag obrigkeitsstaatlichen Denkens, sondern der tiefere Sinn der Regelung ist die angemessene Verteilung der Risiken, die mit dem Einsatz hoheitlicher Gewalt zwangsläufig verbunden sind. Gerade die demokratische Staatsauffassung, nach

---

[37] *Staudinger/Schäfer*, § 839 Rdnr. 5; *Palandt/Thomas*, § 839, 1; *Papier*, S. 116; *Brüggemann*, DAR 1955, 235 1. Sp.; BGH WM 1957, 1165 (1167).
[38] So auch *Isensee*, S. 88; *Glaser*, S. 42; *Zuck*, S. 47 erkennt, daß Dürig erst auf Grund der Funktionsverschiebung den Zusammenhang zwischen § 839 I 2 BGB und dem allgemeinen Subsidiaritätsprinzip herstellen kann.
[39] OLG Bamberg vom 8. 6. 1971 (5 u 48/71) NJW 1972, 689. Abweichend OLG Celle vom 18. 12. 1972 (9 u 73/72) VersR 1973, 258 f. Dazu unten §§ 8 II 2, 10 III 3.
[40] *Wolany*, S. 133.

welcher die höchsten Amtsträger und mittelbar auch die untergeordneten Organe ihre Legitimation durch das Mandat des Volkes empfangen (vgl. Art. 20 Abs. 2 GG, Art. 2 Abs. 1 Satz 2 Bay. Verf.), rechtfertigt eine Freistellung der Amtsträger und der von der Gemeinschaft der Bürger aufgebrachten öffentlichen Mittel von einer Ersatzpflicht, solange nur ein leichtes Verschulden in Frage steht und sich der Verletzte, ohne im Ergebnis einen wirtschaftlichen Nachteil zu erleiden, auf eine andere Weise als durch diesen Zugriff auf das Vermögen der Rechtsgemeinschaft schadlos halten kann[41]."

Damit wird letztlich aus dem Demokratiegebot abgeleitet, was Robert von Mohl schon 1834 mit dem lapidaren Satz festgestellt hatte, „eine Überwälzung auf die Staatskasse wäre ein Unglück für die Steuerpflichtigen"[42]. Die Vertreter dieser Meinung sehen den Staat als Steuerstaat, als Verwalter des „Vermögens der Rechtsgemeinschaft". Sie sehen aber nicht, daß sie damit die Haftungslast lediglich verlagern und damit das Risiko etwa im Rahmen einer Versicherung nur im kleineren Rahmen sozialisiert wird. Auch hier schimmert die Vorstellung durch, die Staatshaftung sei, da so weitgehend, eine Billigkeitshaftung. Stellt man diese sich modern gebärdende Begründung in ihre historischen Bezüge, dann erhellt, daß es sich um eine wahrhaft anachronistische Begründung handelt.

Methodisch versuchen sich alle Vertreter, die die Subsidiaritätsklausel rechtfertigen, auf den klaren Wortlaut des Gesetzes zu berufen[43]. Es braucht hier nicht wiederholt zu werden, daß es eine solche „sens clair"-Doktrin im deutschen Recht nicht gibt[44], daß es vielmehr Aufgabe der Rechtswissenschaft ist, zu klären, was heute sinn- und zweckvollerweise als anderweite Ersatzmöglichkeit anzusehen ist. Hierbei liegt es auf der Hand, daß die Bestimmungen des Lohnfortzahlungsgesetzes v. 27. 7. 1969 anders behandelt werden können als die Ansprüche gegen einen Mitschädiger. Aus dem angeblich klaren Wortsinn ergibt sich hierzu gar nichts[45].

Die Vernünftigkeit der Anwendung von § 839 I 2 BGB auf die Probleme der Gegenwart kann erst beurteilt werden, wenn die konkreten Fallgestaltungen und die Lösungsangebote der Dogmatik untersucht wurden. Dies geschieht im folgenden. Danach kann auch überprüft

---

[41] NJW 72, 690.
[42] Vgl. oben § 5 I bei FN 3.
[43] So OLG Bamberg, NJW 72, 690; *Wolany*, S. 130; *Schroer*, JZ 1955, 31.
[44] *Esser*, Grundsatz und Norm S. 124 ff., S. 176 f., 177 FN 156; *Esser*, Vorverständnis S. 78.
[45] Vgl. die widersprechenden Entscheidungen, die in FN 37 genannt wurden, sowie die Anmerkung von *Herz* zu OLG Bamberg in NJW 72, 1138 und *Waldeyer*, NJW 72, 1249.

werden, ob der Satz „cessante ratione cessat lex ipsa" auf § 839 I 2 BGB zu Recht angewendet wird.

Die Angriffe gegen die Subsidiaritätsklausel in § 839 I 2 BGB orientieren sich in aller Regel an konkreten Fallkonstellationen, deren Ergebnis als ungerecht angesehen wird. Auch aus diesem Grund erweist es sich als zweckmäßig, zunächst die verschiedenen Fallkonstellationen zu erörtern.

§ 8 Die problematischen Fallkonstellationen

I. Störung des Ausgleichs unter deliktisch haftenden Gesamtschuldnern

1. Das Problem

Die Subsidiaritätsklausel in § 839 I 2 BGB führt dazu, daß bei fahrlässig handelnden Beamten der Staat von vornherein aus dem Gesamtschuldverhältnis ausscheidet, so daß Ausgleichsansprüche gar nicht entstehen. Dieses Ergebnis der h. L.[1] kann die sachliche Verwandtschaft, die zwischen diesem Fall einer gesetzlichen Haftungsfreistellung und den in letzter Zeit häufig behandelten Fragen der vertraglichen Haftungsfreistellungen besteht (etwa des Haftungsverzichts in Gesamtschuldverhältnissen)[2] nicht verwischen. In der Literatur werden demgemäß auch beide Fragen von fast allen Autoren, die sich eingehend mit diesem Thema befassen, gemeinsam behandelt[3].

Der BGH hat sich die in der Literatur erarbeiteten Lösungen nur bei der Auflösung des durch § 636 RVO geschaffenen Konflikts zu eigen gemacht. In der jüngsten Entscheidung zu dieser Frage führt der BGH aus, die durch § 636 RVO privilegierte Position des Arbeitgebers bewirke, daß dieser endgültig freigestellt bleiben müsse. Aus dieser Situation zieht der BGH neuerdings nicht mehr die Folgerung, der Zweitschädiger müsse den Gesamtschaden allein tragen, vielmehr begründet der BGH die quotale Aufteilung nach Verantwortungsbeiträgen wie folgt: „Wenn nach dem Sinngehalt dieser Regelungen die privilegierten Mitschädiger auch endgültig freigestellt werden sollen, so ist

---

[1] *Palandt/Thomas*, § 426 Bem. 3 b am Ende, Bem. 5 b dd; *Erman/H. P. Westermann*, Bem. 3 vor § 420; *RGRK/Kreft*, § 839 Anm. 89; *Soergel/Glaser*, Bem. 221 zu § 839. BGH VersR 1960, 75 (78 f.); BGHZ 37, 375 (380).

[2] Aus der umfangreichen Literatur: *Hohenester*, NJW 1962, 1140; *Hanau*, VersR 1967, 516; *Medicus*, JZ 1967, 398; *Keuk*, AcP 168, 175; *Wacke*, AcP 170, 42; *Wagenfeld*, S. 135 ff.; *Ising*, S. 4 ff.; *Lumm*, S. 177 ff.; *Gemtos*, S. 10 ff., 45 ff., 86 ff.

[3] *Hohenester*, S. 1142; *Hanau*, S. 521 f.; *Keuk*, S. 192 f.; *Medicus*, S. 400; *Wagenfeld*, S. 136 ff. (142); *Ising*, S. 25 ff.; lediglich *Lumm* behandelt § 839 I 2 BGB nicht.

§ 8 Die problematischen Fallkonstellationen

dem Gesetz doch nichts dafür zu entnehmen, daß die Auswirkungen dieses versicherungsrechtlichen Haftungsvorrechts über den Kreis der am Versicherungsverhältnis Beteiligten hinausreichen und die Rechte eines zweiten Schädigers, der außerhalb des Versicherungsverhältnisses steht, beeinträchtigen sollen"[4]. Bei der Frage der vertraglichen Haftungsfreistellung will der BGH die Lösung lediglich im Innenverhältnis finden[5], während er bei § 839 I 2 BGB seinen starren Standpunkt nach wie vor beibehalten hat, wonach mangels Gesamtschuldverhältnis jede Art von Ausgleich ausscheiden müsse[6]. Es wird anhand der Materialien zu prüfen sein, ob sich — was verschiedentlich vertreten wurde — eine Übernahme des konstruktiven Musters des § 636 RVO auf § 839 I 2 BGB zwingend anbietet. Beide Male handelt es sich zwar um haftungslenkende Privilegierungen, wobei die quotale Beschränkung im Außenverhältnis zum Zweitschädiger auch den Vorteil hätte, daß bezüglich des anderen Quotenanteils keine anderweite Ersatzmöglichkeit bestünde, so daß dem Geschädigten und dem Zweitschädiger geholfen werden könnte. Die Übernahme dieser bei § 636 RVO sinnvollen Beschränkung der Haftungsprivilegierung auf das Außenverhältnis ist aber äußerst problematisch. Wenn insoweit dem Staat die Verantwortungsanteile unmittelbar zugerechnet werden können, was bei einer restriktiven Auslegung der SK möglich wäre, entstünde eine echte Gesamtschuld. Diese Lösung hätte den Vorzug, daß damit ohne konstruktive Tricks die Auswirkungen der SK in erträglichen Grenzen gehalten würden. In der Literatur wird im Gegensatz zum BGH allgemein eine Beschränkung des Ersatzanspruches gegen den Zweitschädiger befürwortet[7]. Für den Fall gesetzlicher Haftungsbeschränkungen, wie etwa in den §§ 708, 1359 BGB (abgesehen von § 636 RVO) hat der BGH das Problem weitgehend entschärft, indem er diese Gesetzesbestimmungen auf den Hauptanwendungsfall Straßenverkehr nicht angewendet hat[8].

---

[4] BGHZ 51, 37 (40) = NJW 1969, 236; BGHZ 58, 355 (359/360) = NJW 1972, 1577. Zitat aus BGH NJW 1973, 1648. Vgl. auch *Esser* I, S. 443 FN 17 am Ende.
[5] BGHZ 12, 213 (219). Für den Fall des § 1359 BGB in BGHZ 35, 317 (323 ff.) = LM Nr. 17 zu § 426 m. Anm. *Hauß*. Damit wird das Problem auf Kosten des Privilegierten gelöst.
[6] BGHZ 42, 176 (181); 49, 267 (277 f.).
[7] *Palandt/Thomas*, Bem. 5 a bei § 426; *Hanau*, S. 521 f.; *Keuk*, S. 192 f.; *Esser* I, § 59 II/S. 443; *Larenz* I, § 32 I/S. 383 ff.
[8] Für § 708 BGB in BGHZ 46, 313; für § 1359 BGB in BGHZ 53, 352; in BGH NJW 1973, 1654 mit abl. Anm. *Kühne*, JR 1974, 70 sieht der BGH einen Schmerzensgeldanspruch unter Eheleuten als anderweite Ersatzmöglichkeit an, die die Haftung des Staates ausschließt. Auch an dieser Stelle vermeidet der BGH eine grundsätzliche Stellungnahme zu § 839 I 2. Zu Recht kritisch *Kühne*, JR 1974, 70.

2. Lösungsversuche

Diese allgemeinen Fragen sollen aber nicht erneut behandelt werden, vielmehr geht es darum, zu verdeutlichen, daß die Subsidiaritätsklausel in der Auslegung des BGH das entscheidende Hindernis für eine sachgerechte Problemlösung ist. Der folgende kurze Fall mag das veranschaulichen:

Ein Beamter (B) befindet sich mit einem PKW auf Dienstfahrt und stößt dabei mit dem PKW des A zusammen, wobei beide den Unfall fahrlässig verschuldet haben. Der bei B mitfahrende C wird verletzt[9].

Normalerweise, d. h. wenn der Unfall sich ohne Beteiligung eines Beamten auf Dienstfahrt abgespielt hätte, hätte der Verletzte (C) Ansprüche sowohl gegen A als auch gegen B, da ihm beide als Gesamtschuldner (§§ 840 Abs. 1, 426 BGB) gehaftet hätten. Da unbestritten ist, daß der Schadensersatzanspruch des C gegen A eine anderweite Ersatzmöglichkeit i. S. des § 839 I 2 BGB ist, hat er in diesem Fall nur einen Anspruch gegen A. A aber, der sich hätte normalerweise im Innenverhältnis nach § 426 BGB an B halten können, muß nun den entstandenen Schaden allein tragen. Diese Störung im Innenverhältnis zwischen A und B beruht auf der Konstruktion des § 839 I 2 BGB, die es nach h. L.[10] ausschließt, daß A im Innenverhältnis den B, bzw. den Staat in Anspruch nimmt. Der gesetzliche Ausgleichsmechanismus des § 426 BGB ist außer Kraft gesetzt. Inwieweit dieses Ergebnis der h. L. sich mit den Intentionen des Gesetzgebers deckt, ist eine offene Frage, denn das Rückgriffsverhältnis zwischen dem Zweitschädiger und dem Beamten hat der Gesetzgeber beim Übergang vom I. Entwurf ohne Subsidiaritätsklausel zur endgültigen Fassung nicht ausdrücklich erörtert[11]. Waldeyer[12] zieht hieraus und aus der Regelung des § 841 BGB die Konsequenz, der Gesetzgeber habe dieses Problem nicht bedacht. Hätte der Gesetzgeber durch die Einfügung der Subsidiarität den Rückgriffsanspruch des Zweitschädigers gegen den Beamten verhindern wollen, „so würde § 841 BGB nur für vorsätzliche Amtspflichtverletzungen Bedeutung (gehabt) haben". Eine kaum wahrscheinliche Konsequenz, wenn man bedenkt, wer durch § 841 BGB privilegiert werden sollte. Die Regelung des § 841 BGB wäre also praktisch überflüssig gewesen, wenn der

---

[9] Einen ähnlichen Fall behandelt rechtsvergleichend mit dem englischen Recht *Wagenfeld*, S. 135 ff. Vgl. auch den Fall von *Hauß*, S. 15.

[10] Vgl. etwa BGH NJW 1965, 200 (201); *Erman/Westermann*, Bem. 3 bei § 426 BGB; LG Nürnberg-Fürth VersR 1972, 597.

[11] Vgl. oben § 4 II 3 und *Mugdan* II, S. 1270, wo die Denkschrift des Reichsjustizamtes wiedergegeben ist, die von dem Ausgleich nach § 426 BGB ausgeht.

[12] NJW 1972, 1251 f. Seine Ausführungen beruhen offenbar auf der Bemerkung von *Keuk*, AcP 168, 192 FN 61.

§ 8 Die problematischen Fallkonstellationen

Gesetzgeber die Subsidiarität der Beamtenhaftung hätte auch auf das Innenverhältnis erstrecken wollen, denn dann hätte § 426 I BGB nicht erst durch § 841 BGB außer Kraft gesetzt werden müssen, denn § 839 I 2 BGB hätte ja dieselbe Wirkung gehabt. Aus diesem Befund folgert Waldeyer im Wege des Umkehrschlusses, aus § 841 BGB ergebe sich, daß alle anderen Beamten im Innenverhältnis nach § 426 I BGB hafteten. Gegen diese Argumentation läßt sich einwenden, daß der Zweck des § 839 I 2 BGB, den Beamten zu schützen, sich auf diese Weise hätte nur sehr unvollkommen erreichen lassen. Der Ausschluß der Haftung im Außenverhältnis bei gleichzeitiger Haftung im Innenverhältnis hätte dem Beamten wenig genützt. Die Intention des Gesetzgebers: Beamtenschutz legt es nahe, diesen Zweck dadurch als verwirklicht anzusehen, daß man eine Wirkung sowohl im Außen-, als auch im Innenverhältnis bejaht[13]. Von unserem heutigen Standpunkt aus, der den Funktionswandel der SK berücksichtigt, fällt es schwer, diesen Streit zu verstehen, denn die Beamtenschutzdiskussion muß auf der Ebene „schadensgeneigte Arbeit" und nicht im Rahmen der SK geführt werden. Nur dann lassen sich zufällige, sachwidrige Haftungsungleichheiten vermeiden. Die Dogmatik hat daher mit Recht versucht, die unbilligen Ergebnisse qua Ausgleichsanspruch nach § 426 I BGB oder qua quotaler Aufteilung zu lösen. § 839 I 2 BGB hat heute keine haftungslenkende Funktion im Innenverhältnis. Die Behauptung der h. L. „mangels Gesamtschuld im Außenverhältnis auch kein Ausgleich im Innenverhältnis" vermag daher bei § 839 I 2 BGB genauso wenig zu überzeugen, wie bei § 1359 BGB[14].

In extremen Fällen kann die h. L. dazu führen, daß der nicht versicherte, leicht fahrlässig handelnde Dritte den von einem grob fahrlässig handelnden Beamten mitverschuldeten Schaden allein zu tragen hat, selbst wenn der eintretende Staat versichert ist.

Das OLG Stuttgart[15] hat in einer sehr sorgfältig begründeten Entscheidung versucht, diesen Rechtszustand zu ändern. Das Gericht führt aus, § 839 I 2 BGB unterliege einer „Gebotseinschränkung", solange der Beamte ohne Sonderrechte wahrzunehmen, am Verkehr teilnehme. Der

---

[13] So *Gemtos*, S. 88; *Ising*, S. 25.
[14] *Hauß*, S. 15 nennt das Ergebnis der h. L. „befremdend". Er führt weiter aus: „Noch anstößiger ist es, daß es dem privaten Fahrer oder Halter zugemutet wird, Schadenersatzansprüche des in dem Behördenwagen beförderten und verletzten Beamten ohne Ausgleichsmöglichkeit zu befriedigen." Damit ist der hier geschilderte Fall angesprochen. Wenn *Ising*, S. 25 demgegenüber meint, § 839 I 2 BGB „bezwecke" eine Haftungslenkung im Innenverhältnis, so drückt er dadurch eine nicht bestehende Finalität aus. Auf S. 30 erkennt er, daß der Wortlaut und, wie hinzugefügt werden muß, auch die Entstehungsgeschichte hierzu keinen Anhalt bieten, da nur die Außenhaftung geregelt wird.
[15] OLG Stuttgart NJW 1964, 727 (729) aufgehoben durch BGHZ 42, 176 = VersR 1964, 735 (737).

2. Kap.: Die Subsidiarität der Amtshaftung und das Grundgesetz

BGH hat dieses Urteil jedoch aufgehoben und sich dabei methodisch selbst lahmgelegt, indem er die Lösung dieses Konflikts dem Gesetzgeber vorbehielt. Die Frage, ob es sich hierbei um eine gebotene Selbstbeschränkung oder um einen billigen Ausweg gehandelt hat, läßt sich sicherlich nicht generell entscheiden[16]. Für solche Fälle hat Esser[17] vom „Gesetzgeber" als Sündenbock gesprochen, den die Rechtsprechung für „die Ungerechtigkeit einer Entscheidung" verantwortlich mache, weil sie angeblich am Willen des Gesetzgebers oder des Gesetzes nicht vorbei könne. Dieser Wille wird an den Materialien aber gerade nicht überprüft oder nur dann, wenn die Materialien das angestrebte Ziel zu stützen scheinen[18]. Für die Gebotseinschränkung bei Teilnahme von Behördenfahrzeugen am allgemeinen Verkehr hätte es sich angeboten, die Rechtsprechung des BGH zu § 708 BGB zu verwerten (BGH NJW 67, 558). Der BGH hat ausgesprochen, daß der Gesetzgeber bei Schaffung des § 708 BGB nicht an die Probleme habe denken können, die der Straßenverkehr verursache, daher könne § 708 BGB im Straßenverkehr die Haftung der Gesellschafter untereinander nicht mildern.

Diese Argumentation hätte sich exakt auf § 839 I 2 BGB übertragen lassen, so daß wenigstens die „Straßenverkehrsfälle" eine befriedigende Regelung gefunden hätten. Der BGH blieb auch insoweit bei seiner beharrenden Linie.

In der Literatur dagegen wird fast durchweg ganz generell die Ansicht vertreten, daß sich die Lösung des Ausgleichsproblems nicht zwingend aus dem angeblich eindeutigen Gesetz ergibt, sondern daß es de lege lata möglich sei, durch Auslegung eine praktikable und gerechte Lösung zu finden[19]. Hohenester[20] und Ising[21] haben vorgeschlagen, § 839 I 2 BGB generell wegen Verstoßes gegen den Gleichheitsgrundsatz als verfassungswidrig zu behandeln. Diese Auffassung hat sich aber nicht durchgesetzt. Dagegen haben die Vorschläge, die Emil Böhmer und Keuk gemacht haben, Aufnahme in die Lehrbuchliteratur gefunden[22].

---

[16] Dazu *Robert Fischer*, Die Weiterbildung des Rechts durch die Rechtsprechung, S. 37, 38 FN 49. Fischer erwähnt dort BGHZ 54, 332 und 50, 45. In beiden Entscheidungen, die Fischer im Ergebnis nicht billigt, wird unter Rekurs auf den angeblich klaren Wortlaut oder den Gesetzgeber, an dessen Entscheidung man gebunden sei und der zu einer Änderung aufgerufen sei, argumentiert. Diese Argumentation findet sich genauso schon in BGHZ 42. 176 (181) zu § 839 I 2 BGB.

[17] Grundsatz und Norm S. 177 f. unter Nennung des Grundwasserfalls in FN 158.

[18] *Esser*, Grundsatz und Norm S. 177 FN 157.

[19] *Hanau*, S. 521 f.; *Wagenfeld*, S. 142; *Waldeyer*, NJW 1972, 1251; *Keuk*, S. 192; *Palandt/Thomas*, § 426 Bem. 5 b dd.

[20] NJW 1962, 1140 f.

[21] *Ising*, S. 50 f. Ebenso *Hauß*, LM Nr. 23 zu § 426 (Ziffer 4 am Ende). *Nipperdey*, BGB-AT § 119 FN 68 / S. 746.

§ 8 Die problematischen Fallkonstellationen

Aus diesem Grunde soll auf diese Vorschläge, die die Haftung im Außenverhältnis begrenzen, eingegangen werden.

Bei § 839 BGB besteht nach Keuk eine anderweitige Ersatzmöglichkeit nur in Höhe der von dem Zweitschädiger zu tragenden Quote. Der Staat kann dann unmittelbar im Außenverhältnis in Anspruch genommen werden. Die Subsidiaritätsklausel wird interessengerecht reduziert, die Haftung wird nach Verantwortungsbeiträgen aufgeteilt. Damit wird auch hier der Verzicht auf die Fiktion einer Gesamtschuld fruchtbar, indem schon im Außenverhältnis eine quotale Aufteilung erfolgt. Wagenfeld stellt daher mit Recht fest, daß der Grundsatz der subsidiären Beamtenhaftung im deutschen Recht nicht notwendig den Ausgleichsanspruch des privaten Zweitschädigers beeinträchtigen muß[23].

Ähnliche Lösungen haben in der Literatur verschiedene Autoren versucht[24]. Bemerkenswert ist dabei der Versuch Hanaus[25], der, von einer Gesetzeslücke ausgehend, die Rückgriffshaftung des Zweitschädigers rechtfertigt. Sein Plädoyer für einen „Ausgleichsanspruch an den Mitschädiger" setzte aber ein fingiertes Gesamtschuldverhältnis voraus, während die Keuksche Lösung eine Stufe früher ansetzt[26]. Allen diesen dogmatischen Konstruktionsversuchen ist aber gemeinsam, daß sie die offenbaren Ungerechtigkeiten, zu denen die Anwendung von § 839 I 2 BGB führt, nicht hinnehmen wollen. Die ratio, die § 840 BGB zugrunde liegt, trifft so deutlich auch auf die Fälle des § 839 zu, daß es verwunderlich ist, daß der BGH nicht schon längst eine Reduktion der Subsidiaritätsklausel vorgenommen hat[27]. Die dogmatischen Figuren hat die Wissenschaft der Rechtsprechung angeboten, so daß es der Rechtsprechung möglich gewesen wäre, die für richtig erachtete Wertung auch heute schon in geltendes Recht umzusetzen. Das starre Festhalten am

---

[22] Vgl. *Esser* I, S. 443, *Böhmer*, MDR 1968, 13; *Keuk*, AcP 168, 192 ff.
[23] *Wagenfeld* im Anschluß an eine kurze Darstellung der Keukschen Vorschläge, S. 139 f.
[24] Vgl. die in FN 2 genannten Autoren.
[25] VersR 1967, 521 f.
[26] *Keuk*, S. 188 meint zu Recht: „Ein Ausgleichsanspruch nach § 426 BGB ohne eine zugrunde liegende gesamtschuldnerische Außenhaftung ist dogmatisch nicht einzuordnen." Dies führt dann zu der Überlegung, „ob die Problematik dieser Fälle überhaupt in der Frage der Gewährung oder Nichtgewährung des Ausgleichsanspruches besteht oder ob nicht bereits früher anzusetzen ist".
[27] *Mugdan* II, S. 412: „Wer ... für den von einem Anderen zugefügten Schaden verantwortlich ist, haftet dem Beschädigten nicht subsidiär, sondern, wenn auch der Andere für den Schaden verantwortlich ist, neben diesem als Gesamtschuldner. Die nur subsidiarische Haftung würde die Rechtsstellung des Beschädigten ungebührlich benachtheiligen." Diese Erwägungen, die zu § 840 BGB angestellt wurden, ergeben hinreichend deutlich, daß das Innenverhältnis zwischen den Schädigern nach Verantwortungsbeiträgen ausgestaltet werden sollte.

Gesetz, was hier doch wohl nichts anderes heißen kann als Festhalten an dem, was die Rechtsprechung des RG daraus gemacht hat, führt zu einer Loslösung des rechtlichen Beurteilens von der Wirklichkeit. Das so gefundene Ergebnis wird irrational, da die in der Norm fixierte Interessenbewertung den Konflikt zwischen den sich heute widerstreitenden Interessen nicht regelt. Das Gesetz kann den Gesetzesanwender, auch wenn es scheinbar eindeutig ist, nur solange binden, als seine begriffliche Anwendung richtige, d. h. vernünftige, den Interessenkonflikt im Rahmen der Toleranzbreite des Rechtssystems lösende Entscheidungen möglich macht. Ist wie hier ein Konsens darüber hergestellt, daß ein Ergebnis unvernünftig ist[28], dann muß doch gefragt werden, was juristische Methode noch sollte, wenn sie dem nicht abhelfen könnte.

Juristische Dogmatik hat, wie Esser gezeigt hat, die Aufgabe „Gerechtigkeitsfragen in ihren Einzelbereichen juristisch operational zu machen"[29]. Dieser Aufgabe hat sich der BGH bei § 839 I 2 BGB stets entzogen, wobei er die hierfür maßgeblichen Entscheidungsgründe nicht offengelegt hat, sondern hinter der Floskel von der Bindung an das Gesetz und dem Ruf nach dem Gesetzgeber verborgen hat. Interessant ist aber doch gerade, weshalb in diesem konkreten Fall nach dem Gesetzgeber gerufen wird, wo doch Robert Fischer selbst ausgeführt hat, es entspreche einer richterlichen Erfahrung, „daß gerade ein Hinweis auf eine notwendige gesetzgeberische Maßnahme den Beginn für die Einleitung einer neuen richterlichen Rechtsfortbildung darstellt"[30]. Diese Erfahrung hat bei § 839 I 2 BGB getrogen, denn der BGH hat die Subsidiaritätsklausel gegen alle Widerstände verteidigt und auch einer reduzierenden Auslegung widerstanden. Man wird nicht fehlgehen, wenn man dahinter die ständige Hoffnung auf eine baldige Reform durch den Gesetzgeber vermutet. Das Scheitern des Referentenentwurfs 1967 sollte die Rechtsprechung aber veranlassen, nicht wiederum auf die Verwirklichung des Kommissionsentwurfs zu warten. Die Rechtsprechung wäre sicherlich gut beraten, wenn sie gerade in der Zeit zwischen Veröffentlichung und Verwirklichung des neuen Reformvorschlages die gröbsten Ungerechtigkeiten noch beseitigte, wozu der fehlende Ausgleich unter sonst solidarisch haftenden Deliktsschuldnern mit Sicherheit gehört.

---

[28] Für die Zivilrechtler soll nur auf folgende Stellen hingewiesen werden: *Enneccerus/Nipperdey*, BGB AT § 119 FN 68/S. 746; *Esser* II, S. 442; *Fikentscher*, S. 657; *Schneider*, NJW 1966, 1264; *Erman*, JZ 1955, S. 294 f.; *Brüggemann*, DAR 1955, 236; *Erdsiek*, KF 1960, S. 3. Für die Öffentlichrechtler: *Scheuner*, DÖV 1955, 548; *Dagtoglou*, BK Art. 34 Rdnr. 260; *Bettermann*, DÖV 1954, 299 (304). Auch der BGH selbst hält die Ergebnisse nicht für befriedigend, BGHZ 42, 176 (181); 13, 88 (104).

[29] *Esser*, AcP 172, 97 (113).

[30] *Fischer*, Weiterbildung S. 37 in bezug auf den 1. Ampelfall BGHZ 54, 332.

§ 8 Die problematischen Fallkonstellationen

II. Der Regreßausschluß bei den Versicherern

1. Genese des Dogmas

Aus dem feststehenden Grundsatz der h. L., die Unmöglichkeit anderweiter Ersatzerlangung gehöre zur Klagebegründung, ergibt sich, daß ein Anspruch gegen den Beamten bzw. den Staat nicht besteht, soweit eine anderweitige Ersatzmöglichkeit gegeben ist[31]. Zu dieser Kategorie anderweiter Ersatzmöglichkeit hat die Rechtsprechung sehr früh auch die Versicherungsleistungen sowohl der privaten Versicherungen als auch der Sozialversicherung gezählt.

Das Reichsgericht stand aber nicht immer auf diesem Standpunkt; deshalb soll die Entwicklung der Rechtsprechung nachgezeichnet werden.

Das RG hat sich in seiner Entscheidung vom 10. 11. 1917[32] wohl zum ersten Mal mit Versicherungsleistungen als anderweiter Ersatzmöglichkeit beschäftigt.

Der Lotse B auf dem Schlepper Roland schleppte den Leichter Joachim fahrlässig so schlecht, daß dieser mit dem Dampfer Freya zusammenstieß. Die Weizenladung „Joachims" wurde beschädigt. Sie war bei den Klägern versichert, die ihrerseits den Schaden den Geschädigten ersetzt hatten und nun vom Staat nach § 839 BGB i. V. mit § 1 RhaftpflichtG Schadenersatz verlangen. Im besonderen geht es dabei um die Kosten des Vorprozesses gegen den Eigentümer des Leichters.

Da die Versicherer selbst nicht unmittelbar geschädigt sind, können sie nur auf sie nach § 67 VVG übergegangene Ansprüche geltend machen. Die Eigentümer des Weizens, die Geschädigten, hatten aber neben dem Anspruch gegen den Staat, Ersatzmöglichkeiten und -ansprüche gegen ihre Versicherung und gegen den Eigentümer des Leichters, wobei die zweite Möglichkeit durch den Vorprozeß ausgeschlossen wurde. Danach hätten die Geschädigten nur noch Ersatz von ihrer Versicherung erlangen können, nicht aber vom Staat. Diesen Ersatz hat die Versicherung geleistet, so daß nach heutiger Ansicht ein übergangsfähiger Anspruch von Anfang an gar nicht entstanden war. Gleichwohl machte die Versicherung den auf sie übergegangenen Anspruch gegen den Staat im Rückgriff geltend. Das RG spricht den Versicherern den Anspruch zu, diskutiert aber gerade nicht, ob für die Geschädigten in der Versicherungsleistung eine anderweite Ersatzmöglichkeit lag, sondern nur, ob auch die Kosten des Vorprozesses vom Staat zu ersetzen sind. Dabei

---

[31] H. L. seit RGZ 81, 428; 137, 20. Später vom BGH übernommen BGHZ 4. 10 (14); 28, 297 (301). *Staudinger/Schäfer*, § 839 Anm. 390 ff.; *Soergel/Glaser*, § 839 Anm. 221; *Palandt/Thomas*, § 839 Anm. 7 a.
[32] RGZ 91, 232. Das in RGZ 145, 60 erwähnte, unveröffentlichte Urteil des RG vom 1. 10. 1925 (IV 313/24) scheint dies noch im Jahre 1925 bestätigt zu haben. Anders *Delius*, Beamtenhaftpflichtgesetze S. 181 (1921), der die Versicherungsleistung wohl als erster als andersweite Ersatzmöglichkeit ansah.

62   2. Kap.: Die Subsidiarität der Amtshaftung und das Grundgesetz

geht das RG davon aus, daß zunächst wegen § 839 I 2 BGB der Vorprozeß geführt werden mußte. Hieraus ergibt sich, daß das Gericht die Versicherungsleistungen nicht als anderweite Ersatzmöglichkeit ansah. Ein vernünftiges Ergebnis, wenn man bedenkt, daß diese Leistungen durch Prämienzahlungen erkauft waren.

Das Reichsgericht hat seine Meinung in der Entscheidung vom 15. 11. 1932[33] geändert. Bei dieser Entscheidung handelt es sich um eine für das Wirtschaftsleben wichtige Entscheidung zu § 839 I 2 BGB. In ihr sprach das RG zum ersten Male aus, daß auch Versicherungsleistungen als anderweite Ersatzmöglichkeiten anzusehen sind:

Eine AG gab einem Schuldner ein Darlehen in Höhe von 3 000 000 RM und sicherte dieses Darlehen durch eine erststellige Hypothek. Mit der Klägerin hatte die AG außerdem einen Kreditversicherungsvertrag abgeschlossen. Der Schuldner konnte seinen Verpflichtungen nicht nachkommen, so daß die mit der Hypothek belasteten Grundstücke zwangsversteigert wurden. Dabei erlitt die Hypothek einen erheblichen Ausfall. Die G-Zentrale, auf die die Rechte aus dem Darlehen und dem Kreditversicherungsvertrag übertragen worden waren, nahm die jetzige Klägerin auf Grund des Versicherungsvertrages in Anspruch. Die Versicherung hat bezahlt und nimmt jetzt ihrerseits als Klägerin den Staat aufgrund auf sie übergegangenen Rechts gemäß § 839 BGB i. V. mit Art. 131 WRV und § 67 VVG in Anspruch mit der Behauptung, der Zwangsversteigerungsrichter habe durch fahrlässig unrichtige Behandlung, insbesondere durch Verschleppung des Zwangsversteigerungsverfahrens den Ausfall verschuldet.

Das RG begründet auf knapp 2 Seiten, die Versicherung habe keinen Anspruch erlangen können, da schon die G-Zentrale keinen Amtshaftungsanspruch gehabt habe, weil auch die Ersatzleistung der Versicherung als anderweite Ersatzmöglichkeit anzusehen sei. Eine Unterscheidung zwischen vertraglichen und gesetzlichen Ansprüchen finde im Gesetz keine Stütze. Die Versicherungsleistungen müßten wie die Leistungen eines Bürgen oder Mitschuldners behandelt werden. Die Ansicht der Revision, nach dem Inhalt des Versicherungsvertrages sei ein Anspruch der G-Zentrale gegen die Versicherung solange ausgeschlossen gewesen, als ein Amtshaftungsanspruch bestanden habe, lehnt das RG unter Hinweis auf den konkreten Vertrag ab.

Da sich in der sehr weitreichenden, in die Belange der Versicherungswirtschaft einschneidenden Entscheidung keine weitere Begründung findet, die erkennen ließe, daß das Gericht die Problematik des Falles erkannt und bewußt entschieden hat, muß die Analyse dieser Entscheidung versuchen, die richterlichen Beweggründe aufzuspüren. Da die anschließend zu besprechende Entscheidung des RG vom 29. 6. 1934[34]

---

[33] RGZ 138, 209.
[34] RGZ 145, 56.

sehr ausführlich begründet wurde, kann man heute nur vermuten, daß zunächst ein Präjudiz geschaffen werden sollte[35].

Der konkrete Fall bot zu Zweifeln reichlich Anlaß, denn zweifelhaft war zunächst, ob überhaupt eine Amtspflichtverletzung vorgekommen war, denn beide Vorderrichter haben lediglich unterstellt, daß fahrlässige Amtspflichtverletzungen vorgekommen seien und den Ausfall der Hypothek hervorgerufen hätten. Ein sicherlich ungewöhnliches Vorgehen, das darauf schließen läßt, daß die Gerichte den Amtshaftungsanspruch ohnehin später ablehnen wollten. Für eine Verwendung der Subsidiaritätsklausel als Instrument zur Haftungsbeschränkung sprachen hier beachtliche Gründe. Man wird nicht fehlgehen, wenn man dem extrem hohen Streitwert hier eine entscheidende Bedeutung zumißt. Der fragliche Kredit betrug 3 Millionen Reichsmark und die Hypothek erlitt einen erheblichen Ausfall, so daß für die damalige Zeit eine sehr große Summe, die in der Entscheidung allerdings nirgends genannt wird, im Spiel gewesen sein dürfte. Aus dieser Sicht erscheinen die Beweggründe des Gerichts verständlich, das den Staat bzw. den Beamten vor einer Schadensersatzforderung in Millionenhöhe bewahren wollte, zumal gewisse Zweifel an der Amtspflichtverletzung des Zwangsvollstreckungsrichters nie ganz beseitigt wurden.

Im Hintergrund stand auf der einen Seite die Assekuranz und auf der anderen Seite ein — man befand sich im Jahre 1932 — wirtschaftlich schwer kämpfendes Reich, das unter den Sparmaßnahmen der Regierungen Brüning und Schleicher mit dem wirtschaftlichen Bankrott kämpfte. Die erstaunliche Koinzidenz, daß zu dieser Zeit eine Schadenersatzforderung in dieser Höhe wegen der Amtspflichtverletzung eines Richters von der Bejahung oder Verneinung des Tatbestandsmerkmals „anderweite Ersatzmöglichkeit" abhing, hat die weitere Entwicklung der Rechtsprechung zur Subsidiaritätsklausel entscheidend geprägt. Damit wurde das Beamtenprivileg endgültig zu einem Fiskusprivileg „umfunktioniert". Zuzugeben ist zwar, daß die Richter, die in dieser Lage des Deutschen Reiches die finanziellen Auswirkungen ihrer Entscheidung gar nicht übersehen konnten, kaum anders entscheiden konnten. Die gesellschaftliche Gebundenheit der Rechtsfindung läßt sich an kaum einem Beispiel eindringlicher aufzeigen. Daß Rechtsfindung kein (rein) logischer Vorgang ist, wußte man auch damals schon, dennoch war das allgemeine Bewußtsein von der Bedingtheit richterlichen Entscheidungs-

---

[35] Die eigenartige Aufeinanderfolge der Entscheidungsbegründungen fiel auch *Waldeyer*, NJW 1972, 1250 auf. Er geht der Frage allerdings nicht weiter nach, obwohl sicher ist, daß es sich dabei um keinen Zufall gehandelt hat. Das eigenartige Vorgehen des Reichsgerichts wird sonst von niemanden gerügt, obwohl sonst die ändernde Grundsatzentscheidung auch die entscheidende Begründung enthält.

handelns noch nicht weit verbreitet. Wenn Ludwig Bendix in seiner im selben Jahre entstandenen Schrift „Zur Psychologie der Urteilstätigkeit des Berufsrichters" zu dem Verhältnis des Richters zu den finanziellen Auswirkungen seiner Entscheidung bemerkt: „In unserer Zeit staatlicher Finanznot spielt auch für den Berufsrichter die Frage eine große, nicht selten eine ganz entscheidende Rolle, welche finanziellen Auswirkungen seine Entscheidungen haben werden", dann erhellt dies, daß die „staatliche Finanznot" die Entscheidungen der Gerichte schon bei weit geringeren Werten beeinflußte[36]. Bendix hat damit, ohne daß er die hier besprochene Entscheidung kannte, exakt die Konfliktsituation beschrieben, in der sich das RG befand. Bendix anerkennt, daß der Richter einen echten Konflikt auszutragen hat zwischen den Anforderungen „seiner Stellung als Funktionär des Staates und als Vertrauensmann der Rechtsunterworfenen und Hüter einer ‚objektiven Rechtspflege'"[37].

Die Wirtschaftskrise, die mit der Weltwirtschaftskrise von 1929 begonnen hatte, erreichte im Dezember 1931 mit 5,66 Millionen Arbeitslosen in Deutschland einen Höhepunkt. Diese Krise hatte auch das Bewußtsein der Richter am Reichsgericht erreicht, denn der Zusammenbruch der Darmstädter und Nationalbank am 13. 7. 1931 sowie die Entlassung Brünings hatten nochmals schlaglichtartig die schwierige wirtschaftliche und politische Lage des Reiches erhellt. Hinzu kam die Kürzung der Dienstbezüge durch die 2 Verordnungen zur Sicherung von Wirtschaft und Finanzen von 1930 und 1931 für alle Beamten bis zu 14 %[38]. Diese Kürzung hatte auch die Richter betroffen und die Begriffe Wirtschaftskrise und Finanznot auch für sie verdeutlicht. Kübler hat zu recht darauf hingewiesen, daß „die entschiedene Sparpolitik nicht zuletzt neue Belastungen für die wirtschaftlich ohnehin strapazierte Beamtenschaft schuf"[39].

---

[36] *Ludwig Bendix*, Berufsrichter S. 143 unter g. Zur Rechtsfindung allgemein S. 67 ff., bes. S. 143, 147, 150.

[37] Ebd. S. 143 f. *Bendix* erwähnt besonders die ganz erheblichen Beträge, die die Staatskasse belasten würden, sogar im Zusammenhang mit Strafprozessen. Auf S. 150 bezeichnet er die Richter der höchsten Gerichte als Personen, die Führungsaufgaben im Staatsleben wahrzunehmen haben und dafür persönlich die Verantwortung übernehmen. In diesem Geiste hat das RG diesen Fall entschieden.

[38] Verordnung des Reichspräsidenten zur Sicherung von Wirtschaft und Finanzen vom 1. 12. 1930 (RGBl. I S. 522). Die Kürzung der Beamtenbezüge findet sich in § 1 des 2. Teils, Kapitel II. Durch die 2. Verordnung zur Sicherung von Wirtschaft und Finanzen vom 5. 6. 1931 wurden die Beamtengehälter abgestuft erneut gekürzt (§§ 1 und 2 2. Teil, Kapitel I). Bei mehr als 12 000 RM jährlich betrug die Kürzung 7 bzw. 8 % (RGBl. I S. 279, 282).

[39] *Kübler*, AcP 162, 121. Kübler betont besonders, daß in der Ära Brüning die Bürokratie auf dem Höhepunkt der Wirtschaftskrise vor allem nach fiskalischen Gesichtspunkten handelte. In einem weiteren Sinn kann man

§ 8 Die problematischen Fallkonstellationen

Ein weiterer Beweggrund der Richter dürfte die Verteidigung der staatlichen Autorität gewesen sein. Für die Mentalität der damaligen Zeit war es fast undenkbar, daß ein Richter sollte eine Amtspflichtverletzung begangen haben. Das Standesprivileg des § 839 II BGB schützte im konkreten Fall den Zwangsversteigerungsrichter nicht.

Eine korrekte Entscheidungsanalyse muß die hier skizzierten Bedingungen und Voraussetzungen der richterlichen Entscheidung mit in die Betrachtung einbeziehen. Die staatliche „Finanznot" dürfte die Entscheidung des Reichsgerichts maßgeblich beeinflußt haben.

Wie viele Faktoren bei der richterlichen Entscheidung eine Rolle spielen, zeigt das erstgenannte Urteil vom 10. 11. 1917, das ebenfalls in eine Krisenzeit des Staates fiel, ohne daß dies das RG dazu bewogen hätte, § 839 I 2 BGB als Staatsprivilegierung auszulegen[40].

Das Reichsgericht hat die Begründung für die Ausdehnung der Rechtsprechung in seinem Urteil vom 29. 6. 1934[41] nachgeholt. Unglücklicherweise handelte es sich wiederum um eine recht strittige Amtspflichtverletzung, denn das RG hatte bereits zweimal über den Fall entscheiden müssen. Nunmehr macht die Versicherung den gemäß § 67 VVG auf sie übergegangenen Amtshaftungsanspruch geltend. Das OLG Breslau als Vorinstanz hatte der Klage stattgegeben, da als „Ersatz im Sinne des § 839 I 2 BGB nur Schadenersatzansprüche gegen andere Beteiligte oder solche Bereicherungsansprüche in Betracht kämen, die durch eine ungerechtfertigte Verfügung eines Beamten entstanden seien, nicht aber Ansprüche auf Versicherungsleistungen, die sich der Verletzte durch einen besonderen Vertrag erkauft habe"[42].

Im Gegensatz hierzu folgert das RG aus dem Wortlaut des Gesetzes mit Notwendigkeit, daß das Reich nur in Anspruch genommen werden kann, wenn der Verletzte ansonsten dauernd geschädigt bliebe. Diese oberflächliche Deduktion wird durch die Bezugnahme auf das bestehende Präjudiz in RGZ 138, 209 abgesichert. Nachdem insoweit die Entscheidung schon gefallen ist, folgt eine recht ausführliche Ausein-

---

auch die Richter funktional als Teil der staatlichen Bürokratie einstufen. Vgl. Bendix FN 37.

[40] Das Bewußtsein war 1917 allerdings ganz anders. Die wirtschaftliche Krise hatte erst unmittelbar vorher, im Sommer 1917 begonnen, als sich nach der gescheiterten Friedensresolution der Mehrheitsparteien des Reichstags die englische Blockade immer mehr auszuwirken begann. Die Zeit, in der man sich noch darüber stritt, ob ein Sieg- oder ein Verzichtfrieden abgeschlossen werden sollte, war kaum vergangen. Anders im Jahre 1932, damals dauerte die Krise schon 3 Jahre lang an.

[41] RGZ 145, 56 (61 - 66).

[42] In RGZ 145, 61 werden diese Argumente des OLG Breslau wiedergegeben.

andersetzung mit dem Schrifttum[43]. Die weittragende Bedeutung der Entscheidung für die Versicherungsgesellschaften, auf die Nelte[44] besonders hingewiesen hatte, wird anerkannt, ohne daß dies am Ergebnis der zwingenden Deduktion etwas ändern kann. Das RG geht sogar soweit und gibt zu, daß bei Schaffung des § 839 BGB die „Versicherungsmöglichkeiten nicht im heutigen Umfang entwickelt waren". Hieraus zieht das Gericht aber nicht den naheliegenden Schluß, der Gesetzgeber habe somit an Versicherungsleistungen als anderweite Ersatzmöglichkeiten nicht gedacht, was durch die Materialien gestützt würde, sondern meint, dies berechtige den Richter nicht, „den Rechtssatz des § 839 I 2 BGB einzuschränken".

Das RG spricht hier einen methodischen Grundsatz aus, den es auch zur damaligen Zeit nicht gegeben hat[45]. Das RG selbst hat in vielen anderen Entscheidungen das Recht für sich in Anspruch genommen, einen Rechtssatz einschränkend oder ausdehnend auszulegen[46]. Wenn die Richter hier anders argumentieren, wird der Zweck dieses Vorgehens deutlich.

Das RG argumentiert auch materiell gegen den Haupteinwand Neltes, der gemeint hatte, eine Ausweitung des § 839 I 2 BGB auch auf Versicherungsleistungen verbiete sich schon dehalb, weil sich der Verletzte den Versicherungsschutz durch Prämien erkauft habe. Nach Ansicht des RG wäre dieser vorsorgende Verletzte überhaupt nicht geschädigt. Auf die zwingende Konsequenz der reichsgerichtlichen Ansicht, daß der rechtswidrig und schuldhaft in die Rechte privater Dritter eingreifende Staat im Ergebnis durch die Prämienzahlungen des Verletzten geschützt wird, geht das RG allerdings nicht ein. Rein formal argumentierend stellt das RG lapidar fest, die Prämien würden nicht im Hinblick auf eine eventuelle Amtspflichtverletzung geleistet, „sondern, um überhaupt bei einem Schadensfall ... Schadenersatz zu erhalten"[47].

Als ob es darauf ankäme, mit welcher subjektiven Tendenz der Versicherte seine Versicherung abschloß! Die objektive Lage wird dadurch verschleiert, obwohl das Argument keine Überzeugungskraft besitzt. Die Begründung des RG erkennt in der 2. Entscheidung zwar alle ein-

---

[43] *Gerhard*, JW 1933, 778 Nr. 10 Anm. zu RGZ 138, 209; *Nelte*, JRPV 1934, 113.
[44] *Nelte*, JRPV 1934, S. 115.
[45] Vgl. *Engisch*, Einführung S. 100 ff. (104); *Waldeyer*, NJW 72, 1250 zitiert diese Stelle, ohne Anstoß daran zu nehmen.
[46] Vgl. dazu nur die bekannte grundsätzliche Entscheidung zur Anwendung von § 254 BGB auch bei bloßer Gefährdung durch die Bahn, RGZ 56, 154 u. RGSt 38, 402 ff. zu § 46 Nr. 2 StGB.
[47] RGZ 145, 65.

§ 8 Die problematischen Fallkonstellationen

schlägigen Probleme, ohne die aufgeworfenen Streitfragen aber wirklich zu erörtern. Die Entscheidung hat insgesamt einen stark apologetischen Charakter, die unbegründete Entscheidung RGZ 138, 209 wird aufgenommen und bereits als ständige Rechtsprechung ausgegeben[48]. Die wirtschaftliche Relevanz der Entscheidung wird ausdrücklich angesprochen: „Daß die Entscheidung in RGZ 138, 209 für die Versicherungsgesellschaften von weittragender Bedeutung ist, hat der Senat keineswegs verkannt"[49], ohne daß offengelegt würde, weshalb diese Auswirkungen nicht eine restriktive Interpretation rechtfertigen. Die alles tragende Begründung, das Ergebnis ergebe sich mit Notwendigkeit aus dem Gesetz und der Richter dürfe daran von sich aus nichts ändern[50], wurde zwar vom BGH im Jahre 1964 wiederholt[51], ohne dadurch aber an Überzeugungskraft zu gewinnen. Es handelt sich hierbei um eine reine Scheinbegründung. Friedmann hat ausgeführt, die Gerichte seien in einigen Bereichen außerstande, die notwendigen Reformen durchzuführen[52]. Bezüglich der sozial untragbaren Bestimmungen über die Haftungsbefreiung des Staates im angloamerikanischen Recht macht er die „allzu enge Verknüpfung mit Staatsinteressen" für die starre Rechtsprechung verantwortlich[53]. Ein Befund, den Fritz Hauss mit fast denselben Worten für § 839 I 2 BGB getroffen hat. Hauss spricht vom Einfluß der Rechnungshöfe und ruft den Gesetzgeber gegen die „beharrende Linie" der Rechtsprechung zu Hilfe[54]. Bislang allerdings ohne Erfolg, der Satz Friedmanns „Gesetzgeber und Regierungen fühl(t)en sich selten verpflichtet, diesbezüglich Initiative zu ergreifen", ist noch unwiderlegt[55].

Ohne in den Bereich der Spekulation verfallen zu wollen, soll auch hier der allgemein-historische Standort der Entscheidung verdeutlicht werden. Die Entscheidung erging am 29. 6. 1934, zu einer Zeit, in der eine Phase der wirtschaftlichen Konsolidierung unter der Regierung Hitler eingesetzt hatte. Verbunden mit einer allgemeinen Betonung des Staates machte sich auch in der Rechtswissenschaft die Tendenz bemerkbar, die im Interesse von ‚Volk und Staat' die privaten Rechte zurückzudrängen suchte. Die Inkorporation des Staates im Führer machte mindestens unterschwellig die Neigung für eine Änderung der

---

[48] a.a.O. S. 64.
[49] a.a.O. S. 64.
[50] a.a.O. S. 65.
[51] BGHZ 42, 176 (181) Urt. vom 16. 4. 1964.
[52] *Friedmann*, Recht und sozialer Wandel S. 25.
[53] Ebenda.
[54] *Hauß*, S. 15.
[55] *Friedmann*, S. 25. Der Kommissionsentwurf 1973 ist noch nicht als Regierungsvorlage eingebracht worden.

Rechtsprechung zunichte. Die Autorität des totalitären staatlichen Systems verhinderte von Anfang an eine Neubesinnung. Richter stehen solchen Bestrebungen nicht unbeteiligt gegenüber. Sie stehen vielmehr mitten in der Entscheidung, ohne sich der gesellschaftlichen Grundströmungen, die in ihren Entscheidungen zum Tragen kommen, immer voll bewußt zu werden.

2. Ausweitungen des Dogmas

Mit diesen beiden Entscheidungen des RG stand der Satz, daß auch Versicherungsleistungen privater Versicherungsträger anderweite Ersatzmöglichkeiten sind, fest. Trotz scharfer Proteste in der Literatur, die hauptsächlich von der Anwaltschaft vorgetragen wurden[56], bildete sich eine ständig fester werdende ständige Rechtsprechung heraus. Entgegen aller Kritik dehnte das RG in der Entscheidung vom 14. 7. 1936[57] seine Rechtsprechung auch auf private Unfallversicherungen aus. Lediglich die Lebensversicherung wurde als Sonderform wegen des damit verbundenen Sparzwecks in der Entscheidung vom 29. 6. 1937 ausgenommen[58].

In der Entscheidung vom 8. 9. 1939[59] wurde auch die gesetzliche Unfallversicherung unter § 839 I 2 subsumiert. Die Tendenz, den Staat möglichst weitgehend zu entlasten, führte dazu, daß die Sozialversicherungsleistungen nicht ausgenommen wurden. Als formale Begründung für die laufende Ausweitung des Begriffs „anderweite Ersatzmöglichkeit" beruft sich das RG auf die Präjudizien und die Gleichheit der Sachverhalte. Daneben wird immer noch argumentiert, „der Sinn der in § 839 I 2 BGB gegebenen Gesetzesvorschrift (sei) eben der, den nur fahrlässig handelnden Beamten weitgehend zu schützen". Völlig ignoriert wird, daß gemäß Art. 131 WRV, der auch 1939 noch stillschweigend weitergalt, der Beamte gerade nicht (direkt) haftete. Geschützt wurde durch diese Rechtsprechung regelmäßig der Staat.

Der BGH hat sich dieser Rechtsprechung bis in alle Einzelheiten angeschlossen[60]. Auch die Kommentarliteratur hat die ständige Rspr.

---

[56] *Kerschbaum*, Die Anrechnung von privaten Versicherungsleistungen in Fällen der Beamten- und Staatshaftpflicht JW 1935, 2600 ff.; *Nelte*, Ausschluß des Versicherer-Regresses bei Schädigung des Versicherten durch fahrlässige Amtspflichtverletzung JRPV 1934, 113 ff.; *Arnold*, JRPV 1936, 353 ff.

[57] RGZ 152, 20.

[58] RGZ 155, 186.

[59] RGZ 161, 199.

[60] Zur Privatversicherung vgl. BGHZ 38, 385; 47, 196; 50, 271. Zur Sozialversicherung vgl. BGHZ 49, 267.

§ 8 Die problematischen Fallkonstellationen

akzeptiert[61], obwohl nach der noch herrschenden Doktrin das Bestehen einer Versicherung die Haftungslage nicht verändern dürfte. Die Schlechterstellung der Vorsorge Treffenden gegenüber den Unversicherten hat weder die Kommentarliteratur noch die Rechtsprechung bewegt. Auf die Sozialversicherung muß wegen ihrer obligatorischen Ausgestaltung gesondert eingegangen werden.

a) Die Leistungen der Sozialversicherung

Die gesetzlich verankerte Zwangsversicherung der Arbeitnehmer in der Kranken-, Unfall- und Rentenversicherung ist selbständigen Versicherungsträgern übertragen, die auch das Versicherungsrisiko im Rahmen der gesetzlichen Regelung tragen. Ebenso wie § 839 I 2 dem Staat zugute kommt, soll § 1542 RVO den Sozialversicherungsträgern zugute kommen. Da bei einem Ausfall letztlich der Staat das Risiko trägt, kommt § 1542 RVO ebenfalls dem Staat zugute. Diese Vorschrift hat den Zweck, die „Sozialversicherungsträger im Interesse der Erhaltung ihrer finanziellen Leistungsfähigkeit, d. h. im öffentlichen Interesse, von Ausgaben zu entlasten, für deren Entstehung das zu vertretende Verhalten eines Dritten ursächlich war"[62]. Exakt demselben Zweck dient auch die SK[63]. Das RG hatte hierzu lapidar ausgeführt, § 839 I 2 sei gegenüber § 1542 RVO die „stärkere" Vorschrift[64], und der BGH hat sich diesem Präjudiz angeschlossen[65]. Anstelle einer Auseinandersetzung mit dem Verhältnis der beiden Bestimmungen findet sich der obligate Rekurs auf den Beamtenschutz und das damit von Anfang an verbundene Dogma, ein übergangsfähiger Anspruch sei gar nicht entstanden[66]. Die bildhafte „Begründung" des RG kann allenfalls eine Umschreibung des Problems sein. Die bloße Behauptung, eine Vorschrift sei „stärker", kann — was immer juristisch damit gemeint sein soll — eine Auseinandersetzung mit den Grundlagen des kollektiven Versorgungssystems und eine Bewertung der in der cessio legis zum Ausdruck gekommenen Interessen nicht ersetzen.

Zunächst muß daher überprüft werden, ob sich die Sozialversicherung in der BRD in relevanter Weise von dem Privatversicherungssystem im Hinblick auf die SK unterscheidet. Das BVerfG hat sich hierfür auf die

---

[61] Vgl. nur *Staudinger/Schäfer*, § 839 Rdnr. 362 - 366; *Soergel/Glaser*, § 839, 225 auch 170.
[62] So BVerfGE 21, 362 (375) = NJW 1967, 1411 (1414).
[63] *Füchsel*, DAR 1972, 313 (315) hat darauf zu Recht hingewiesen.
[64] So RGZ 171, 173 (178 - 181) nach Kritik an der abweichenden Entscheidung RGZ 167, 207.
[65] BGHZ 31, 148 und 49, 267 (275); BGH VersR 1966, 660 (662).
[66] BGHZ 49, 275.

„erheblichen Zuschüsse des Bundes" berufen[67]. Diese Behauptung trifft jedoch lediglich auf die Rentenversicherung zu. Sowohl die Kranken-, als auch die Unfallversicherung werden fast ausschließlich aus Beiträgen finanziert, wobei die Beiträge der Arbeitgeber sich als Lohnbestandteile, nicht als „öffentliche" Zuschüsse darstellen. Aber auch die Rentenversicherung wird zu einem immer größeren Teil staatsfrei finanziert. Seit Errichtung der Arbeiterrentenversicherung im Jahre 1889 sind die staatlichen Zuschüsse, die im Jahre 1900 bei rund 40 % lagen, auf rd. 18 % im Jahre 1970 zurückgegangen. Nach Verlautbarungen des Statistischen Bundesamtes soll der Anteil 1972 bei 16 % liegen[68]

Der Zuschuß des Bundes nach § 1389 RVO ist nach den genannten Zahlen so niedrig bemessen, daß die Ersatzleistungen der Sozialversicherung nicht anders eingestuft werden können, als die Ersatzleistungen privater Versicherungen. Diese gebotene Gleichbehandlung beruht auf der Tatsache, daß sich die Versicherungsnehmer in beiden Fällen den Versicherungsschutz durch beträchtliche finanzielle Leistungen erkaufen. Wenn man im Hinblick auf die SK einen relevanten Unterschied zwischen beiden Versicherungsarten überhaupt feststellen kann, dann nur insoweit, als sich aus dem Zweck der Sozialversicherung — soziale Sicherstellung der Arbeitnehmer — ergibt, daß die finanzielle Leistungsfähigkeit der Sozialversicherung ein besonders schützenswertes Rechtsgut ist. Zugunsten der Sozialversicherung besteht ein sachgemäßes Bedürfnis für ein Privileg. Die in § 1542 RVO angeordnete cessio legis, der besondere Schutzzweck der Sozialversicherung und die Tatsache, daß der Staat einen Ausfall letztlich doch begleichen müßte, sprechen dafür, den Regreß des Sozialversicherers gegen den Staat zuzulassen. Diese Argumentation hätte es nahegelegt, den Sozialversicherungsträgern die Grundrechtsfähigkeit zuzuerkennen. In ihrer Aufgabe genießen sie eine weitgehende rechtliche und sachliche Unabhängigkeit, sie sind ein verselbständigter Teil des Staates, der gegen-

---

[67] BVerfGE 21, S. 375 f.

[68] Statistisches Jahrbuch für die Bundesrepublik Deutschland, 1971, S. 376. Danach betrug der Anteil der Staatsbeteiligung an der Krankenversicherung 1969: 262 Mill. DM von 23 730 Mill. DM; 1970: 260 Mill. DM von 26 546 Mill. DM, beide Male also nur rund 1 %. Für die Unfallversicherung ergeben sich rund 5,6 %; 1969: 250 Mill. DM von 4467 Mill. DM und 1970: 252 Mill. DM von 4463 Mill. DM. Faßt man alle 3 Arten der Rentenversicherung zusammen, ergeben sich folgende Zahlen: 1969: 10 429 Mill. DM von 49 801 Mill. DM = 21 %; 1970: 10 753 Mill. DM von 58 096 Mill. DM = 18 %. Berücksichtigt man weiter, daß hierbei die rechtlich selbständige knappschaftliche Rentenversicherung, bei der die staatl. Zuschüsse über 50 % liegen, eingeschlossen sind, dann erhellt, daß die Zahlen für die beiden größeren Sparten noch weit niedriger liegen. Der Rückgang beruht darauf, daß die Erhöhung der 1957 auf 3,4 Milliarden DM festgesetzten Zuschüsse sich nur an dem Anstieg der Rentenbemessungsgrundlage, nicht aber an der ständig steigenden Zahl laufender Renten orientiert.

über dem Staat die Interessen der Versicherten wahrzunehmen hat und ist insoweit grundrechtsfähig.

b) Lohnfortzahlung als anderweite Ersatzmöglichkeit

Die Gerichte dehnen die SK auch heute noch auf neue Sachverhalte aus. Sie interpretieren Versicherungsbedingungen extensiv, wie etwa im Schlachthoffall[69] oder sie subsumieren neue Ersatzmöglichkeiten unter § 839 I 2. Das Urteil des OLG Bamberg vom 8. 6. 1971[69] sieht die Leistungen des Arbeitgebers nach dem Lohnfortzahlungsgesetz vom 27. 7. 1969[70] als anderweite Ersatzmöglichkeit nach § 839 I 2 an. Das Lohnfortzahlungsgesetz habe dem Arbeitgeber Aufgaben zugewiesen, die vorher der Sozialversicherung obgelegen hätten, daher sei eine Gleichbehandlung geboten. Es handelte sich dabei um folgenden Fall:

Der Arbeiter M, der bei der Kl. beschäftigt ist, rutschte aus und fiel in einen Fluß, dessen Verplankung seit geraumer Zeit schadhaft war. Er war 2 Wochen arbeitsunfähig, was die Kl. insgesamt DM 538,96 kostete, die sie nun von der Haftpflichtversicherung der beklagten Stadtgemeinde nach § 4 LohnFG verlangt. Diese verweist über § 72 Bay. StraßenG, wonach die Rechtsverhältnisse an den öffentlichen Straßen öffentlich-rechtlich geregelt sind auf § 839 I 2 BGB[71].

Das OLG Bamberg führt aus, der Geschädigte habe von Anfang an die Möglichkeit gehabt, auf andere Weise Ersatz zu erlangen. Die für die Sozialversicherung entwickelten Grundsätze müßten auch auf die an ihre Stelle getretene Lohnfortzahlung Anwendung finden, da gerade die demokratische Staatsauffassung eine Freistellung der Amtsträger rechtfertige, solange nur ein leichtes Verschulden in Frage stehe.

Das genannte Urteil führt die Rechtsprechung des RG und des BGH bezüglich des Regreßausschlusses bei Versicherungen konsequent weiter. Der Regreß nach § 4 LohnFG kann trotz der darin enthaltenen cessio legis nicht stattfinden, da der Geschädigte keinen übergangsfähigen Anspruch erlangte. Die wirtschaftlichen Gesichtspunkte, die es rechtfertigten, die Ersatzleistung des Arbeitgebers anders als die Sozialversicherung zu bewerten, tauchen in der Begründung nur kurz auf. Der Arbeitgeber nimmt durch das LohnFG soziale Aufgaben wahr, er

---

[69] Schlachthoffall: BGH VersR 1973, 1025 (1028) = BGHZ 61, 7. Die entscheidende Stelle unter III. findet sich in der amtlichen Sammlung nicht, dort wird aber § 1 Nr. 1 AVB extensiv interpretiert. OLG Bamberg NJW 1972, 689 mit abl. Anm. von Herz NJW 1972, 1138 f. Ablehnend auch Waldeyer NJW 1972, 1249. Neuerdings widerspricht auch OLG Celle VersR 1973, 258. Extensiv auch BGH VersR 1973, 941 (943) = BGHZ 61, 101 (111).
[70] Gesetz über die Fortzahlung des Arbeitsentgelts im Krankheitsfalle vom 27. 7. 1969, BGBl. I S. 946.
[71] Dazu unten § 8 III.

ist Träger sozialer Fürsorge und bestreitet die erforderlichen Leistungen aus dem Unternehmensgewinn. Anders als die Sozialversicherung und anders als private Versicherer liegt der „Geschäftszweck" des Arbeitgebers nicht in der Schadensvorsorge, sondern er leistet die nach dem LohnFG bestimmten Beträge aus sozialen Gründen und ohne daß der Arbeitnehmer konkrete Beitragszahlungen leistet aus dem Unternehmensgewinn. Diese Beurteilung ändert sich auch nicht, wenn man diese Sicherstellung im Krankheitsfall und die hierfür aufgewendeten Beträge als Lohnteile ansieht. Selbst wenn man die Rechtsprechung des BGH zum Ausschluß des Versichererregresses billigte, hätten sich aber genügend sachliche Gesichtspunkte finden lassen, um eine erneute Ausdehnung der Subsidiaritätsklausel zu verhindern[72].

Gegen die Ansicht des OLG Bamberg hat das OLG Celle den Anspruch des Arbeitnehmers gegen seinen Arbeitgeber nicht als anderweite Ersatzmöglichkeit anerkannt[73]. Das OLG Celle geht zur Begründung auf die Entstehungsgeschichte des § 839 I 2 BGB ein und relativiert mit dem dort gefundenen Ergebnis „Beamtenprivileg" die heutige Anwendung der Klausel zum Nutzen des Staates. Das Gericht ist der Ansicht, die Subsidiaritätsklausel müsse eng ausgelegt werden, da die Rechtfertigung für ein solches Privileg entfallen sei. Das OLG Celle führt wörtlich aus: „Die Anwendung der Vorschrift muß sich an den heute gültigen Gerechtigkeitsvorstellungen und der Wertordnung des Grundgesetzes orientieren. Das Fiskusprivileg darf sich nicht als willkürliche Bevorzugung der öffentlichen Hand und als sachlich unbegründete einseitige Belastung ersatzpflichtiger Dritter auswirken, die in Wahrheit dem Schaden viel ferner stehen als die öffentliche Körperschaft, deren Beamter den Haftungstatbestand erfüllt hat. Art. 3 und 14 GG zwingen zu einer verfassungskonformen, in der Regel einengenden Interpretation der Norm[74]." Das OLG fährt fort: „Von diesem Ausgangspunkt aus mag es gerade noch zu rechtfertigen sein, die bisherige Rechtsprechung aufrechtzuerhalten." Das OLG bestätigt damit letztlich die bestehende Rechtsprechung und will lediglich die neuerliche Ausweitung nicht mitmachen. Die Argumente gegen die Ausweitung treffen aber auch auf die h. L. zu, ohne daß es das OLG Celle wenigstens als obiter dictum gewagt hätte, dagegen anzugehen. Es versucht die Rechtsprechung zu den Versicherungsleistungen zu rechtfertigen, indem es argumentiert, dabei trete wenigstens eine „begrenzte Sozialisierung des Schadens" ein und dies bei Versicherungsträgern, deren Aufgabe es sei, „derartige Risiken" abzudecken. Auf die Frage nach

---

[72] Vgl. dazu die in Note 69 genannten ablehnenden Stimmen.
[73] VersR 1973, 258.
[74] Ebd. S. 258 r. Sp.

§ 8 Die problematischen Fallkonstellationen

der Rechtfertigung dieser Sozialisierungsverlagerung läßt sich das Gericht aber nicht ein. Ihm genügt es, daß sich die Leistungen des Arbeitgebers hiervon unterscheiden, dieser leiste mehr oder weniger einen Unterhaltsbeitrag. Das Gericht rechtfertigt seine Entscheidung weiter mit der wirtschaftlichen Erwägung, besonders betroffen würden von einer anderen Entscheidung Betriebe von mittlerer Größe. Hierbei verwundert, daß das Herz der Richter gerade für die mittelständischen kleinen Unternehmer schlägt, denn das Gericht ist quasi sprachlos angesichts dieser Möglichkeit: „Daß eine solche Möglichkeit nicht Rechtens sein kann, als willkürliche Freizeichnung der öffentlichen Hand empfunden würde und mit der Eigentumsgarantie des Art. 14 GG nicht vereinbar wäre, bedarf keiner weiteren Begründung[75]." Einer weiteren Begründung hätte es aber bedurft, darzutun, weshalb die Rechtsprechung der h. L. in den übrigen Konfliktfällen sich nicht mit der gleichen Argumentation hätte ändern lassen.

In dem entschiedenen Einzelfall ist dem OLG Celle sicherlich zuzustimmen. Bedauerlich bleibt, daß das Gericht trotz der überzeugenden Argumente im entschiedenen Fall nicht die Parellelität zu den anderen Fällen anderweitiger Ersatzleistungen bejaht hat. Wenn das Gericht meint, Versicherungsleistungen könnten deshalb als anderweite Ersatzmöglichkeiten angesehen werden, weil der Schaden in begrenztem Umfang sozialisiert werde, zu deutsch also, weil nicht einer alles zahlen müsse, dann widerspricht dies schon der herrschenden Dogmatik, die den Versicherer lediglich als „Schatten des Geschädigten" konstruiert, was das Gericht hätte stutzig machen müssen[76]. Angesichts der als ungerechtfertigt erkannten Haftungsverlagerung vom Staat auf den Versicherer ist es aber auch ein absurdes Argument, denn die volle Sozialisierung des Schadens wird damit ja gerade verhindert. Die begrenzte Sozialisierung trifft qua Prämie wieder den Versicherungsnehmer[77]. Diesem aber lassen die Gerichte den Schutz und die Fürsorge nicht angedeihen, den sie für den Unternehmer prästieren. Beim Unternehmer wird Art. 14 GG beschworen, während beim Prämienzahler die „beschränkte Sozialisierung" gelobt wird[78].

---

[75] Ebd. S. 259 am Ende.
[76] Vgl. RGZ 146, 287 (289) Urt. v. 10. 1. 1935, *Weyers*, Unfallschäden S. 42, 118 ff. unter 42, S. 121 ff. unter 43; *Hanau*, VersR 1969, 292 FN 2. Die Durchbrechungen des Trennungsprinzips verfolgten immer den Schutz des Geschädigten.
[77] Diesen Gesichtspunkt betont besonders *Ising*, S. 52.
[78] Eine ähnlich Optik zeigt der Vergleich zwischen dem Recht am eingerichteten und ausgeübten Gewerbebetrieb und dem Recht am Arbeitsplatz. Dazu *Migsch*, Die absolut geschützte Rechtsstellung des Arbeitnehmers, 1972 S. 22 ff., 125 ff. und passim.

III. Die rechtliche Ausgestaltung der Straßenverkehrssicherungspflicht

1. Öffentlich-rechtliche Ausgestaltung der Straßenverkehrssicherungspflicht

Die Straßenverkehrssicherungspflicht (StVSP) der öffentlichen Hand ist in den Ländern Hamburg, Baden-Württemberg, Bayern und Niedersachsen und neuerdings auch in Rheinland-Pfalz, Nordrhein-Westfalen und Schleswig-Holstein durch Gesetz als polizeiliche Aufgabe öffentlich-rechtlich geregelt worden. In Ausübung der Organisationsgewalt der Länder wurde sie dadurch als hoheitliche Aufgabe definiert[79]. Da die Länder und Gemeinden in bezug auf die bislang privatrechtliche Haftung wegen Verletzung der StVSP in aller Regel versichert sind oder sich durch eine sogenannte Eigenversicherung im Wege der Rücklagenbildung absichern, führt die über die hoheitliche Ausgestaltung mit in bezug genommene SK hier zu besonders absurden Ergebnissen. Die hoheitliche Ausgestaltung sollte gewissen Unbilligkeiten bei der Rückgriffshaftung der Beamten begegnen. Die verschiedene rechtliche Qualifizierung von Straßenbaulast als öffentlicher Aufgabe und StVSP als privater Aufgabe führte dazu, daß der „privat haftende" Beamte in weiterem Umfang einstehen mußte: Die Subsidiaritätsklausel kam ihm nicht zugute. Daneben war weiter maßgebend, daß die herrschende Meinung in der Literatur die StVSP als öffentliche Aufgabe ansieht[80]. Gleichwohl wird dem Landesgesetzgeber in der Literatur die Befugnis bestritten, die StVSP öffentlich-rechtlich auszugestalten, da es sich hierbei um eine reine Haftungsfrage, mithin um ein Problem des bürgerlichen Rechts handele, für das die Landesgesetzgeber nicht kompetent seien[81]. Die Gerichte haben in mehreren neueren Entscheidungen die Verfassungsmäßigkeit der Länderregelungen bestätigt[82],

---

[79] Hamburg. Wegegesetz vom 4.4.1961 (GVBl. 117, 178) § 5; Baden-Württ. Straßengesetz vom 20.3.1964 (GBl. 127) § 67; Niedersächs. Straßengesetz in der Fassung v. 30.12.1965 (GVBl. 280) § 10 I; Bayer. Straßen- und Wegegesetz vom 1.5.1968 in der Fassung vom 24.4.1968 (GVBl. S. 57), Art. 72; Landesstraßengesetz für Rheinland-Pfalz i. d. F. des Gesetzes vom 22.4.1970 (GVBl. 142), § 48 II; Landesstraßengesetz von Nordrhein-Westfalen i. d. F. des Gesetzes vom 19.12.1972 (GVBl. 234), § 9 a; Landesstraßengesetz von Schleswig-Holstein i.d. F. des Gesetzes vom 28.9.1973 (GVBl. 327), § 10 IV.

[80] *Bartlsperger*, Verkehrssicherungspflicht S. 57 ff.; *Esser* II, § 108 II 1 b/ S. 415; *Forsthoff*, VerwR I, § 21, 1/S. 398 ff.; *Haueisen*, NJW 1953, 1613; *Jahn*, JuS 1965, 165 ff.; *Janicki*, NJW 67, 2038 ff.; *Kleinewefers/Wilts*, VersR 1965, 397; *Kraft*, DÖV 1954, 518; *Larenz* II, § 73 VII/S. 502; *Nedden*, NJW 1968, 937 insbes. kritisch zu BGH NJW 1968, 937.

[81] *Wussow*, NJW 1964, 1459 (1460); BB 1967, 353 (355 f.); *Sieder/Zeitler*, Bay. Straßengesetz, Kommentar, Art. 72 Rdnr. 4. Zuletzt wieder ablehnend BGH NJW 1973, 462 und *Bartlsperger* in seinem grundsätzlichen Beitrag, DVBl. 1973, 465 (468 ff.).

[82] BGHZ 9, 373, 387 f.; 20, 57 (59); BGH VersR 65, 690 (693); BGH NJW 1973, 460 und 463 = VersR 1973, 252 und 254 (Urteile v. 18.12.1972).

§ 8 Die problematischen Fallkonstellationen

gleichzeitig aber auch die Konsequenz für den Geschädigten daraus gezogen, der sich nunmehr den Einwand des § 839 I 2 BGB entgegenhalten lassen muß[83]. In mehreren Fällen handelte es sich dabei um selbst haftpflichtversicherte Träger öffentlicher Gewalt, so daß letztlich durch § 839 I 2 BGB eine private Haftpflichtversicherung auf Kosten der anderen befreit wird[84]. In beiden Fällen sahen die bayerischen Gerichte keinen Grund, die Frage nach der Berechtigung eines solchen Ergebnisses zu stellen. Wenn man, wie es der BGH an anderer Stelle getan hat, die Haftpflichtversicherung des Geschädigten schon bei der Haftpflichtfrage mitberücksichtigt, dann müßte dieses Argument auch auf seiten des Schädigers gelten. Gerade bei § 839 I 2 BGB wird die Versicherung als begrenzte Sozialisierung zur Rechtfertigung der Subsidiaritätsklausel verwendet[85]. Ein solches Argument kann bei bestehender Versicherung der öffentlichen Hand nicht gelten, zumal das versicherungsrechtliche Trennungsprinzip stets zum Schutz des Geschädigten durchbrochen wurde.

Die öffentlich-rechtliche Ausgestaltung der StVSP bringt den öffentlichen Händen daher finanzielle Vorteile, die nicht unterschätzt werden sollten. Man kann deshalb sagen, daß nicht in 1. Linie systematische, sondern finanzielle Gründe ausschlaggebend für die öffentlich-rechtliche Ausgestaltung waren.

In den anderen Ländern der Bundesrepublik ist die StVSP nach Auffassung des BGH nach wie vor eine privatrechtlich ausgestaltete Pflicht[86]. Der BGH steht mit seiner Meinung im Gegensatz zu der gesamten Lehre, die die StVSP als öffentliche Aufgabe einstuft[87]. In der Literatur ist anerkannt, daß sich die bisherige Praxis des BGH nur aus seiner — leider nur hier in Erscheinung tretenden — Abneigung gegen die Subsidiaritätsklausel erklären läßt[88]. Das mit viel wissenschaftlichem

---

[83] Bay ObLG NJW 1972, 1325; OLG Bamberg NJW 1972, 689 und schon früher (unveröffentlicht) vgl. den Hinweis auf OLG Bamberg zu 65/70 und 95/70 auf S. 690 der genannten Entscheidung.
[84] Bay ObLG NJW 1972, 1237 unter b; OLG Bamberg a.a.O. im Text.
[85] OLG Celle VersR 1973, 258 r. Sp.
[86] BGHZ 9, 373; 14, 83; 16, 95; 27, 278 (281); BGH NJW 1968, 443, zuletzt BGH NJW 1973, 461.
[87] Alle die in FN 80 genannten Autoren.
[88] *Kleinewefers/Wilts*, VersR 1965, 405 f. nennen ausdrücklich die Furcht vor der Haftung für jeden Vermögensschaden und die Vorschrift des § 839 I 2 BGB als Ursache für die BGH-Rechtsprechung. Ähnlich *Ossenbühl*, JuS 1973, 424 FN 37; *Nedden*, NJW 1968, 938 am Ende; *Janicki*, NJW 1967, 2039 r. Sp. und FN 6; *Evers*, Jus 1961, 125 f.; *Forsthoff*, DVBl. 1952, 164 (167); *Esser* II, § 108 II 1 b/S. 416 oben. Wenn Esser meint, das Argument aus § 839 I 2 BGB verschlage nicht, solange der Landesgesetzgeber die Möglichkeit habe, durch Organisationsakt die Rechtsfolge des § 839 I 2 BGB herbeizuführen, dann hat er zwar recht, verkennt andererseits aber die konkrete politische Realität und die Trägheit der Landesparlamente. Obwohl der

Scharfsinn geführte Gefecht um die Rechtsnatur der StVSP ist ein Scheingefecht, soweit der finanzielle Aspekt des § 839 I 2 BGB nicht genannt wird. Die StVSP kann systematisch nur eine öffentliche Pflicht sein, denn die Vorsorge für den allgemeinen Verkehr ist eine öffentliche Aufgabe von eminenter Wichtigkeit. Der Verkehrsteilnehmer bedarf des Staatshaftungsrechts zu seinem Schutz, das ja nicht nur durch § 839 I 2 BGB eine Einschränkung, sondern auch eine Ausweitung der Haftung bringt[89]. Für eine Neuregelung des Staatshaftungsrechts, indem die Subsidiaritätsklausel in Wegfall kommt, bietet sich daher eine öffentlich-rechtliche Ausgestaltung der StVSP an.

Unter dem bestehenden Rechtszustand führt die stets schwierige Abgrenzung zwischen der privatrechtlichen StVSP und der hoheitlichen Verkehrsregelungspflicht zu nicht endenwollenden Schwierigkeiten[90]. Eine einengende Auslegung der Subsidiaritätsklausel würde eine sachgemäße Auflösung auch dieses Konflikts sicherstellen, denn dann entfiele der innere Grund für die Beibehaltung der privaten Ausgestaltung. Nedden, der 1968 auf eine schnelle Verwirklichung des Referentenentwurfs 1967 gehofft hatte[91], hat vergeblich gehofft. Die Rechtsprechung darf deshalb heute nicht wiederum in der Hoffnung auf den neuen Entwurf der Staatshaftungsrechtskommission die heutigen Probleme bis zu einem unbekannten Tag X aufschieben.

2. Mangelnde Konsequenz bei der Bekämpfung der SK

Von der hier vertretenen Auffassung aus ist dem BGH lediglich vorzuwerfen, daß er die Subsidiaritätsklausel an der ungeeignetsten Stelle und auf eine ungeeignete Weise bekämpft. Im Straßenverkehrsrecht hat sich derselbe III. Zivilsenat nicht abhalten lassen, die normale Dienstfahrt als Erfüllung hoheitlicher Aufgaben anzusehen, obwohl hier alles für eine rein privatrechtliche Pflicht spricht. Die Belastung des Geschädigten mit der Subsidiaritätsklausel beruht hier — so der BGH — auf dem Gesetz. Zugegeben, das Ergebnis ist bei der StVSP sympathisch und, historisch gesehen, fiel es leicht, die privatrechtliche

---

BGH die Straßengesetze der Länder Hamburg, Niedersachsen, Baden-Württemberg und Bayern gutgeheißen hat, haben die anderen Länder von der Möglichkeit, ihre Haftung so zu beschränken nur zögernd Gebrauch gemacht. Es ist allerdings zuzugeben, daß Ende 1973 die Rspr. des BGH zur StVSP nur noch den kleineren Teil der Bundesländer betrifft, nämlich Berlin, Bremen, Hessen und Saarland.

[89] Vgl. dazu oben § 7 II.

[90] Neuestens *Ossenbühl*, JuS 1973, 421 (423 f.); wichtig BGH JZ 1971, 430, wo der BGH die Möglichkeit einer Überlappung von StVSP und Verkehrsregelungspflicht zugesteht.

[91] *Nedden*, NJW 1968, 937 (938 r. Sp.). Die Hoffnung auf eine baldige Reform spricht *Ossenbühl*, JuS 73, 424 ebenfalls — und wieder — an.

§ 8 Die problematischen Fallkonstellationen 77

Ausgestaltung der StVSP durch das RG zu übernehmen, während der BGH bei der Dienstfahrt seine eigene Tradition hätte aufgeben müssen[92]. Aus dieser beispielhaften Gegenüberstellung ergibt sich, daß es nicht zu billigen ist, wenn der BGH die StVSP als privatrechtliche Pflicht ausgestaltet. Damit wird einmal die Ursache, die Subsidiaritätsklausel nicht allgemein bekämpft, zum andern führt diese Rechtsprechung zu einer angesichts des modernen Verkehrs umgerechtfertigten Einstufung der StVSP in das Privatrecht. Am Beispiel der Dienstfahrt hat sich gezeigt, daß der BGH nicht gewillt ist, eigentlich zivilrechtliche Pflichten zur Bekämpfung der Subsidiaritätsklausel auch zivilrechtlich zu gestalten. Die unsystematische Bekämpfung des § 839 I 2 BGB bei der StVSP erfolgt somit zufällig und nicht zielgerichtet. Der BGH läßt zudem die notwendige Konsequenz vermissen, wenn er es den Trägern der Organisationsgewalt überläßt, wie sie die Haftungsfrage bei Verletzungen der StVSP regeln wollen, damit stellt er seine eigene Basis in Frage[93].

Die Schwierigkeiten der Gerichte mit der hoheitlichen Ausgestaltung der StVSP zeigen neuere Entscheidungen deutlich auf. Das OLG Stuttgart[94] versucht in einem Fall die Anwendung des § 839 I 2 BGB auszuschließen, indem es wieder auf die privatrechtliche Verkehrssicherungspflicht für eine in den Straßenkörper eingelassene Bodenwaage zurückschaltete, obwohl diese Waage ohne Abhebung sich auf der dem öffentlichen Verkehr gewidmeten Fläche befand.

Eine ebenfalls nicht zu billigende Entscheidung des BGH[95] versucht den Vorteil eines Geschädigten, dem die Ausweitungen der Amtshaftung gegenüber § 823 BGB zugute gekommen wären, wieder rückgängig zu machen. Der BGH beschränkt in dieser Entscheidung den Schutzumfang des § 839 I BGB auf die Schutzgüter des § 823 I BGB, obwohl er gleichzeitig die Anwendbarkeit des § 839 I 2 BGB bejaht. Damit werden dem Geschädigten die Vorteile der Amtshaftung, Haftung auch bei bloßen Vermögensschäden ohne Beschränkung auf die Schutzgüter des § 823 I BGB genommen, während ihm gleichzeitig die Nachteile voll aufgebürdet werden. In einer anderen Entscheidung vom gleichen Tage hat der BGH[96] ausdrücklich betont, daß ausschließlich

---

[92] *Ossenbühl*, JuS 73, 424.
[93] Zuletzt BGH NJW 1973, 460 = VersR 1973, 252; BGH NJW 1973, 463 = VersR 1973, 275.
[94] VersR 1973, 260.
[95] BGH NJW 1973, 463 (III ZR 40/70) Urteil v. 18. 12. 1972 = VersR 1973, 275 mit ablehnender Anmerkung von *Pentzek*, NJW 1973, 846. Ablehnend auch *Bartlsperger*, DVBl. 1973, 465 ff., dessen Beitrag erst nach Fertigstellung dieses Teils der Arbeit erschienen ist.
[96] BGH NJW 1973, 460 (III ZR 121/70) Urteil v. 18. 12. 1972 = VersR 1973, 252.

Amtshaftungsgrundsätze zur Anwendung kommen, womit insbesondere die Einbeziehung der Subsidiaritätsklausel gemeint ist[97], die weitere Konsequenz Haftung für Vermögensschaden will der BGH nicht ziehen[98].

Im konkreten Fall verlangt die Klägerin, eine Frachtführerin (F) vom beklagten Land (L) Schadenersatz in Höhe des Betrags, den sie dem Eigentümer (E) der Ladung wegen fahrlässiger Verletzung des Frachtvertrags zahlen mußte. Die F hatte einen Container befördert, der insgesamt unter der zulässigen Höhe von 4,00 m blieb, dennoch wurde der Container an einem tiefer hängenden Ast beschädigt, was auf einer Verletzung der StVSP durch L beruhte.

Ohne die hoheitliche Ausgestaltung der StVSP in § 10 I Nds. Straßengesetz hätte E hier einen privatrechtlichen Deliktsanspruch gemäß § 823 I BGB gegen den betreffenden verantwortlichen Beamten (B) gehabt sowie einen vertraglichen Anspruch gegen F. Bezahlte F dem E den Schaden, hätte er gemäß § 255 BGB die Abtretung des Schadenersatzanspruchs E gegen B verlangen können. Derjenige, der auf Grund vertraglicher Beziehungen Schadenersatz zahlen muß, kann nach dem „Näher-dran-"-Prinzip des § 255 BGB vom Geschädigten Abtretung des Schadenersatzanspruchs gegen den deliktisch Haftenden verlangen. Letztlich hätte daher B den Schaden tragen müssen[99]. Durch die hoheitliche Ausgestaltung der StVSP in § 10 I Nds. StraßenG gilt im Verhältnis E - L Amtshaftungsrecht, so daß ein Deliktsanspruch E - L gar nicht zur Entstehung kommt, da die vertragliche Verpflichtung des F eine anderweite Ersatzmöglichkeit darstellt. Ein Übergang nach § 255 BGB entfällt damit.

Der BGH stellt die F damit schlechter als sie bei der privatrechtlichen Ausgestaltung stünde. Wenn im Urteil ausgeführt wird: „Bei Anwendung der sonst maßgeblichen privatrechtlichen Grundsätze hätte die Kl. bei Verletzung der StVSP Ersatz nicht verlangen können[100]", ist dies nicht exakt. Entweder hätte sie über § 255 BGB Ausgleich verlangen können oder aber — was dem Sachverhalt nicht zu entnehmen ist — gemäß §§ 840 I, 426 II BGB[101]. Keinesfalls aber hätte F den ganzen Schaden allein tragen müssen. Damit ist schon der Ausgangspunkt des BGH unrichtig. Selbst wenn man den Ausgangspunkt als richtig unter-

---

[97] Ausdrücklich BGH NJW 1973, 462 r. Sp. unten; BGH NJW 1973, 464 r. Sp. oben.

[98] BGH NJW 1973, 464 r. Sp.

[99] So *Eike Schmidt*, Athenäum Zivilrecht I, § 10 V 1 c/S. 600 f.; *Reeb*, JuS 1970, 214. Auch die h. L. legt § 255 weit aus: *Soergel/Reim. Schmidt*, § 255 Rdnr. 3; *Staudinger/Werner*, § 255 Rdnr. 9, selbst abweichend 10, 11.

[100] a.a.O. S. 464 r. Sp. Mitte.

[101] Falls beide Schädiger deliktisch gehandelt haben, entsteht das gesetzliche Gesamtschuldverhältnis mit der Folge des § 426 II BGB. Eine Ausgleichung über § 255 ist dann überflüssig.

§ 8 Die problematischen Fallkonstellationen

stellte, führt die Beschränkung der Amtshaftung durch den BGH zu weiteren Problemen, die der BGH nicht adäquat gelöst hat.

Die methodische Absicherung des Ergebnisses stützt sich auf eine historische Interpretation des § 10 I Nds. Str.G. Einmal mehr verwendet der BGH diese Methode, ohne sich ihrer exakt zu bedienen[102]. Der Kernsatz der Begründung: „Das Gesetz zur Änderung des Niedersächsischen Straßengesetzes hat nach Auffassung des Senats an diesem Umfang der Haftung (nach § 823 I BGB) nichts geändert. Das Gesetz will nur auf andere Weise für die Erfüllung der StVSP sorgen[103]", beinhaltet eine Unterstellung, die sich aus den Materialien nicht belegen läßt[104]. Wenn der BGH weiter meint, es habe lediglich den Zweck, „in gleichem Umfange wie vorher statt der allgemeinen privatrechtlichen Deliktsvorschriften nunmehr die Amtshaftungsbestimmungen eintreten zu lassen"[105], dann liegt hierin eine bloße Behauptung. Inhalt und Umfang des § 839 BGB stehen nicht zur Disposition des Landesgesetzgebers[106]. Der BGH eröffnet durch seine im Ergebnis und in der Begründung nicht haltbare Entscheidung den Landesgesetzgebern die Möglichkeit, die Vorteile der Amtshaftung (§ 839 I 2 BGB) in Anspruch zu nehmen und die Nachteile (Vermögensschaden) abzudingen. Damit hat der BGH neben der bundesweit geltenden „normalen" Amtshaftung eine „eingeschränkte" Amtshaftung in den Ländern geschaffen. Die Schaffung dieses neuesten Typs staatlicher Haftung gereicht dem BGH nicht zur Ehre.

Im Rahmen dieser Arbeit genügt es, festzustellen, daß die Subsidiarität der Amtshaftung auch auf die Ausgestaltung der StVSP in entscheidender Weise Einfluß nimmt. Die gesetzgeberischen Maßnahmen

---

[102] BGHZ 46, 74 (84) (Schallplattenurteil). Dort fingiert der BGH den Standpunkt eines nicht existenten Gesetzgebers ex post. Dieser habe anläßlich der Kartellnovelle v. 15. 9. 1965 durch die Nichtregelung des bekannten Streitfalles die Frage negativ entscheiden wollen.

[103] a.a.O. S. 464 r. Sp. Mitte.

[104] Begründung zu Art. I Nr. 1 zum Regierungsentwurf des Änderungsgesetzes, Niedersächsische Landtags-Drucksache Nr. 553/5. Wahlperiode S. 1 ff.; Verhandlungen des Niedersächsischen Landtags, 5. Wahlperiode, Band 3, Sp. 4050 f.

[105] a.a.O. S. 464 r. Sp. unten.

[106] Was der BGH in NJW 1973, 462 r. Sp. selbst einräumt, wenn er ausführt: „Der Revision ist allerdings zuzugeben, daß der Landesgesetzgeber nicht in der Lage ist, die vom Bundesgesetzgeber bzw. vom Verfassungsgesetzgeber verwendeten Begriffe der „Amtspflicht" (§ 839 BGB) und des „anvertrauten öffentlichen Amtes" (Art. 34 GG) mit Wirkung für die Haftung mit beliebigen Inhalten zu füllen". Hinzuzufügen ist, daß auch der Umfang der Haftung nicht im Belieben des Landesgesetzgebers steht. Ebenso *Pentzek*, NJW 1973, 846 r. Sp. wenn er meint, über in § 839 BGB selbstenthaltene Haftungsbeschränkungen hinausgehende Einschränkungen seien nicht zulässig.

der Länder auf diesem Gebiet haben Haftungsunterschiede zwischen den einzelnen Ländern ergeben, die unbillig und nicht zu rechtfertigen sind. Nimmt man die Entscheidung des BGH hinzu, die dem Geschädigten die mit der Amtshaftung verbundenen Vorteile wieder nimmt, dann ergeben sich Ungleichheiten, die gegen den Gleichheitssatz (Art. 3 I GG) verstoßen, da jede sachliche Begründung für diese Differenzierung fehlt[107].

Die Gerichte haben keine einheitliche Konzeption, um mit der verwickelten Lage fertig zu werden. Einmal versuchen sie trotz hoheitlicher Regelung wieder auf die privatrechtliche Form zurückzukommen, um den ungeliebten § 839 I 2 auszuschließen[108], einmal bejahen sie § 839 mit der Konsequenz des 839 I 2, wollen aber den § 839 auf die Schutzgüter des § 823 I reduzieren[109]. Der ganze Komplex ist ein eindrucksvolles Beispiel, wie eine Norm (hier § 839 I 2) sachgemäße Lösungen verhindert. Zunächst erfolgte eine — so Ossenbühl[110] — dogmatisch leicht zu widerlegende Regelung der StVSP in privatrechtlicher Form, um § 839 I 2 auszuschalten. Nachdem nun Landesgesetzgeber durch Organisationsakt Amtshaftungsrecht zur Anwendung gebracht haben, führt § 839 zu Unzuträglichkeiten, der der BGH durch seine den Umfang des § 839 I reduzierende Auslegung noch verschärft.

Die einschränkende Interpretation der Subsidiaritätsklausel kann bei dieser Fallgruppe nur wenig helfen, soweit nicht Versicherungsleistungen im Spiel sind. Erst eine vollständige Abschaffung der Subsidiaritätsklausel würde die allein sachgemäße öffentlich-rechtliche Ausgestaltung der StVSP ohne Nachteile ermöglichen. Bevor eine solche Neuregelung erfolgt, müssen bei hoheitlich ausgestalteter StVSP dem Geschädigten die Vorteile der Amtshaftung voll zugute kommen.

---

[107] Es mag noch angehen, wenn der BGH meint, die Verschiedenartigkeit der Haftungsvoraussetzungen und -folgen in bezug auf die StVSP durch die Landesgesetzgebungen bewirke keine rechtliche Ungleichbehandlung der Verkehrssicherungspflichtigen, auch nicht im Hinblick auf § 839 I 2 BGB (so in NJW 1973, 462 l. Sp. unten). Es geht aber nicht mehr hin, wenn dazuhin die Lage des Geschädigten weiter verschlechtert wird, wie es durch die Reduzierung des § 839 I auf die Schutzgüter des § 823 I geschieht. Dies führt in der Tat zu unerträglichen Rechtsbeschränkungen, die nicht gerechtfertigt sind. Falls der BGH versuchen wollte, die verschiedenartigen rechtlichen Ausgangspunkte im Ergebnis zu harmonisieren, ist ihm das gerade nicht geglückt. Dann hätte er konsequenterweise auch die Subsidiaritätsklausel bekämpfen müssen.

[108] So OLG Stuttgart VersR 1973, 260.
[109] So BGH NJW 1973, 463.
[110] Jus 1973, 424 l. Sp.; *Bartlsperger*, Verkehrssicherungspflicht, S. 72 ff.

§ 8 Die problematischen Fallkonstellationen

IV. Konkurrenzprobleme zwischen Amtshaftung und anderen Haftungsgrundlagen

1. Allgemeine Problematik

Das Vorhandensein von haftungsbegründenden Tatbeständen in verschiedenen Spezialgesetzen, meist auf Grund bloßer Gefährdungstatbestände, führt dazu, daß zwischen § 839 und diesen Haftungstatbeständen Konkurrenzprobleme entstehen. Es muß jeweils geklärt werden, ob und inwieweit solche Ersatzmöglichkeiten unter § 839 I 2 fallen und somit die Amtshaftung ausschließen können.

Die Rechtsprechung — schon des Reichsgerichts — hatte sich naturgemäß besonders häufig mit dem Verhältnis zwischen Halterhaftung (§ 7 StVG) und Amtshaftung zu beschäftigen. Sie hat dabei früh den Satz aufgestellt, Halterhaftung und Amtshaftung seien unabhängig voneinander gegeben[111]. § 839 I 2 BGB wurde durch diese Rechtsprechung eingeschränkt, der Geschädigte mußte sich nicht auf den Anspruch gegen den Halter verweisen lassen. Dies ist einleuchtend, wenn die Behörde selbst Halter ist, denn dann könnte sie auf einen anderen Ersatzanspruch gegen sich selbst verweisen.

Haftet der Beamte selbst als Halter nach § 7 StVG, dann steht die Amtshaftung ebenfalls unabhängig neben der Halterhaftung des Beamten, wobei die letztere nicht vom Staat übernommen wird. Dies ergibt sich aus dem ursprünglichen Zweck des Subsidiaritätsprinzips, das den Beamten schützen sollte, wendete man es hier an, dann würde der Staat das Fiskusprivileg gerade auf Kosten der Beamten in Anspruch nehmen. Aus der ehemaligen Zielsetzung des § 839 I 2 BGB gewinnt die Rechtsprechung Argumente zur Beschränkung des jetzigen Fiskusprivilegs[112]. Auch umgekehrt kann der Beamte nicht an den Staat verweisen, wenn er selbst aus Halterhaftung in Anspruch genommen wird[113].

2. Verhältnis § 839 I 2 BGB - § 7 StVG

Diese rechtliche Ausgangslage, die im übrigen in den gängigen Praktikerkommentaren breit dargestellt wird, soll hier nicht diskutiert werden[114]. Es zeigt sich aber in dem ständigen Schwanken der Recht-

---

[111] RGZ 145, 177; BGHZ 1, 388. Zum Ganzen *Brüggemann*, Zur Konkurrenz zwischen Amtshaftung und Haftung nach StVG. bei Hoheitsfahrten, DAR 1955, 233 - 239. *Wussow*, Unfallhaftpflichtrecht, Rdnr. 477 ff.
[112] RGZ 165, 365; abweichend *Brüggemann*, DAR 1955, S. 236 insoweit aber wohl überholt durch die Entwicklung, vgl. *Wussow*, Rdnr. 484.
[113] BGHZ 29, 38.
[114] *Wussow*, Rdnr. 477 - 484; *Geigel*, 20, Rdnr. 62 ff., 74 ff.

sprechung, daß es keinesfalls eindeutige Vorstellungen darüber gab und gibt, was eine anderweite Ersatzmöglichkeit ist[115]. Auf Grund dieser rechtlichen Ausgangslage soll vielmehr ein kaum behandeltes schwieriges Berechnungsproblem erörtert werden, das sich immer dann ergab, wenn der im Straßenverkehr Geschädigte kaskoversichert war und sein Schaden den Höchstbetrag nach dem StVG überstieg. Der damalige Höchstbetrag nach § 12 I 3 StVG betrug DM 10 000[116], und die Frage, wie der DM 10 000 übersteigende Schaden zwischen Kaskoversicherung und Staat aufzuteilen sei, führte zu heftigen Kontroversen zwischen Gerichten und Anwälten[117]. Der kaskoversicherte Geschädigte hat in dem Anspruch gegen seine Versicherung eine anderweite Ersatzmöglichkeit, so daß sich der Forderungsübergang nach § 67 VVG nach der Ausgangsposition des BGH nur hinsichtlich der sich aus § 7 StVG ergebenden Ansprüche vollziehen kann. Problematisch ist dann, in welcher Höhe dieser Übergang stattfinden soll. Um dies anschaulich zu machen, soll im folgenden von dem der Entscheidung BGHZ 50, 271 zugrundeliegenden Fall ausgegangen werden[118].

Die klagende Versicherungsgesellschaft macht als Kaskoversicherer des G einen vermeintlich auf sie nach § 67 VVG übergegangenen Anspruch geltend. Der Lastzug des G, der bei der Kl. mit einem Selbstbehalt von 500 DM versichert war, wurde durch das alleinige Verschulden eines Soldaten der französischen Streitkräfte stark beschädigt. Die Kl. hat an G Ersatz in Höhe von DM 12 378,50 geleistet. Die BRD, die nach Amtshaftungsgrundsätzen für die Angehörigen fremder Truppen im Dienst einstehen mußte, hat an G insgesamt DM 5 309,20 gezahlt, die sich aus folgenden Einzelposten zusammensetzen: 1. DM 500 Selbstbehalt, 2. Verdienstausfall DM 4 500, 3. DM 200 Ersatzfahrzeug, 4. Anwaltskosten DM 109,20 = 5 309,20. Der Gesamtschaden des G betrug somit DM 17 687,70.

---

[115] Vgl. die Reihe RGZ 165, 365; BGHZ 4, 10 (45 f.); BGHZ 10, 137; 13, 88 (99 f.) 20, 81 (83) bis zur abschließenden Entscheidung 29, 38 (43 ff.).

[116] Dieser Höchstbetrag galt nach § 12 I 3 StVG a. F. bis zu dem Änderungsgesetz vom 15. 9. 1965, mit dem die Haftungshöchstbeträge des Straßenverkehrsgesetzes allgemein und im hier interessierenden Fall auf DM 50 000 festgesetzt wurden.

[117] BGHZ 47, 196 = NJW 1967, 1273 mit scharf ablehnender Anmerkung von *Schultz*, NJW 1967, 1756; *Heitmann*, NJW 1968, 437 und erneut BGHZ 50, 271 = NJW 1968, 1962. Grundlegend schon OLG Schleswig VersR 1965, 122; *Weber*, NJW 1966, 1645 und *Brüggemann*, DAR 1955, 237 f. Es empfiehlt sich, die in der NJW weit ausführlicher abgedruckten Entscheidungen zu lesen, da ansonst der Berechnungsmodus nicht klar wird.

[118] Man glaubte nach der Erhöhung der Höchstsumme auf DM 50 000 (§ 12 I 2 StVG n. F.), daß sich das hier angesprochene Problem automatisch erledigen würde, was sich aber angesichts des rasanten Kostenanstiegs im Kfz-Handwerk nicht bewahrheitet hat. Es handelt sich hier um ein Spezialproblem im Rahmen des Versichererregresses (oben § 8 II), dessen gesonderte Behandlung sich aber durch die durch § 7 StVG veranlaßte schwierige Berechnung rechtfertigt. Die in FN 117 genannten Autoren behandeln ebenfalls nur diese spezielle Problematik.

§ 8 Die problematischen Fallkonstellationen

Die Kl. verlangte von der BRD DM 10 000, da auf sie der volle Betrag nach § 12 I Nr. 3 StVG a. F. übergegangen sei und die Halterhaftung unabhängig neben der Amtshaftung stehe. Die BRD hat daraufhin DM 10 000 — DM 5 309,20 = 4 690,80 DM an die Versicherung sofort bezahlt. Die Versicherung klagt den gesamten Rest, also DM 5 309,20 ein.

Ausgangspunkt der Kontroverse ist der Grundsatz, daß die Versicherung keine Ansprüche aus § 839 BGB, Art. 34 GG geltend machen kann, da ihre eigenen Leistungen insoweit als anderweite Ersatzmöglichkeit angesehen werden, so daß ein übergangfähiger Anspruch gar nicht entsteht. Die Ansprüche, die der Geschädigte aber aus § 7 StVG gegen den Staat geltend macht, sind unabhängig von § 839 I 2 gegeben, so daß diese Ansprüche auch nach § 67 VVG übergehen.

a) Das OLG Stuttgart als Vorinstanz hatte den Standpunkt vertreten, G könne „nach seinem Belieben den Ersatz des einen oder des anderen ihm zugefügten Schadens verlangen und dabei von mehreren an sich zur Verfügung stehenden Rechtsgrundlagen die ihm richtig erscheinende auswählen. Danach könnte der Geschädigte vom Staat zunächst bis zum Höchstbetrag von DM 10 000 Ersatz verlangen, insoweit auch den Teil, der vom Kaskoversicherungsschutz gedeckt ist. Den nicht vom Versicherungsschutz gedeckten Schaden könnte er danach nach den Grundsätzen des Amtshaftungsrechts vom Staat verlangen. Nach diesem Berechnungsmodus erreicht der Geschädigte, daß der Höchstbetrag aus der Halterhaftung voll auf die vom Versicherungsschutz umfaßten Schäden angerechnet wird. Somit ginge der Höchstbetrag von DM 10 000 auf den Versicherer über, der bis zur Höhe von DM 10 000 vollen Rückgriff beim Staat nehmen könnte. Wenn, wie im geschilderten Ausgangsfall, der Geschädigte zuerst seinen Kaskoversicherer in Anspruch nimmt, kann dies, nach Auffassung des OLG Stuttgart am Ergebnis nichts ändern. Im Beispiel war der Klage der Versicherungsgesellschaft in vollem Umfang stattzugeben[119].

Die Konsequenz dieses Berechnungsmodus ist, daß im Extremfall der Staat zunächst DM 10 000 an den Geschädigten auszahlt und der Versicherer ebenfalls eine Summe über DM 10 000 bezahlt, so daß der Staat im Rückgriff nochmals DM 10 000 an die Versicherung bezahlen muß. Die Maximalbelastung des Staats beliefe sich danach auf DM 20 000.

b) Die entgegengesetzte Ansicht wird von Schultz vertreten[120]. Nach seiner Auffassung darf der Staat im Ergebnis nie mehr als DM 10 000 zahlen müssen. Die in § 12 StVG a. F. festgelegte Haftungshöchstsumme

---

[119] So OLG Stuttgart und LG Tübingen als Vorderinstanzen zu BGHZ 50, 271, 273, 275 f. = NJW 1968, 1962, 1963 r. Sp.
[120] *Schultz*, NJW 1967, 1756; wohl ebenso *Heitmannn,* NJW 1968, 437; *Brüggemann,* DAR 55, 239.

von DM 10 000 gelte auch für den Staat. Eine solche Haftungsbegrenzung könne nicht überspielt werden, das Urteil des BGH leide zwangsläufig „an Denkfehlern". Gegenüber einem nicht versicherten Geschädigten müßte der Staat somit maximal DM 10 000 zahlen. Dieses Ergebnis könne sich nicht durch die cessio legis in § 67 VVG ändern, auch § 67 VVG könne eine Forderung nicht erhöhen. Der Gedankengang des BGH, der versuche, mit einer mittleren Lösung einen höheren Ersatz zu begründen, sei daher unrichtig. Die Entscheidung des BGH glaubt Schultz auf eine gewollte Einschränkung des § 839 I 2 BGB zurückführen zu können. Der BGH habe keine Begründung, „eine echte Lösung könne nur lauten: Da uns Abs. I Satz 2 des § 839 BGB nicht mehr gefällt, der Gesetzgeber ihn aber leider nicht aufgehoben hat, ist er möglichst restriktiv anzuwenden".

c) Der BGH hat in BGHZ 50, 271 erneut eine andere Berechnungsmethode verwendet und die in der Literatur vorgebrachten Bedenken ausdrücklich zurückgewiesen. Er will das „Spannungsverhältnis zwischen § 67 VVG und § 839 I 2 BGB" dadurch lösen, daß er für die Rückgriffsfrage die Tatsache, daß der Geschädigte neben Ansprüchen aus Halterhaftung auch noch Ansprüche wegen Amtspflichtverletzung hat, völlig unberücksichtigt läßt. Der Schlüsselsatz, der die Begründung trägt, lautet, „man (müsse) entscheidend darauf abstellen, wie der Schaden abzudecken gewesen wäre, wenn lediglich aus Halterhaftung Ersatz zu leisten sein würde"[121]. Damit will der BGH gewährleisten, daß sowohl § 67 VVG als auch § 839 I 2 BGB zum Tragen kommen. Die Normierung der Höchstsumme in § 12 StVG, bis zu der aus Halterhaftung Schadenersatz verlangt werden kann, bewirkt danach eine anteilige Kürzung jedes einzelnen Schadenspostens. Somit haftet der Staat für jeden Posten in dem Verhältnis, in dem die Haftungshöchstsumme zum Gesamtschaden steht. Abzuziehen sind im Ausgangsfall die Anwaltskosten im Verwaltungsstreitverfahren, da diese Kosten vom BGH nicht als Sachfolgeschaden anerkannt werden[122]. Somit ist der Ausgangsbetrag von DM 17 687,50 um DM 109,20 auf DM 17 578,50 zu vermindern. Um nun das anteilige Verhältnis rechnerisch zum Ausdruck zu bringen, muß der Staat vom Schaden aus Halterhaftung direkt

---

[121] Der BGH variiert diesen Satz auch wie folgt (BGHZ 50, 275): „Es bleibt mithin dabei, daß für die Beantwortung der Frage des Forderungsübergangs auf den Kaskoversicherer die Haftung des Schädigers aus Amtspflichtverletzung wegzudenken, und die Frage so zu beurteilen ist, wie wenn der Schädiger allein aus Straßenverkehrsgesetz haften würde."

[122] Außerdem sind die vom Versicherungsschutz nicht umfaßten Sachfolgeschäden um die DM 500 Selbstbehalt zu kürzen, der auf die Versicherungsgesellschaft nach dem Quotenvorrecht ohnehin übergeht, so daß DM 4 500 Verdienstausfall + DM 200 Ersatzwagen verbleiben. Der Staat hatte DM 5 309,20 an den Geschädigten direkt und DM 4 690,80 an die Versicherung bezahlt, also nur bis zum Höchstbetrag von DM 10 000.

einen im Verhältnis DM 10 000 zu DM 17 578,50 gekürzten Anteil von DM 4 700 übernehmen, also

$$\frac{10\,0000 \times 4\,700}{17\,578{,}50} = \text{DM } 2\,673{,}72$$

Neben diesem Betrag muß der Staat auch den Selbstbehalt von DM 500 bezahlen, so daß insgesamt DM 3 173,72 auf den Staat entfallen. Der ganze Rest, also DM 10 000 — DM 3 173,72 entfällt zunächst auf die Kaskoversicherung, die somit DM 6 826,28 zu tragen hat. Da aber im Rahmen der Halterhaftung die Subsidiaritätsklausel nicht zur Anwendung kommt, kann die Versicherung nach § 67 VVG den ganzen Betrag im Regreßwege gegen den Staat geltend machen. Da der Staat der Versicherung schon DM 4 690,80 ersetzt hatte, ergab sich eine noch zu zahlende Differenz von DM 2 135,48, so daß der Staat insgesamt DM 12 135,48 zu zahlen hatte (DM 6 826,28 + DM 5 309,20). Die amtliche Sammlung hat in BGHZ 50, 271 diese äußerst komplizierte Berechnung nicht abgedruckt und nur den Wortlaut der Argumentation wiedergegeben, was nicht zum Verständnis der Entscheidung beiträgt.

3. Eigene Stellungnahme

Im Rahmen dieser Arbeit kann nur interessieren, ob sich hier in der Rspr. eine Tendenz zur interpretatorischen Einschränkung der Subsidiaritätsklausel nachweisen läßt, oder ob lediglich ein allgemeines Problem der Anspruchskonkurrenz am Beispiel des § 839 I 2 BGB zum Ausdruck kommt, die Subsidiaritätsklausel also nur Anlaß, nicht Ursache des Problems ist. Die anteilige Aufteilung einer Haftungshöchstsumme ist in § 12 II 2 StVG für den Fall geregelt, daß mehrere Geschädigte insgesamt Ansprüche haben, die die Haftungshöchstsumme übersteigen. Dann müssen die einzelnen Entschädigungsleistungen im Verhältnis Gesamtbetrag zu Höchstbetrag vermindert werden. Rechnerisch wird diese Regelung auch vom BGH im obigen Fall angewandt, worauf Schultz zu Recht hingewiesen hat[123]. So schön aber der Schlußsatz von Schultz die hier vertretene These stützen würde, so unrichtig ist seine Argumentation. Er geht davon aus, daß der Staat vom Geschädigten (G) nach § 839 I BGB i. V. mit Art. 34 GG in Anspruch genommen wird. Da G im Beispiel einen Schaden von rund DM 17 000 hat, gleichzeitig aber von seiner Versicherung DM 12 000 verlangen kann, besteht insoweit eine anderweite Ersatzmöglichkeit, so daß der

---

[123] *Schultz*, NJW 67/1757; OLG Schleswig VersR 65, 122. Erstaunlicherweise findet sich in *Jagusch*, 19. Aufl. 1971 bei § 7 StVG unter Ziffer 4, wo Staatshaftung und Halterhaftung behandelt werden, nichts zu diesem Problem.

Geschädigte vom Staat nur DM 5 000 verlangen kann. Bezeichnend ist bei dieser Berechnungsmethode, daß nur im Rahmen des § 839 BGB gerechnet wird. Die Tatsache, daß auch ein Anspruch nach § 7 StVG besteht, wird erst bei der Frage der Zession beachtet. Hier argumentiert Schultz auch unlogisch, denn er führt aus: „Der Geschädigte ist also befriedigt, der Bund schuldet noch (!) DM 1 000[124] aus StVG. Wenn der Geschädigte aber befriedigt ist, schuldet der Schädiger nichts mehr, es sei denn, man bezieht die Versicherung mit ein. Schultz kommt sachlich damit zu genau dem Ergebnis, das er dem BGH vorwirft, durch das Auftreten der Versicherung, des dritten Beteiligten, scheint sich die Forderung des G gegen den Staat um DM 5 000 zu erhöhen. Schultz' Gedankengang, der nur von § 839 BGB ausgeht, ist somit unrichtig. Das gleiche gilt für die Argumentation des OLG Stuttgart als Vorinstanz. Ersetzte die Versicherung den Schaden in Höhe von DM 12 000 und machte sie anschließend nur den nach § 67 VVG auf sie übergegangenen Anspruch aus dem StVG geltend, könnte sie DM 10 000 verlangen, also ihren Anteil am Schaden auf DM 2 000 senken. Nach Beendigung dieses Prozesses könnte G die restlichen DM 5 000 aus § 839 BGB, Art. 34 GG geltend machen. § 839 I 2 BGB könnte nicht eingreifen, da insoweit keine anderweite Ersatzmöglichkeit besteht. Das verschiedenartige prozessuale Vorgehen würde somit zu völlig verschiedenen Ergebnissen führen. Das sollte stutzig machen, zumal Gründe, die ein solches prozessuales Vorgehen unzulässig machen könnten, nicht ersichtlich sind.

Beide Berechnungsarten gehen von einer falschen Prämisse aus. Sie schlagen beide — ohne jede Differenzierung — den Ersatzanspruch nach § 7 StVG auf eine der beiden leistenden Seiten. Schultz schlägt — letztlich ohne Begründung — den Ersatzanspruch auf die Seite des Staates, während das OLG Stuttgart ihn ebenso pauschal auf die Seite der Versicherung brachte. Das erstaunliche Ergebnis haben wir gesehen, je nach dem eingeschlagenen prozeßrechtlichen Weg wird der Anspruch aus § 7 StVG verschieden berechnet und angerechnet, auf seiten des Staats zur Abdeckung von Nutzungsausfall und merkantilem Minderwert, auf seiten der Versicherung zur Abdeckung der konkreten Kraftfahrzeugschäden. Mit diesem Ergebnis braucht man sich aber nicht abzufinden, denn der Gerechtigkeitsgehalt der vom BGH vorgeschlagenen 3. Lösung ist evident. Der Anspruch aus § 7 StVG wird nicht pauschal auf eine der beiden Seiten geschlagen, sondern proportional aufgeteilt im Verhältnis zum Gesamtschaden. Damit wird berücksichtigt, daß von Anfang an 2 konkurrierende Ansprüche nebeneinanderstehen. Das bedeutet, daß die Versicherung nach dem Berechnungs-

---

[124] Hier im Fall DM 5 000.

§ 8 Die problematischen Fallkonstellationen 87

modus a) gerade nicht den gesamten Anspruch aus § 7 StVG geltend machen kann, sondern nur denjenigen Anteil der Höchstsumme, der dem Kfz-Schaden entspricht. Das bedeutet hier in Zahlen: der Bund zahlt DM 6 826,28 an die Versicherung als Anteil aus § 7 StVG, die Versicherung zahlt DM 12 378,5 an G, dem ein Anspruch in Höhe von DM 5 309,20 gegen den Staat bleibt, wobei sich dieser Anspruch rechtlich theoretisch aufteilen ließe in DM 2 673,72 aus StVG und DM 5 390,20 aus § 839 BGB, da beide Ansprüche nicht kumuliert werden.

Diese letztere Aufteilung wird dann interessant, wenn der Geschädigte den Verschuldenbeweis nicht führen kann, ihm also nur ein Anspruch aus § 7 StVG gegen den Staat in Höhe von DM 2 673,72 bliebe. In diesem Falle griffe aber § 67 I 2 VVG ein: der Forderungsübergang darf sich nicht zum Nachteil des Geschädigten auswirken.

Das eigentliche Problem dieses Falles liegt somit nicht bei § 839 I 2. Schultz irrt, wenn er meint, der BGH habe hier eine Reduktion der Subsidiaritätsklausel vorgenommen. Das erhellt schon daraus, daß der BGH den § 839 gar nicht besonders behandelt. Das Problem liegt einzig und allein in der Frage, wie bei Haftungsbeschränkungen etwa in § 12 StVG ein Schaden zu ersetzen ist, der einmal auf verschiedenen Anspruchsgrundlagen ruht und zum andern von verschiedenen Haftungsträgern ersetzt wird. § 839 I 2 BGB bzw. ein fehlgeschlagener Verschuldensnachweis sind hier lediglich zufällige Auslöser dieser Problematik, von deren speziellen Problemen man bei der immanenten Lösung absehen kann. Gerade die von Schultz vorgeschlagene Lösung würde mit Hinweis auf § 839 I 2 diese Klausel über die Verschuldenshaftung hinaus auch noch auf die Gefährdungshaftung ausdehnen, da er der Versicherung das Recht auf die Zession des Anspruchs nach §§ 7, 12 StVG nehmen will.

Das Problem liegt letztlich in der Haftungshöchstsumme nach § 12 StVG. Der Gesetzgeber hat einen möglichen Konfliktsfall in § 12 II StVG vorhergesehen und geregelt. Die Konkurrenzsituation mit § 839 I 2 hat er — kurzfristig — mit der aus anderen Gründen erfolgten Anhebung auf DM 50 000 gelöst. Unbestreitbar bleibt aber trotz der Richtigkeit der BGH-Entscheidung, daß auch in diesem Bereich die Subsidiaritätsklausel Ursache für eine äußerst komplizierte Rechtslage ist. Ihre Einschränkung würde zu einer bedeutenden Vereinfachung führen.

4. § 18 StVG

Die Probleme, die sich zwischen Halterhaftung und Verschuldens- = Amtshaftung ergeben haben, entfallen nach allgemeiner Ansicht bei der Verschuldenshaftung des Fahrers gemäß § 18 StVG. § 18 StVG ist keine eigenständige, gegenüber dem Deliktsrecht des BGB verselbständigte Anspruchsgrundlage, sondern eine reine Beweislastregel[125]. Demgemäß folgt die Haftung nach § 839 BGB, Art. 34 GG, § 18 StVG Amtshaftungsgrundsätzen. Der Staat muß die Haftung des Beamten auch im Rahmen des § 18 StVG übernehmen.

Der mit der h. L. verbundene Nachteil liegt darin, daß die SK wieder zur Anwendung kommt. Eine Lösung, die nicht zwingend ist, denn § 18 StVG will dem Geschädigten die Durchsetzung seines Anspruchs erleichtern. Aus diesem Normzweck ergibt sich ein Argument zur Beschränkung von § 839 I 2 BGB. Daß neuere Gesetze in der Lage sind die SK zu beschränken, zeigt § 12 Abs. 1 Satz 4 Pflichtversicherungsgesetz, indem ausdrücklich die SK zugunsten des Entschädigungsfonds außer Kraft gesetzt wird[126]. Eine solche Beschränkung ergibt sich auch aus § 18 StVG, obwohl dort die SK nicht expressis verbis genannt wird. Nach der Interessenlage, die der Konfliktlösung zugrunde liegt, verdient der Geschädigte, den § 18 StVG besser stellen will, denselben Schutz, den die Versicherer für den Entschädigungsfond genießen. Der Gesetzgeber, der mit wenigen Ausnahmen die Rechtslage nicht auf die veränderten Bedingungen durch eine modifizierte Anwendung der SK abgestimmt hat, trägt nur zu einem Teil die Verantwortung für die erheblichen Schwierigkeiten, mit denen die Rspr. zu kämpfen hat.

Die herausgegriffenen Fallkonstellationen[127] haben gezeigt, daß es sich die Rspr. zu einem gut Teil selbst zuzuschreiben hat, wenn sie sich mit unbefriedigenden Ergebnissen begnügen muß. Im folgenden Kapitel wird daher untersucht, weshalb eine Regelung, die soviel Schwierigkeiten und Ungerechtigkeiten mit sich bringt, nicht im Wege der richterlichen Rechtsfindung eingeschränkt wurde.

---

[125] RGZ 139, 149; BGH NJW 1958, 868; BGH VersR 1960, 317; *Geigel*, Haftpflichtrecht 20, 65.

[126] *Ising*, S. 42; vgl. auch schon § 158 c Abs. 5 VVG.

[127] Es wird kein Anspruch auf Vollständigkeit erhoben. Bewußt weggelassen wurden die schwierigen Probleme, die sich ergeben, wenn im Rahmen der Amtshaftung eine andere Beteiligungsquote gilt als im Rahmen der Haftung nach § 7 StVG und den Verletzten ein Mitverschulden trifft. Dazu *Brüggemann*, DAR 1955, 238; *Staudinger/Schäfer*, § 839 Rdnr. 354.

3. Kapitel

Die Einschränkung der Subsidiaritätsklausel

§ 9 Die finanziellen Auswirkungen der Subsidiaritätsklausel

Ziel der folgenden Ausführungen ist es, aufzuzeigen, daß die finanzielle Entlastung des Staates durch die Subsidiaritätsklausel weit geringer ist als allgemein angenommen wird. Weiteres Ziel der Überlegungen ist es, darzustellen, daß die aus § 839 I 2 folgenden Haftungsungleichheiten nicht mit scheinempirischen Entlastungsargumenten gerechtfertigt werden können. Zum Abschluß ist auf die finanziellen Auswirkungen der Ausweitung der Amtshaftung einzugehen.

I. Die praktische Relevanz der Subsidiaritätsklausel

In der amtlichen Sammlung der Entscheidungen des RG in Zivilsachen finden sich etwa 450 wichtigere Entscheidungen zu § 839, von denen sich rund 40 mit der Subsidiaritätsklausel beschäftigen. Auch in der amtlichen Sammlung der BGH-Entscheidungen sind über 120 Entscheidungen zu § 839 veröffentlicht worden, 20 davon setzen sich in irgendeiner Weise mit der SK auseinander[1]. Diese Tatsache zeigt — besonders wenn man die in der Zeitschrift „Versicherungsrecht" veröffentlichten Entscheidungen hinzunimmt —, daß das Problem SK nicht gelöst ist. Die Klausel führt zu immer neuen Komplikationen, obwohl auch heute noch gerade durch sie viele Ersatzansprüche gegen den Staat gar nicht eingeklagt werden. Die Amtshaftungsfälle bilden gleichzeitig wohl die größte Gruppe „amtlich veröffentlichter Schuldrechtsentscheidungen, noch vor Bereicherungs-, Treu- und Glauben- und Kfz-Unfall-Entscheidungen[2]. Dies kann einmal darauf beruhen, daß der Staat der unverträglichste Prozeßgegner ist, zum anderen aber auch darauf, daß in der heutigen „hochbürokratisierten" Welt die Eingriffe der Verwaltung zu einem wichtigen Problem geworden sind.

---

[1] Bezüglich des RG kommt *Wolany*, S. 122 FN 1 zu ähnlichen Ergebnissen. Von den BGH-Entscheidungen sollen erwähnt werden: BGHZ 2, 209 (218); 3, 321 (328); 4, 10 (13, 45); 10, 137; 13, 88; 16, 111 (117); 28, 297 (301); 29, 38 (44); 31, 5 (13); 31, 148; 37, 375; 39, 249 (253); 42, 176; 47, 196; 49, 267; 50, 271.
[2] So *Fikentscher*, S. 654.

Hauß schreibt, wie ausgeführt[3], die beharrende Linie der Rechtsprechung dem Einfluß der Rechnungshöfe zu. Es fehlen aber auch bei ihm Zahlen darüber, wie sich die Amtshaftung und die SK auf die staatlichen Haushalte auswirken. Der Verfasser hat daher versucht, von den verschiedensten staatlichen Einrichtungen Auskünfte darüber zu erhalten, wie hoch die Belastung der Haushalte durch Amtspflichtverletzungen ist. Es existieren aber weder bei den Finanzministerien der Länder und des Bundes noch bei den Innenministerien und auch nicht bei den statistischen Ämtern und den Rechnungshöfen Zahlen oder Vorstellungen darüber, wie sich die Amtshaftung und deren Subsidiarität auf die staatlichen Finanzen auswirken. Ganz zu schweigen von exakten Zahlen über die Auswirkungen einer Streichung der Subsidiaritätsklausel. Die beharrende Linie der Rechtsprechung läßt sich daher empirisch kaum begründen, gerade angesichts der empirisch ebensowenig abgesicherten Ausdehnungen des Staatshaftungsrechts.

Als Zwischenergebnis ist daher festzuhalten, daß die Rechnungshöfe über keinerlei Zahlenmaterial verfügen, mit dem sie empirisch belegen könnten, daß die Subsidiaritätsklausel den Staat vor gewaltigen Ansprüchen schützt. Im Gegenteil, die Rechnungshöfe wissen nicht einmal darüber Bescheid, wie hoch die Beträge sind, die der Staat für Amtspflichtverletzungen seiner Beamten überhaupt aufwenden muß. Die finanzielle Entlastung des Staates, die Ursache und Begründung für die weitere haftungsrechtliche Besserstellung der öffentlichen Hand und damit für die Ungleichbehandlung der Geschädigten und deren Versicherer ist, ist daher ein Argument, das sich lediglich auf eine oberflächliche Evidenz, nicht aber auf Fakten stützen läßt. Der Rechnungshof Baden-Württemberg hat dem Verfasser wörtlich mitgeteilt: „Der Rechnungshof bedauert, ... die erbetenen Fragen nicht wunschgemäß beantworten zu können, da er weder über die im Rahmen der Rechnungsprüfung anhängigen Regreßfälle Aufzeichnungen führt, noch von den Ministerien ... entsprechendes Zahlenmaterial erhält."

Der Bundesminister des Innern hat mitgeteilt, „daß die Fälle, in denen Ansprüche gegen Beamte des Bundes wegen Amtspflichtverletzung geltend gemacht werden, weder zentral erfaßt noch diesbezügliche Statistiken erstellt werden". Die Staatshaftungskommission selbst hat eigene Erhebungen angestellt und veröffentlicht in den Begründungen

---

[3] Oben S. 67; in einem Brief an den Verf. hat Hauß den Einfluß dahin präzisiert, daß der Fiskus bei Vergleichsgesprächen regelmäßig unter Berufung auf die Beanstandungen des Rechnungshofes eine Zustimmung ablehne. Der Bundesrechnungshof hat auf Anfrage mitgeteilt, daß er über die Auswirkungen der Amtshaftung keine Statistik führt. Gleichwohl überprüft der Rechnungshof den Kommissionsentwurf 1973 darauf, „ob eine Stellungnahme ... erforderlich ist".

§ 9 Die finanziellen Auswirkungen der Subsidiaritätsklausel

zum Entwurf wichtiges Zahlenmaterial. Auf dieses Material stützt sich die „Hochrechnung", die in dieser Arbeit versucht wird.

Die einzige darüber hinaus erhältliche Zahl stammt vom Statistischen Landesamt Baden-Württemberg, danach betrug die Zahl der Prozesse wegen „Amtspflichtverletzung, Enteignung oder Aufopferung" 1972 in Baden-Württemberg 0,31 % der gewöhnlichen Prozesse, absolut 80 derartige Prozesse[4].

Dieser kurze Überblick, über die Bemühungen Zahlenmaterial zu bekommen, mag veranschaulichen, daß sowohl im Rahmen der Reformdiskussion um eine neue Staatshaftung als auch in der etablierten Rechtswissenschaft mit Argumenten gearbeitet wird, die auf ihre empirische Haltbarkeit nicht überprüft wurden. Die Rechnungshöfe stützen — wenn man die Haußsche These heranzieht — ihren Einfluß auf eine bloße Behauptung. Diese Argumentation ist nicht neu, sie findet sich schon in den Beratungen zum BGB, obwohl auch damals die finanziellen Auswirkungen nicht geklärt waren[5]. Auch der Widerstand mehrerer Länderfinanzminister gegen die nur teilweise Streichung der Subsidiaritätsklausel im Referentenentwurf 1967 konnte nur auf Spekulation beruhen.

II. Zahlenmaterial und Versuch einer „Hochrechnung"

Unter diesen Umständen kann Klarheit über die finanzielle Bedeutung der SK nur gewonnen werden, wenn man ein Land mit der BRD vergleicht, dessen Haftungsrecht eine Subsidiaritätsklausel nicht kennt, im übrigen aber von der sozialen Struktur her vergleichbar ist. Für die DDR existieren keine exakten Zahlen, so daß sich die Schweiz anbietet, da dort seit der Einführung des Verantwortlichkeitsgesetzes Zahlenmaterial gesammelt wurde. Zu berücksichtigen ist dabei jedoch, daß es sich nur um eine Haftung des Bundes handelt und zudem gemäß Art. 1 II VG die Angehörigen der Armee mit „Bezug auf ihre militärische Stellung und ihre dienstlichen Pflichten" ausgenommen sind. Berücksichtigt man diese Unterschiede und unterstellt man im übrigen eine ungefähre Ähnlichkeit im Verwaltungsaufbau, dann eignen sich die Zahlen aus der Schweiz, wo es eine spezielle Haftungsbeschränkung zugunsten des Bundes nicht gibt, zum Vergleich.

---

[4] Der Verf. hat die Innen- und Finanzminister des Bundes und des Landes Baden-Württemberg, den Bundesminister der Verteidigung, das Statistische Landesamt, das Statistische Bundesamt, den Rechnungshof des Landes Baden-Württemberg sowie den Bundesrechnungshof angeschrieben.
[5] *Mugdan* II, S. 1306. Auch eine Stellungnahme des Bundesrechnungshofes zu den Auswirkungen des Kommissionsentwurfes könnte nur auf Vermutungen beruhen, vgl. FN 3 und 4.

Die Schweiz mußte nach dem Verantwortlichkeitsgesetz in der Zeit vom 1. 1. 1959 - 31. 12. 1967 insgesamt in Höhe von 159 370,85 sfrs Schadenersatz leisten. Das bedeutet, daß für Amtspflichtverletzungen pro Jahr rund 17 700 sfrs bezahlt werden mußten. Für die Haftung der Bundesbeamten liegen entsprechende Zahlen in der BRD nicht vor, auf Anfrage mußten die Bundesminister des Innern und der Finanzen zugeben, daß Zahlen nicht existieren. Das Land Niedersachsen hat, wie sich aus dem Entwurf 1973 ergibt, im Jahre 1969 insgesamt DM 219 905 für Staatshaftungsfälle aufgewendet, was bei einem Gesamtetat von 6,7 Mrd. DM lediglich 0,003 % des Etats ausmachte[6]. Die Schweiz hatte durchschnittlich einen Etat von 7 Mrd. Franken, so daß hier die Quote sogar nur 0,0002 % ausmacht. Diese Zahlenbeispiele zeigen, daß sich eine Entlastung durch die Subsidiaritätsklausel nicht feststellen läßt. Im Gegenteil, die Beanspruchung des Haushalts in der Schweiz mit „Staatshaftungsfällen" ist zehn mal geringer als in Niedersachsen.

Dieses Ergebnis läßt sich nur erklären, wenn man berücksichtigt, daß in der Schweiz lediglich „Amtspflichtverletzungen" berücksichtigt werden, während in den 59 Staatshaftungsfällen in Niedersachsen 22 Impfschadensfälle enthalten sind. In Schleswig-Holstein umfaßt die von der Kommission angegebene Zahl sogar noch die gezahlte Entschädigung wegen enteignungsgleichen und aufopferungsgleichen Eingriffs. Die Mängel der vorstehenden Rechnung sind mir gleichwohl bewußt, aber selbst wenn man sie in keiner Weise für beweiskräftig hält, hat sie gezeigt, daß die Beanspruchung des Staatshaushalts durch Staatshaftungsausgaben überhaupt sehr gering ist. Insgesamt gesehen fallen sie nicht entscheidend ins Gewicht. Fest steht, daß die Beträge, die für die Staatshaftung aufgewendet werden, auch in der BRD insgesamt nicht über 0,005 % hinausgehen. Setzt man für den Bund und alle Länder einen Gesamtetat von nur 200 Mrd. DM an, dann entfallen auf Staatshaftungsverpflichtungen maximal 1 Million DM. Nimmt man nun entgegen dem oben angestellten strukturellen Vergleich an, daß die SK den Staat wesentlich entlastet, dann wird man maximal die Hälfte der genannten Summe dafür einsetzen dürfen. D. h., daß bei einem fiktiven Haushalt der gesamten BRD von 200 Mrd. DM die Entlastung durch die SK allenfalls 500 000 DM ausmacht. Der Betrag, der daran auf den einzelnen Steuerpflichtigen zurückfällt, liegt weit unter 0,01 DM pro Jahr. „Die fiskalische Besserstellung der öffentlichen Hand", in der Wussow[7] heute die Bedeutung der SK sieht, hält sich somit in einem sehr bescheidenen Rahmen. Die von den Finanzministerien und den Rechnungshöfen vorgebrachten finanzpolitischen Argu-

---

[6] Entwurf 1973, S. 34.
[7] *Wussow*, Unfallhaftpflichtrecht, Rdnr. 484.

mente beruhen auf Mutmaßungen, die in der Wirklichkeit nicht zu halten sind. Die Amtshaftung insgesamt nimmt einen so kleinen Teil des Haushalts in Anspruch, unabhängig davon, ob eine SK oder eine andere Form der Haftungsreduktion gewählt wird, daß es nicht gerechtfertigt erscheint, die Funktionsverschiebung, die die SK bewirkt hat, weiter aufrecht zu erhalten. Die empirische Basis der rechtlichen Begründung für eine Anwendung der SK auf den Staat ist nicht tragfähig.

Die gestellte Aufgabe, zu überprüfen, ob der Satz „cessante ratione cessat lex ipsa" auf § 839 I 2 BGB zu Recht angewendet wird, ist damit gelöst. Die staatlichen Finanzen erfahren durch die Subsidiaritätsklausel keinen entscheidenden Schutz, der es, gesamtgesellschaftlich gesehen, rechtfertigen könnte, die Klausel trotz der geschilderten Mängel aufrecht zu erhalten. Der Funktionswandel der Subsidiaritätsklausel rechtfertigt somit die weitere Aufrechterhaltung des Privilegs nicht. Die h. L. bestreitet zwar die These Bettermanns und wohl auch Isensees[8], die behaupten, die SK sei bereits de lege lata nicht mehr geltendes Recht, doch zeigt eine Untersuchung der methodischen Prämissen, die dieser Aussage der h. L. zugrunde liegen, daß die h. L. damit in sich selbst widersprüchlich ist. Die unzureichende Berücksichtigung der Interessen privater Dritter verlangt zwingend eine andere Auslegung der SK. Die methodischen Widersprüche der Rspr. werden im folgenden dargestellt[9].

§ 10 Methodische Prämissen der Rechtsprechung bei der Auslegung der Subsidiaritätsklausel

Verschiedentlich wird behauptet, die Gerichte seien bemüht, die SK einschränkend auszulegen. Dafür wird dann die Ablehnung der Ausdehnung der SK auf § 77 BLG angeführt[1] oder auch die Rechtsprechung zur privatrechtlichen Ausgestaltung der Straßenverkehrssicherungspflicht sowie die geschilderte Rechtsprechung des BGH zur Konkurrenz von § 7 StVG und § 839 I 2[2]. Dem widerspricht aber die Praxis der Rechtsprechung selbst. Die angeblich völlig verfehlte und durch nichts zu rechtfertigende Subsidiaritätsklausel wird weiter angewandt und

---

[8] *Bettermann*, DÖV 1954, 304; *Isensee*, S. 88; ebenso *v. Bieberstein*, Reflexschäden S. 216.
[9] Oben § 7 wurden bereits die angegebenen Rechtfertigungstechniken dargestellt.
[1] *Staudinger/Schäfer*, § 839 Rdnr. 355; BGH VersR 1966, 366; BGHZ 3, 321. Für eine weite Auslegung der SK dagegen: *Soergel/Glaser*, § 839 Anm. 221; *Erman/Drees*, § 839 Rdnr. 72; *Palandt/Thomas*, § 839 Bem. 7 b; RGRK-*Kreft*, § 839 Anm. 90; RGZ 158, 277 (281); RGZ 161, 199 (202).
[2] Neuestens OLG Stuttgart VersR 1973, 260.

auf neue Sachverhalte ausgedehnt[3]. Die h. L. geht davon aus, die SK sei noch bindendes Recht, während sie de lege ferenda durchaus eine gesetzgeberische Änderung des augenblicklichen Rechtszustandes befürwortet[4].

I. Die Wortlaut-Argumentation der Rechtsprechung

Angesichts einer Fülle von Entscheidungen des BGH, die versucht haben, durch Interpretation oder richterliche Rechtsfortbildung zu „zeitgemäß-vernünftigen" Lösungen zu kommen, kann die Berufung auf den Wortlaut der Amtshaftungsnorm als methodische Begündung nicht überzeugen. Das RG selbst hat schon in einer Entscheidung vom 19. 1. 1915[5] zum Ausdruck gebracht, daß sich die Übernahme der Haftung auf den Staat auch auf die rechtliche Beurteilung der Amtshaftung auswirken müsse. In der genannten Entscheidung heißt es: *„Denn mit dem Inkrafttreten des Reichsgesetzes vom 22. 5. 1910 ... ist für die Beurteilung der erörterten Frage eine neue rechtliche Grundlage geschaffen worden."* Das RG hat diese Einsicht in keiner Entscheidung zur Reduzierung des Beamtenprivilegs ausgenützt. Der BGH ist dem am Anfang kritiklos gefolgt. Die Entscheidung des großen Zivilsenats BGHZ 13, 88 hat Distanz erkennen lassen, die wichtigen, einen einschränkenden Weg aufzeigenden Ausführungen wurden aber nicht fortgeführt. Man wird nicht fehlgehen in der Vermutung, daß der BGH sich seit 1960 von entscheidenden Änderungen bewußt ferngehalten hat, und zwar in der Erwartung einer baldigen Neuregelung des gesamten Staatshaftungsrechts durch den Gesetzgeber. Diese Hoffnung hat bis heute getrogen und auch der Entwurf, den die Staatshaftungsrechtskommission vorgelegt hat, hat keine Aussicht, noch in dieser Legislaturperiode verwirklicht zu werden[6].

---

[3] Etwa BGH NJW 1973, 1654 mit abl. Anm. *Kühne*, JR 1974, 70; OLG Köln NJW 1968, 1578 mit Anm. *Ipsen*, EuR 1968, 406; OLG Bamberg NJW 1972, 690 im Anschluß an BGHZ 42, 176 ff. und BGH VersR 1960, 663. Zu unterscheiden ist dabei der Unterschied zwischen der Anwendung der SK auch auf andere Ansprüche und der ausdehnenden Auslegung des Merkmals „anderweitige Ersatzmöglichkeit" selbst. Dies wird manchmal verwechselt, vgl. OLG Celle VersR 1973, 258 r. Sp. § 839 I 2 ist sicherlich eine Ausnahmevorschrift und demgemäß nicht auf andere Ansprüche anwendbar, wie etwa § 77 BLG. Unabhängig davon sieht die Rechtsprechung jedoch die Frage, was alles als anderweite Ersatzmöglichkeit unter § 839 I 2 gebracht werden kann.

[4] BGHZ 42, 176 (181); ebenso *Staudinger/Schäfer*, § 839 Rdnr. 351.

[5] RGZ 86, 117 (122 unten).

[6] Mit der Einführung der unmittelbaren Staatshaftung wird das Problem der Subsidiaritätsklausel nicht unbedingt automatisch gelöst. Die DDR hat in § 3 Abs. 3 StHG DDR die Subsidiaritätsklausel praktisch unverändert auf ein reines Staatshaftungsrecht übertragen. Die Klausel dient dort allein zum Schutz der staatlichen Finanzen. Dies trifft den Bürger letztlich jedoch kaum,

Nur auf diesem Hintergrund ist die methodisch unzulängliche Entscheidung BGHZ 42, 176 (181) zu verstehen. Der BGH zieht sich dort auf die Autorität des Gesetzgebers und des Gesetzestextes zurück, ohne den Sinnwandel, den die Subsidiaritätsklausel erlebt hat, zur Auslegung heranzuziehen. Dies zeigt, daß die Entscheidung wesentlich auf nicht mitgeteilten Sachgesichtspunkten beruht, denn daß der Wortlaut einer Norm allein entscheidend sei und sich der Sinn einer Bestimmung allein daraus erschließen lasse, hat auch der BGH sonst nie behauptet. Die Beschränkung auf den angeblich eindeutigen Sinn des Textes, dem der Richter Gehorsam schulde, ist daher eine Scheinbegründung. In Wirklichkeit war die Entscheidung des BGH von Rücksichtnahme auf gesetzgeberische Reformbestrebungen getragen[7], auf die der BGH auch offen Bezug nimmt. Die Beschränkung auf den Gesetzestext ist im Staatshaftungsrecht um so bemerkenswerter, als dort der gegenwärtige Rechtszustand fast vollständig auf Richterrecht beruht. Die rechtsgestaltende Macht der Rechtsprechung hat — so Forsthoff[8] — gerade im Staatshaftungsrecht „von dem ursprünglichen Sinn der Rechtsinstitute wenig übrig gelassen". Zu fragen ist daher, woher die Gerichte auf der einen Seite die Legitimation nehmen, die Amtshaftung auszudehnen auf Sachverhalte, an die der Gesetzgeber niemals gedacht hat, wenn sie sich bei der SK, ohne eine weitere Begründung für notwendig zu erachten, auf die Autorität des Gesetzes berufen. Schon 1952 hat es Forsthoff als „nicht ohne Reiz" bezeichnet, diese Inkonsequenz zu untersuchen[9].

Die Ursache für dieses Verhalten kann auch nicht in einem bewußten Schutz der Staatfinanzen gesehen werden, denn die Ausweitungen des Amtshaftungstatbestands, die Konstruktion des enteignungsgleichen Eingriffs etc. haben den Staat finanziell auch belastet, ohne daß dies die Rechtsprechung zu einer Änderung bewogen hätte[10].

---

da in der DDR die meisten der als anderweitige Ersatzmöglichkeit in Betracht kommenden Vorsorgeträger kollektiv organisiert sind. Darauf wird unten — im Vergleich zu der in der BRD geplanten Reduktionsklausel — noch einzugehen sein.

[7] Die Entscheidung ist vom 16. 4. 1964. Der erste geplante Versuch, zur Reform des deutschen Haftungsrechts datiert aus dem Jahre 1958. Im Jahre 1961 wurden erneut sowohl ein deutscher als auch ein österreichischer Entwurf „Zur Fortentwicklung des Haftungsrechts" vorgelegt, die in KF 1962 ausführlich gewürdigt werden. Dort findet sich von *Kreft*, dem Vorsitzenden des III. Zivilsenats, auch die im Urteil wiederkehrende Formulierung, die Subsidiaritätsklausel sei „antiquiert" (KF S. 31 r. Sp.), und zwar unter der Rubrik: Zur geplanten Änderung des § 839 BGB.

[8] *Forsthoff*, VerwR I, § 17 Vorbemerkungen S. 318.

[9] *Forsthoff*, DVBl 1952, 166.

[10] Dazu unten § 10 IV.

Diese Ausweitungen sollen im folgenden kurz dargestellt werden, damit die methodische Diskrepanz deutlich wird.

II. Die Ausweitung der Amtshaftung durch die Rechtsprechung

Die extensive Interpretation der Bestimmungen über die Amtshaftung durch das RG und den BGH hat Münzel noch 1966 veranlaßt[11], gegen die „in nicht vertretbarem Maße" erfolgte Ausweitung der „Amtspflicht-Staatshaftung" anzukämpfen. Er konnte sich dabei auf eine reiche Literatur stützen, die allerdings im Gegensatz zu ihm die Ergebnisse der Rspr. weithin billigt[12]. Der Befund ist übereinstimmend der, daß das RG die staatliche Haftung stark ausgedehnt hat, um dem geschädigten Dritten möglichst weitgehend zu helfen.

Sehr früh wurde damit begonnen, den Beamtenbegriff des § 839 extensiv auszulegen[13]. Beamte sind alle diejenigen Verwalter staatlicher Macht, die ebenso wie staatsrechtliche Beamte staatliche Obliegenheiten erfüllen. Das GG hat in Art. 34 diese Auslegung durch die Formulierung „verletzt jemand" gebilligt. Dies liegt aus der Sicht des Betroffenen auf der Hand, da es für ihn gleichgültig ist, ob er von einem Beamten im staatsrechtlichen Sinn oder von einem anderen Funktionsträger staatlicher Macht geschädigt wird. Somit sind heute auch Schülerlotsen und Aufsichtsschüler Beamte i. S. von § 839[14].

Das Merkmal „der dem Beamten anvertrauten öffentlichen Gewalt" wie es Art. 131 WRV formulierte, wurde vom RG von Anfang an nicht nur als Ausübung hoheitlicher Zwangsgewalt verstanden. Indem alles als hoheitliche Gewalt angesehen wurde, was sich nicht als Wahrnehmung privatrechtlicher Belange darstellte, wurde der Begriff negativ definiert, damit auch die fürsorgerischen Aufgaben des Staates von § 839 erfaßt wurden[15]. Die Rspr. fühlte sich hier an den Willen des Gesetzgebers nicht gebunden, sie wich vielmehr bewußt davon ab. Art. 34 GG hat diese Entwicklung durch die veränderte Formulierung „Ausübung eines ihm anvertrauten öffentlichen Amtes" legitimiert[16].

Auch das Merkmal „einem Dritten gegenüber obliegende Amtspflicht", das zur Haftungsbeschränkung dienen sollte, wurde vom RG praktisch

---

[11] *Münzel*, NJW 1966, 1341 ff.
[12] *Forsthoff*, VerwR I, § 17 ab S. 321. *Leisner*, VVDStRL 20, 211.
[13] RGZ 105, 334, 335 aus dem Jahre 1922; weitere Nachweise RGRK-*Kreft*, § 839, 12.
[14] OLG Köln NJW 68, 655 (Schülerlotse); LG Rottweil NJW 1970, 474 (Aufsichtsschüler); dazu *Martens*, NJW 70, 1029. Zum Ganzen: *J. H. Gerhard*, Der Beamtenbegriff des § 839, Diss. Berlin 1962.
[15] RGZ 121, 254; *Münzel*, NJW 1966, 1342 l. Sp.
[16] *Maunz*, in: Maunz/Dürig/Herzog Art. 34 Rdnr. 17.

ignoriert[17]. Bloße Kompetenzüberschreitungen wurden vom RG als Verstoß gegen eine Amtspflicht i. S. des § 839 aufgefaßt, obwohl kein Zweifel daran bestehen kann, „daß die behördlichen Kompetenzen grundsätzlich nicht im Interesse Dritter zugemessen werden"[18].

Die Loslösung von Text und ursprünglichem Ziel des Gesetzes erfolgte auch hier um dem betroffenen Dritten möglichst weitgehend Schadenersatzansprüche zuzugestehen[19]. Ähnlich verfuhr die Rspr. mit dem Verschuldenserfordernis in § 839. Es ist heute praktisch aufgegeben. Die Sorgfaltsanforderungen wurden so hoch geschraubt, daß es kein Verhalten mehr gibt, das nicht schuldhaft ist[20]. Esser hat zu recht klargestellt, daß diese Praxis schon des RG „ein Weg (war) zur Erzielung von Verantwortung ohne Schuld"[21]. In der Diskussion auf dem 47. Deutschen Juristentag wurde ebenfalls darauf hingewiesen, daß die Einführung einer Rechtswidrigkeitshaftung keine einschneidenden Änderungen bringen würde. Die Staatshaftungskommission hat im Entwurf 1973 diesen Befund bestätigen können[22]. Aus alledem ergibt sich für unsere Frage, von welchen methodischen Prämissen die Rspr. ausgeht, daß sich weder das RG noch der BGH gescheut haben, dem Staat finanzielle Belastungen in einem von der Rspr. nicht zu überblickenden Umfang aufzuerlegen. Der Wille des Gesetzgebers und der Wortlaut der Norm bildeten dabei kein methodisches Hindernis. Nimmt man die Auflösung des klassischen Enteignungsbegriffs hinzu, dann erhellt, daß es der Rspr. nicht in allen Bereichen um den Schutz der staatlichen Finanzkraft ging[23].

---

[17] Vgl. *Mugdan* II, S. 460; 1154 unten. Aus diesen Stellen ergibt sich, daß der Gesetzgeber davon ausging, daß besondere rechtliche Beziehungen zwischen dem Beamten und dem Dritten bestanden.
[18] Statt vieler RGZ 104, 346 (348); RGZ 144, 391 (395 oben). *Forsthoff*, VerwR I, S. 323.
[19] *Esser*, Gefährdungshaftung S. 38 ff. bes. FN 5 meint sowohl bei RGZ 161, 341 als auch bei RGZ 162, 364 könne „auch nicht die Rede sein von einer Amtspflicht gegenüber einem Dritten". Die rein innerdienstlichen Obligenheiten können schlechthin nicht als eine solche Amtspflicht gegenüber einem Dritten aufgefaßt werden — vgl. RGZ 138, 114 — so sehr man auch um ausdehnende Auslegung bemüht ist.
[20] Vgl. § 5 FN 12.
[21] *Esser*, Gefährdungshaftung S. 39.
[22] Entwurf 1973, S. 50 f., 153 f.
[23] Gerade bei der Enteignung hätte es nahegelegen, den Begriff „Entschädigung" in Art. 14 GG deutlicher vom bürgerlich-rechtlichen Schadenersatz abzuheben. Dazu *Rüfner*, Bodenordnung und Eigentumsgarantie, JuS 1973, 593 (594) und *Sendler*, Die Konkretisierung einer modernen Eigentumsverfassung durch Richterspruch, DÖV 1971, 16. a. A. *Schack*, BB 1959, 1259 (1265). Zur Auflösung des Enteignungsbegriffes *Forsthoff*, VerwR I, § 18; *Weber*, Eigentum und Enteignung, in: Die Grundrechte, Bd. II (1954) S. 331 ff.; *Dürig*, JZ 1954, 4 ff.

III. Der Wortlaut einer Norm und der BGH

Auch außerhalb des Entscheidungskomplexes „staatliche Ersatzleistungen" hat sich der BGH bei veränderten sozialen Bedingungen für legitimiert gehalten, Norminhalte neu zu definieren. Exemplarisch sollen hier 2 Normen behandelt werden, über deren Wortlaut sich der BGH hinweggesetzt hat, obwohl der Gesetzgeber die zu entscheidende Frage bewußt geregelt hatte. Dies im Gegensatz zu der finanziellen Entlastung des Staates durch die SK. Von der hier vertretenen Auffassung aus handelte die Rspr. ebenso wie bei der Ausweitung der Amtshaftung in Erfüllung des ihr zugewiesenen legitimen Auftrags. Wenn die in der Norm zum Ausdruck kommende Bewertung sozialer Konflikte oder die Konflikte als solche sich geändert haben, dann muß die Rspr. so flexibel sein können, daß sie vermeiden kann, daß „Sinn zu Unsinn" wird[24]. Die konstruktive Einbindung der Entscheidung dient demgegenüber der Legitimierung. Die Besinnung auf die Konstruktion vermag einen gewissen Rationalisierungseffekt zu bewirken, der die Entscheidung kontrollierbar machen soll[25].

1. BGHZ 50, 325 und § 50 Abs. 2 ZPO

Zunächst zur Entscheidung des BGH vom 11. 7. 1968[26], in der den Gewerkschaften entgegen § 50 Abs. 2 ZPO die aktive Parteifähigkeit im Zivilprozeß zuerkannt worden ist[27]: Nach dem Wortlaut des § 50 Abs. 2 ZPO kann eine Gewerkschaft, die ein nicht rechtsfähiger Verein ist und somit auf die passive Parteifähigkeit beschränkt ist, nicht aktiv parteifähig sein.

Der BGH reduziert diese Regel unter Berufung auf die in Art. 9 Abs. 3 GG verbriefte Institutsgarantie zugunsten der Träger der Tarifautonomie so weit, daß sich im Wege verfassungskonformer Auslegung eine Herausnahme der Gewerkschaften aus § 50 II ZPO ergibt. Die Bezugnahme auf die Verfassung ist dabei unerläßlich, da gerade im Grundgesetz, hier in Art. 9 III GG, die veränderte soziale Sicht positiviert ist. Die Bezugnahme auf die Verfassung ist weiter unerläßlich, um zu erklären, weshalb nicht generell die aktive Parteifähigkeit auch des „normalen" nicht rechtsfähigen Vereins anerkannt wurde. Die Versagung der aktiven Parteifähigkeit für den nicht rechtsfähigen Verein ist heute sicherlich ebenfalls verfehlt, gleichwohl hat der BGH seine Entscheidung auf die Gewerkschaften beschränkt[28].

---
[24] Vgl. *Esser*, Vorverständnis S. 15.
[25] *Esser*, Vorverständnis S. 16, 109 ff., 115. *Bachof*, VVDStRL 30, 198.
[26] BGHZ 50, 325.
[27] Vgl. schon vorher BGHZ 42, 210.
[28] *Baumbach/Lauterbach*, § 50, 3 a: „... aber wo das Gesetz unzweideutig

Das Sachproblem braucht hier nicht weiter vertieft zu werden, denn im Rahmen der hier zu beantwortenden Frage kommt es nur auf das widersprüchliche methodische Argumentieren an. Festzuhalten bleibt, daß sich der entscheidende „Aufhänger" der BGH-Argumentation aus dem Grundgesetz ergibt[29].

2. Das allgemeine Persönlichkeitsrecht und der Wortlaut der §§ 847, 253 BGB

Als 2. Komplex wird zur Verdeutlichung des methodischen Widerspruchs, die Rspr. des BGH zum Ersatz immateriellen Schadens bei Verletzungen des allgemeinen Persönlichkeitsrechts behandelt[30]. Der BGH hat sich auch hier über den Wortlaut der §§ 253, 847 hinweggesetzt unter Berufung auf das grundgesetzlich verbürgte Recht zur freien Selbstbestimmung der Persönlichkeit (Art. 1, 2 GG). Er bringt im Wege der Analogie die Freiheitsverletzungen „im Geistigen" unter den Terminus „Freiheitsentziehung" in § 847 BGB[31]. Damit ist dann „der im Gesetz bestimmte Fall", den § 253 BGB verlangt, gegeben. Der BGH vermeidet es aus diesem Grunde auch, § 253 BGB überhaupt zu zitieren. In den späteren Entscheidungen hat sich der BGH von dieser Anlehnung an den Wortlaut gelöst und sich ganz auf die Ableitung aus der Verfassung beschränkt. Es ist hier nicht der Ort, die Rechtfertigung für ein solches Vorgehen zu überprüfen. Larenz zählt diese Fortbildung jedenfalls nicht zu den „geglückten", während sie sonst überwiegend begrüßt wurde[32]. Einfacher als der Direktrekurs auf die Verfassung wäre es gewesen, das Persönlichkeitsrecht als heute zu schützendes Rechtsgut in den Katalog des § 823 Abs. 1 aufzunehmen.

---

ist, muß sich der Richter beugen." Zum Ganzen vgl. *Rüthers,* Auslegung S. 434 ff. (435): „Der Wortlaut der Vorschriften hat de facto für das Auslegungsergebnis nur eine begrenzte, angesichts der vorstehenden Analyse darf man sagen untergeordnete Bedeutung." Zur Bedeutung des GG für die zivilrechtliche Auslegung a.a.O. S. 438. Ein Aufzählung der besonders typischen Entscheidungen findet sich unter Einschluß der hier behandelten auf S. 462.

[29] Die Vorinstanz, das AG Köln, hatte sich anders entschieden, obwohl das OLG Köln bei §§ 847, 253 BGB ebenfalls aus dem GG heraus argumentiert hatte. Vgl. dazu *Venzlaff,* Über die Schlüsselstellung des Rechtsgefühls bei der Gesetzesanwendung, 1973, S. 46 ff. Vgl. *Rüthers,* S. 436 bei FN 4.

[30] BGHZ 26, 349 (Herrenreiter); 30, 7 (Caterina Valente); 35, 363 (Ginseng); 39, 124 (Ansagerin). *Wiese,* Der Ersatz des immateriellen Schadens, 1964, S. 38 ff.

[31] BGHZ 26, 356.

[32] *Larenz,* Kennzeichen geglückter richterlicher Rechtsfortbildungen S. 5; ablehnend auch *Hirsch,* Richterrecht und Gesetzesrecht JR 1966, 334 (340) und *Flume,* Richter und Recht, 46. DJT (1967) Bd. II S. K S. 13 f. a. A. *v. Caemmerer,* in: FS Fritz von Hippel, S. 36 ff.; *Kübler* JZ 1969, 649 r. Sp.

Dann wäre die Erweiterung auf § 847 nur konsequent[33]. Wie immer man zu diesen Entscheidungen steht, sie zeigen jedenfalls, daß der BGH aus gebotenem Anlaß unter Berufung auf das GG den Wortlaut einer Norm ausschalten kann. Das BVerfG[34] hat diese Rspr. neuerdings ausdrücklich gebilligt und dabei den richterlichen Auftrag zur Rechtsgestaltung betont.

3. Subsidiäre Ausgestaltung der AVB als flankierende Maßnahme zur Auslegung der SK

Das methodische Vorgehen in den hier geschilderten Fällen steht in diametralem Gegensatz zu der Rechtsprechung des BGH, mit der er die unveränderte Anwendung der Subsidiaritätsklausel gerechtfertigt hat. Es wird im folgenden versucht, diese Diskrepanz zu erklären. Bei der Überprüfung der Argumentation der Rechtsprechung kommt es entscheidend auf die Zielrichtung der angestellten Schutzerwägungen an. Die Auslegung, die die Rechtsprechung dem Merkmal anderweite Ersatzmöglichkeit gegeben hat, macht dies beispielhaft deutlich. Als flankierende Maßnahme hatte die Rechtsprechung frühzeitig die subsidiäre Ausgestaltung der Versicherungsbedingungen unmöglich gemacht, um die Ausweitung der Subsidiaritätsklausel auch gegen die Versicherungsjuristen abzusichern. Dabei ist die Frage, ob es den privaten Versicherern im Rahmen der Privatautonomie möglich ist, ihre ‚Allgemeinen Versicherungsbedingungen' (AVB) so auszugestalten, daß sie ihrerseits nur dann leisten müssen, wenn keine anderweite Ersatzmöglichkeit besteht, insbesondere wenn ein Anspruch gegen den Staat gegeben ist, von grundsätzlicher Bedeutung als es zunächst scheinen mag. Schon in seiner ersten Entscheidung vom 15. 11. 1932 hatte das RG die Versicherer ausdrücklich auf die Möglichkeit privatautonomer Ausgestaltung der Versicherungsbedingungen aufmerksam gemacht[35]. Gleichwohl ist diese Frage in der Literatur kaum erörtert worden, obwohl es einer geschickten Kautelarjurisprudenz dadurch möglich gewesen wäre, einen Großteil der durch § 839 I 2 bedingten Schwierigkeiten zu beseitigen. Das Desinteresse der Literatur mag darauf zurückzuführen sein, daß eine generell subsidiäre Ausgestaltung der AVB viel zu weit ginge und für den Regelfall für keinen Versicherer interessant ist, während andererseits befürchtet wird, daß eine Klausel, die die staatliche Haftung eintreten ließe, wegen Verstoßes gegen §§ 134, 138 nichtig sein könnte. Daher fand sich eine sub-

---

[33] *Eike Schmidt*, Athenäum Zivilrecht I, § 8 III 5/S. 578.
[34] BVerfG vom 14. 2. 1973 NJW 1973, 1221 — JZ 1973, 662 mit Anm. von *Kübler*.
[35] RGZ 138, 209 (211 Mitte).

sidiäre Ausgestaltung der Versicherungsleistungen gegenüber der Amtshaftung nur an einer peripheren Stelle, in § 10 Abs. 3 AKB a. F. Dort hatten die Kfz-Versicherer für den Sonderfall des § 2 Abs. 3 b AKB eine Subsidiarität ausgesprochen, die genereller Natur ist. § 10 Abs. 3 AKB ist mit Wirkung vom 1. 10. 1965 wegen der Regelung im Pflichtversicherungsgesetz weggefallen. Ähnliche Ausnahmekonstellationen liegen den Regelungen in § 158 c Abs. 5 VVG und § 12 Abs. 1 Satz 4 PflVG zugrunde. Die Rspr. hatte frühzeitig signalisiert, daß sie eine subsidiäre Ausgestaltung der AVB nur zum Zwecke der Ausschaltung der Amtshaftung nicht akzeptieren würde.

Zunächst hatte das RG in der Entscheidung vom 31. 5. 1943 im Anschluß an frühere obiter dicta[36] ausgesprochen, „... nach dem Grundsatz der Vertragsfreiheit (könne) ein Versicherungsverhältnis in der Weise ausgestaltet werden, daß kein Anspruch des Geschädigten daraus gegeben ist, sofern er einen für den Schaden verantwortlichen Dritten, sei es auch einen aus schuldhafter Amtspflichtverletzung haftenden Beamten oder den Staat ..., auf Ersatz in Anspruch nehmen kann". Das RG hatte sich mit § 10 Abs. 2 der Satzung der Postbeamtenkrankenkasse auseinanderzusetzen, der bestimmte, daß dann, wenn bei Unfällen die Kosten des Heilverfahrens von der Deutschen Reichspost übernommen werden oder von einem Träger der Unfallversicherung oder einer anderen Person zu tragen sind, der Anspruch auf Leistungen gegen die Postbeamtenkrankenkasse wegfällt[37]. Diese Kasse war keine Einrichtung der Sozialversicherung, sondern eine privatrechtlich organisierte Wohlfahrtseinrichtung der Post. Sie sollte lediglich Aushilfe leisten, wenn der Beamte ansonsten keine Mittel erhalten hätte. § 10 Abs. 2 der Satzung enthielt daher eine generelle Subsidiarität, deren sachliche Angemessenheit sich aus der Funktion der Kasse ergab[38].

In einer früheren Entscheidung v. 29. 10. 1926[39] hatte das RG einen vertraglichen Haftungsausschluß auch dann für zulässig gehalten, wenn dadurch die staatliche Haftung herbeigeführt wurde. Das RG führte jedoch in dieser Entscheidung aus, daß ein Verstoß gegen die guten Sitten vorliege, wenn der Haftungsausschluß bewußt vereinbart werde, um die staatliche Haftung eintreten zu lassen. Später hat das RG diese Position noch verschärft[40], so daß die Kautelarjurisprudenz sich auf-

---

[36] RGZ 171, 198 (200 ff.) im Anschluß an RGZ 138, 209 (211) und 145, 56 (65). Ebenso OLG Celle VersR 1970, 329.
[37] Der Wortlaut ergibt sich aus RGZ 171, 201.
[38] RG Recht 1927 Nr. 31.
[39] RG in DR vereinigt mit JW 1939, 1318 Nr. 27 mit Anm. *Booß*.
[40] Vgl. die in FN 36 und 38 genannten Entscheidungen. a. A. offenbar *Junck*, JRPV 1934, 311 (313).

grund dieser Signale aus der Judikatur auf die genannten Randkorrekturen beschränkte. Diese Beschränkung, die sich die Versicherer hier selbst auferlegt haben, ist aber nicht zwingend und nicht sachgemäß. § 839 I 2 ist ein privatrechtlicher Bestandteil des staatlichen Haftungsrechts und als solcher disponibel, wie es das RG ja selbst ausgesprochen hat. Dann aber kann ein bewußtes Herbeiführen der staatlichen Haftung nur dann sittenwidrig sein, wenn dadurch der Regelungszweck einer Norm durch Umgehung verteilt werden soll. § 839 I 2 erfüllt heute keine legitime Aufgabe mehr, so daß die Vereitelung eines Regelungszwecks entfällt. Diese Überlegungen zeigen auch, daß das RG fälschlich von § 138 ausgegangen ist. Eine noch ihren ursprünglichen Zweck verfolgende SK wäre sicherlich als gesetzliches Verbot der Beamtenhaftung im Sinne des § 134 aufzufassen gewesen, so daß das RG den wesentlich weniger konturierten Begriff der „guten Sitten" nicht hätte zu bemühen brauchen[41]. Eine Klausel der Versicherer mit dem Inhalt, der Versicherungsschutz entfalle, wenn und soweit ein Amtshaftungsanspruch gegeben sei, wäre somit zulässig. Die Versicherer könnten heute § 839 I 2 abdingen.

IV. Schlußbetrachtung

Bei der Ausweitung des Amtshaftungstatbestandes und der Auflösung des Enteignungsbegriffes galt die besondere Fürsorge der Rspr. dem unmittelbar Geschädigten. Im Gewerkschaftsurteil wie im Umgehen der §§ 847, 253 sollte der durch das Gesetz heute Benachteiligte besser gestellt werden. Bei den Entscheidungen der h. L. zur SK finden sich solche Anstrengungen, eine sachgemäße Konfliktslösung zu finden, nicht. Die Ursache hierfür liegt, wie ausgeführt[42], nicht in der Tendenz, den Staat unter allen Umständen finanziell zu entlasten. Ursache ist vielmehr die fehlende Identifikationsmöglichkeit für den Richter. Im Gegensatz zu den oben genannten Ausweitungen treffen die Auswirkungen der SK kraft Definition den direkt Geschädigten nicht. Die benachteiligende Haftungsverlagerung, die zwischen öffentlicher Hand und privatem Dritten erfolgt, liegt außerhalb der Reichweite der Schutzargumentation der Rspr. Bei Versicherungen, die die weitaus größte Gruppe der „Dritten" darstellen, versagt das Identifikationsmodell, das die Richter zur Ausbildung der sozialen Schutzargumentation bewogen hatte. Die Gerichte haben sich den topos von der Umverteilung, der beschränkten Sozialisierung von Schäden zu eigen gemacht[43], damit begründen sie

---

[41] *Staudinger/Coing*, § 134 Rdnr. 2, 3; *Erman/H. Westermann*, § 134 Rdnr. 5.
[42] § 10 I am Ende.
[43] Vgl. nur BGHZ 61, 7 (16), wo von Umlegung eines Schadens auf die gesamten Betriebskosten gesprochen wird. Ganz extrem OLG Celle VersR 1973, 258 ff. (dazu oben § 8 II 2 b). *Bachof*, VVDStRL 30, 194.

die endgültige Haftungszuweisung an die „kollektiven" Vorsorgeträger. Bei solchen Dritten scheint den Gerichten eine angemessene Sozialisierung des Schadens gewährleistet zu sein. Sie sehen dann die Haftungsverlagerung zu Lasten des Dritten als gerechtfertigt an. Eine zu korrigierende Belastung durch die SK wird nicht erkannt und folglich auch nicht anerkannt[44].

Dieser Erklärungsversuch für das richterliche Entscheidungsverhalten wird dadurch bestätigt, daß dann, wenn sich solche Identifikationsmöglichkeiten bieten und erkannt werden, auch die SK einschränkend interpretiert wird. Ein eindrucksvolles Beispiel hierfür ist die bereits genannte Entscheidung des OLG Celle[45] zur Lohnfortzahlung der Arbeiter im Krankheitsfall. Das Gericht stützt seine abweichende Lösung, die die Lohnfortzahlung nicht als „anderweite Ersatzmöglichkeit" im Sinne des § 839 I 2 anerkennt, mit der Erwägung, Betriebe von mittlerer Art würden besonders betroffen. Das internalisierte Identifikationsmuster schlägt auf die Entscheidung durch. Das Gericht bezeichnet die SK als „willkürliche Freizeichnung der öffentlichen Hand", es sieht in der SK einen Verstoß gegen die Art. 14 und 3 GG, um dann lapidar festzustellen: „Daß eine solche Regelung nicht Rechtens sein kann, ..., bedarf keiner weiteren Begründung." Diese Behauptung steht in krassem Gegensatz zu der festgefügten Rechtsprechung, die erst jüngst von einem unteren Gericht wie folgt gekennzeichnet wurde: „Es besteht kein Grund, von dieser folgerichtigen und einleuchtend begründeten höchstrichterlichen Rspr. abzuweichen"[46]. Die Abweichung durch das OLG Celle ist mithin nur erklärlich im Rahmen der hier vertretenen These, daß nämlich die Ursache der methodischen Widersprüche und Diskrepanzen bei der Auslegung der SK auf der fehlenden Anwendbarkeit eines praktikablen Identifikationsmusters beruht. Der mittelständische kleine Unternehmer mit seinem Betrieb „von mittlerer Größe" löst dann plötzlich, wie bei einem Schlüsselreiz, die Schutzargumentation aus. Das Vorverständnis der Richter hat bei der Bewertung und schon beim Erkennen von „schutzwürdigen Positionen" eine entscheidende Leitfunktion[47]. Die beharrliche Weigerung der Rspr. des BGH, die veränderte Interessenlage bei § 839 I 2 bei der Lösung zu berücksichtigen, beruht auf einem mittelständisch geprägten Vorverständnis, das nur auf bestimmte Konflikte reagiert.

---

[44] Oben § 8 II mit allen Nachweisen.
[45] Vgl. FN 43.
[46] LG Heidelberg VersR 1973, 1078 anläßlich einer Entscheidung zu Sozialversicherungsleistungen.
[47] *Esser*, Vorverständnis S. 41 f., 136 ff.; *Rottleuthner*, Richterliches Handeln S. 78 ff. (82 f., 92 ff.), 127.

§ 11 Auflösung der Fallgruppen

I. Gebot der einschränkenden Auslegung der Subsidiaritätsklausel durch verfassungsrechtliche Bestimmungen

Die sachlich unbefriedigenden Ergebnisse, zu denen die Abwälzung des Haftungsrisikos auf die Mitschädiger zugunsten des Staates, die Anwendung des § 839 auch auf die Teilnahme am allgemeinen Verkehr und die Subsumption von Versicherungsleistungen unter das Merkmal „anderweite Ersatzmöglichkeit" führen, waren der Lehre Anlaß, die SK einschränkend zu interpretieren[1]. Als weiterer zwingender Gesichtspunkt kommt hinzu, daß die Auslegung, die die Rechtsprechung der SK gegeben hat, gegen das Grundgesetz verstößt. Im Schrifttum wurde verschiedentlich konstatiert, die SK verstoße gegen den Gleichheitssatz der Verfassung (Art. 3 Abs. 1). Der BGH hingegen hat einen solchen Verstoß stets ohne eingehende Begründung ausdrücklich verneint[2]. Dies verwundert, denn nach seiner eigenen Aussage ist eine Regelung wegen Verstoßes gegen Art. 3 I GG nichtig, wenn gleichliegende Sachverhalte ohne sachlichen Grund ungleich behandelt werden. Der BGH hätte also zumindest darlegen müssen, daß der Entscheidung des Gesetzgebers auch heute noch ein vernünftiger und anzuerkennender Sinn zugrunde liegt: ein Unterfangen das schwerlich gelingen dürfte, denn es gibt heute keinen einleuchtenden Grund mehr für die generelle Geltung des Subsidiaritätsprinzips im Amtshaftungsrecht. Dieser Befund hat gleichwohl nicht zwangsläufig die Nichtigkeit der SK zur Folge, denn die Rspr. ist gehalten, im Wege der Auslegung eine mit der Verfassung verträgliche Lösung zu finden, soweit dies im Rahmen der juristischen Methodik möglich ist. Die Lösungen der Rspr. ergeben sich — wie ausführlich gezeigt wurde — nicht zwingend aus dem Gesetz. Der Rekurs auf den „sens clair" des § 839 I 2 wurde als bloße Scheinbegründung verwendet. Die Lösungsangebote, die die Doktrin im Rahmen der herkömmlichen juristischen Methodik gemacht hat, sind Versuche, die SK verfassungskonform zu interpretieren. Bedauerlicherweise hat die Rspr. bislang kaum Notiz davon genommen. Die Feststellung der Verfassungswidrigkeit und die damit auch verbundene zwangsläufige Argumentationsbeschränkung hat die Gerichte nicht bewegen können, das Fiskusprivileg einschränkend auszulegen.

Im folgenden wird daher aufgezeigt werden, daß die SK einschränkend interpretiert werden muß, wenn sie nicht wegen eines Verstoßes gegen die Verfassung nichtig sein soll.

---

[1] *Esser*, Schuldrecht, 2. Aufl. § 206, 8 a; *Marschall v. Bieberstein*, Reflexschäden S. 215 f.

[2] Einerseits: *Hohenester*, NJW 1962, 1141 f.; *Hauss*, LM 23 zu § 426 BGB; *Ising*, S. 50 ff.; *Nipperdey*, AT § 119 FN 68. Anderseits: BGH VersR 1950, 886 (887); VersR 1968, 401 (405).

1. Verstoß gegen den Gleichheitssatz

Der BGH hat in den genannten zwei Entscheidungen, die beide Versicherungsleistungen als anderweite Ersatzmöglichkeit betreffen, lapidar ausgeführt, daß dadurch „der Gleichheitssatz des Art. 3 GG nicht verletzt werde". Der BGH argumentiert einmal vom unmittelbar Geschädigten her, der als Versicherter und als nicht Versicherter gleich stehe. Damit wird einmal mehr bestätigt, daß das Gericht nach ganz bestimmten Identifikationsmodellen urteilt, denn die Ungleichbehandlung erfolgt in der Tat zum Nachteil des Versicherers. Dessen Ungleichbehandlung achtet der BGH aber gering, indem er die Versicherer darauf hinweist, sie könnten den Nachteil qua Prämienerhöhung weitergeben oder auch die Haftung insoweit ausschließen. Beide Argumente sind abwegig. Die Benachteiligung wird nicht dadurch legitim, daß der Versicherer den Nachteil weitergeben kann, zudem würden dadurch zwangsläufig die „unmittelbar Geschädigten" in der Versicherungsgemeinschaft benachteiligt. Zum Haftungsausschluß genügt der Hinweis darauf, daß der BGH den Versicherten einen Weg zumutet, den die Rspr. selbst bereits als sittenwidrig abqualifiziert hat[3]. Auch der Hinweis in der späteren Entscheidung, die SK schütze den Beamten sachgemäß, weil dieser im Rahmen des § 839 BGB auch erweitert hafte, ist im Rahmen dieser Arbeit bereits als für die Amtshaftung nicht zutreffend erkannt worden. Selbst dann, wenn der Beamte mittelbar durch die SK tatsächlich geschützt wird, ist der Schutz unsachgemäß und die Klausel daher nicht anzuwenden. Bei leichter Fahrlässigkeit hat dieses Argument seit dem Eintritt der staatlichen Haftung überhaupt keine Bedeutung mehr. Dasselbe gilt für die Teilnahme am allgemeinen Straßenverkehr, also für den Bereich, der ohnehin durch das für alle geltende Deliktsrecht ausreichend abgedeckt wird.

Die Literatur hat diese Judikate überwiegend abgelehnt. Hohenester und Hauß haben ausdrücklich auf einen Verstoß gegen den Gleichheitssatz hingewiesen, während andere ohne Rekurs auf die Verfassung eine andere Lösung vorschlugen. Zusammenfassend darf aber festgehalten werden, daß sowohl die Störung des Ausgleichs unter deliktisch haftenden Gesamtschuldnern als auch der Regreßausschluß bei den Versicherern gegen den Gleichheitssatz der Verfassung verstoßen. Die Argumente des BGH, die einen solchen Verstoß ablehnen, sind in sich widersprüchlich. Ising ist sogar soweit gegangen, für den Bereich des Mitschädigers einen Verstoß „gegen die elementaren Verfassungsgrundsätze der Rechtsstaatlichkeit und des Sozialstaatsprinzips" anzunehmen[4].

---

[3] Oben § 10 IV 2.
[4] *Ising*, S. 50; *Konow*, Amtshaftungsanspruch und Gleichheitsgebot, DVBl 1971, 454 ff. begründet wie hier ausführlich einen Verstoß gegen Art. 3 Abs. 1 GG.

2. Verstoß gegen Art. 34 GG

Neben Art. 3 I GG wurde die SK auch wegen Verstoßes gegen Art. 34 GG als verfassungswidrig bezeichnet. Füchsel hat versucht darzutun, daß sich aus Art. 34 GG eine primäre staatliche Haftung ergebe, gegen die die Subsidiaritätsklausel verstoße, da durch sie eine bloß sekundäre Haftpflicht herbeigeführt werde. Auch andere haben versucht darzutun, daß sich aus Art. 34 Satz 3 GG ergebe, daß Art. 34 GG eine echte anspruchsbegründende Norm sei. Die Anordnung der „grundsätzlichen Haftung des Staates" wird nicht als Legalisierung der Subsidiaritätsklausel verstanden[5]. Diese Auffassung versucht vielmehr den Sinnwandel von der Beamtenhaftung zur Amtshaftung als staatlicher Haftung zum Ausdruck zu bringen. Besonders deutlich wird dieses Anliegen bei dem Versuch Papiers die Amtshaftung als unmittelbare Staatshaftung aus Art. 34 GG zu legitimieren, um die öffentlich-rechtliche Forderungsverletzung zu integrieren. Dabei begreift er Art. 34 GG als eigenständige Anspruchs- und Haftungsnorm, womit sich für ihn zwangsläufig der Wegfall der Subsidiaritätsklausel ergibt, ohne daß er positiv ausspricht, die Subsidiaritätsklausel verstoße gegen Art. 34 GG[6].

Diese Konsequenz, die Füchsel aus dem Verhältnis von Art. 34 GG und § 839 I 2 BGB gezogen hat, führt die hier vertretene Auffassung radikal weiter. Historisch gesehen — und das weiß auch Füchsel — haben die Väter des Grundgesetzes die Subsidiaritätsklausel nicht eliminiert, so daß man heute einen Verstoß gegen das Grundgesetz nur dann feststellen kann, wenn man die erweiterte Anerkennung von Entschädigungs- und Folgenbeseitigungsansprüchen auch auf das Verständnis von Art. 34 GG selbst zurückwirken läßt. Eine solche Wechselwirkung zwischen Verfassungsrecht und einfachem Gesetz wäre für das öffentliche Recht nichts Neues. Wenn Bachof in dem Ausbau der öffentlich-rechtlichen Haftung ein Symptom dafür sieht, daß die Verwaltungsrechtswissenschaft den „Abbau obrigkeitlichen Denkens" vorangetrieben hat[7], dann muß diese Erscheinung zwangsläufig auch auf das Verständnis der Verfassung selbst, aus der sie ihre Impulse bezogen hat, zurückwirken. Dieses veränderte Verständnis von Art. 34 GG ermöglicht dann eine andere, einschränkende Auslegung des Wörtchens „grundsätzlich". Auch die h. L. behauptet nämlich nicht, daß dadurch die Subsidiarität gefordert würde. Art. 34 GG schließt daher seinerseits nicht aus, daß die subsidiäre Ausgestaltung staatlicher Haftung aus-

---

[5] *Bettermann*, DÖV 1954, 299 (300); *Dagtoglou*, BK Art. 34 Rdnr. 39; *Jellinek*, JZ 1955, 147 ff.; *Papier*, S. 109, 111 - 115.

[6] *Papier*, S. 119.

[7] *Bachof*, VVDStRL 30, 206. Vgl. dazu *K. Richter*, S. 131, der S. 139 für § 839 I 2 BGB die gebotene Konsequenz nicht ziehen will.

§ 11 Auflösung der Fallgruppen

geschlossen würde. Ob man darüber hinausgehend aber gerade aus Art. 34 GG zwingend folgern kann, durch Art. 34 GG werde § 839 I 2 BGB „verboten", erscheint doch sehr fraglich. Sicherlich: das Tatbestandsmerkmal „grundsätzlich" behielte auch dann noch einen ausreichenden Regelungsgehalt, doch kann allein der Sinnwandel, den Art. 34 GG erfahren hat, das Verdikt verfassungswidrig nicht hinreichend stützen[8].

Der methodisch korrekte Weg zur Lösung der geschilderten Konfliktsfälle ist dennoch die verfassungskonforme Auslegung. Der Schwerpunkt liegt hierbei aber auf einem Verstoß gegen Art. 3 GG. Das BVerfG, das zur Entscheidung über die Verfassungsmäßigkeit der Subsidiaritätsklausel aufgerufen war, hat darüber leider nicht sachlich entscheiden müssen, da es die Verfassungsbeschwerde eines Sozialversicherungsträgers bereits wegen mangelnder Grundrechtsfähigkeit als unzulässig abgewiesen hat[9]. Der BGH hat sich zur Stützung seiner Rechtsprechung gleichwohl auch auf das BVerfG berufen. Ising glaubt ebenfalls der Entscheidung eine materielle Tendenz entnehmen zu können, wenn er meint, „bemerkenswert ist, daß das BVerfG die herrschende Ansicht von der Wirksamkeit der Subsidiaritätsklausel nicht einfach übernahm, sondern eher distanzierend zitierte"[10]. Richtig daran ist, daß das BVerfG, ohne durch den anstehenden Fall dazu gezwungen zu sein, materielle Aussagen gemacht hat, die in bezug auf die Sozialversicherung nur als Bestätigung der Klausel gewertet werden können, die aber auch die Feststellung erlauben, daß sich das BVerfG in bezug auf die Privatversicherung nicht festgelegt hat. Anders ist die Hervorhebung ‚die „Sozialversicherung (sei) nicht nach dem reinen Versicherungsprinzip gestaltet, sondern (enthalte) von jeher ein Stück staatlicher Fürsorge", nicht zu erklären. Auch die Betonung der „erheblichen Zuschüsse" des Bundes deutet darauf hin, daß das BVerfG sich die Möglichkeit offenhalten wollte, zwischen Sozial- und Privatversicherung zu differenzieren. Für die Lösung konkreter Probleme kann aus der genannten Entscheidung dennoch nichts gefolgert werden. Für die Beantwortung der im folgenden zentralen Frage, ob nämlich die Subsidiaritätsklausel, die ihrem Wortlaut nach lediglich das Außenverhältnis zwischen Staat (= Beamter) und Geschädigtem regelt, auch auf das Innenverhältnis Staat - Dritter wirkt, wie es die h. L. behauptet, gibt die Entscheidung des BVerfG keine Lösungshilfe.

---

[8] Außer *Füchsel*, DAR 1972, 313 (317 l. Sp.) hat — soweit ersichtlich — niemand diese Konsequenz gezogen. Vorsichtig in derselben Richtung jedoch *Jellinek*, JZ 1955, 147 (149). *Karl Richter*, S. 139, vgl. auch S. 131.
[9] BVerfGE 21, 362; vgl. oben § 8 II 2 a.
[10] BGHZ 49, 267 (276); *Ising*, S. 54; wieder anders *Füchsel*, S. 315, der meint, das BVerfG gehe „offenbar von der Gültigkeit der Subsidiaritätsklausel aus".

II. Beschränkung der Wirkung der Subsidiarität der Amtshaftung auf das Außenverhältnis?

Im Zusammenhang mit der Erörterung des II. Entwurfs zum BGB wurde gezeigt, daß die Gesetzesredaktoren die Einfügung der Subsidiaritätsklausel in den jetzigen § 839 bei der Regelung der Ausgleichsfrage im Dreiecksverhältnis offenbar nicht berücksichtigt haben. Bei der Behandlung des Ausgleichsanspruchs zwischen deliktisch haftenden „Gesamtschuldnern" mußte daher auf die Lösungsangebote der Dogmatik bereits eingegangen werden[11]. Nunmehr ist die Relevanz des historischen Befundes zu überprüfen und mit dem Ziel der Haftungsprivilegierung damals und heute zu kontrastieren. Aus der Analyse der gegenwärtig durch § 839 I 2 geregelten Interessen wird dann die Beschränkung der Subsidiaritätsklausel begründet. Die h. L. berücksichtigt die Interessen des Dritten nicht genügend, was mit darauf beruhen dürfte, daß die Dreiecksverhältnisse im deutschen Recht zu den schwierigsten Problemen zählen[12].

Jeder Lösungsversuch im Rahmen einer solchen Dreiecksproblematik muß daher durch eine genaue Überprüfung der durch die Norm geregelten Interessen, die Wertungsfragen aus heutiger Sicht neu beantworten. Dabei muß das Ziel im Vordergrund stehen, die Bedürfnisse aller drei Beteiligten so auszugleichen, daß eine Harmonisierung der Interessengegensätze erfolgt. Die Einordnung der so gefundenen Lösung in einen dogmatischen Rahmen dient dazu, diese Lösung in das schon bestehende System zu integrieren. Ausgangspunkt für die meisten Autoren, die sich — oft innerhalb einer allgemeineren Thematik — mit der Haftungsprivilegierung in § 839 I 2 beschäftigt haben, ist in der Regel der Wortlaut der Vorschrift und die Gesetzgebungsgeschichte[13]. Recht oberflächlich werden bereits die Ergebnisse der späteren Rechtsprechung zum Verständnis der Materialien herangezogen. Der Wert der historischen Auslegungsmethode selbst ist hier zudem sehr fraglich, da sich die Wertungen durch die Schuldübernahme auf den Staat verändert haben.

1. Begründungsversuche aus dem Wortlaut und den Gesetzesmaterialien

Ising läßt einer sehr allgemeinen „Entstehungsgeschichte der Subsidiaritätsklausel" die Behauptung folgen, die Subsidiaritätsklausel habe

---

[11] Oben §§ 4 II 3 und 8 I.

[12] v. Bieberstein, Reflexschäden S. 195 und erneut S. 205 weist darauf hin, daß die Schwierigkeiten im Dreiecksverhältnis deshalb so groß sind, „weil die meisten in Betracht kommenden Rechtsnormen auf die Beurteilung von Interessenkonflikten zwischen zwei Personen zugeschnitten sind".

[13] Gemtos, S. 86 ff.; Ising, S. 25 ff.; 30; v. Bieberstein, S. 215 f.; 272 f. Vgl. auch die in § 8 FN 3 Genannten.

§ 11 Auflösung der Fallgruppen

‚obwohl sie dem Wortlaut nach nur die Außenhaftung ausschließe, eine haftungslenkende Funktion, die materiell die Innenhaftung ... beeinflusse'[14]. Entgegengesetzt glaubt Gemtos, feststellen zu können, durch die Subsidiaritätsklausel werde „das Dreiecksverhältnis allseitig erfaßt und ausdrücklich geregelt"[15]. v. Bieberstein folgert aus der Entwicklung der Rechtsprechung vor und nach 1930, daß die Anrechnung von Versicherungsleistungen sich nicht aus dem Gesetz ergeben könne. Er meint deshalb, ihre Anrechnung sei schon de lege lata nicht gerechtfertigt[16]. Nur Waldeyer hat versucht, den historischen Hintergrund so aufzuhellen, daß er für die Lösung dieses Konflikts verwendbar wird[17]. Schulmäßig beginnt er seine Untersuchung mit der Frage, ob in § 839 I 2 eine Bewertung des Dreiecksverhältnisses enthalten sei. An den Anfang seiner weiteren Ausführungen stellt er das Ergebnis: der Gesetzgeber habe durch § 839 I 2 nur das Verhältnis Geschädigter - Beamter, nicht aber das Verhältnis Beamter - Dritter regeln wollen. Im Wege der „historisch-genetischen" Auslegung schließt er aus der sachwidrigen Beschränkung des § 841 auf vorsätzliche Amtspflichtverletzungen, daß wenn man § 839 I 2 auch auf das Innenverhältnis anwendete, es „wenig wahrscheinlich" sei, daß allein für diese seltenen Fälle eine eigenständige Vorschrift eingefügt worden wäre. Bei dieser Argumentation geht Waldeyer jedoch davon aus, die gesetzliche Regelung sei ohne inneren Widerspruch zustande gekommen. Bereits hierin liegt ein fehlerhafter Ansatz, da er nicht untersucht, inwieweit § 841 BGB seinerseits nur auf historischen Zufälligkeiten beruht. Bereits der I. Entwurf enthielt in § 736 Abs. 2 die später in § 841 Gesetz gewordene Formulierung. Der Ansicht Waldeyers kann daher entgegengesetzt werden, lediglich aus Versehen sei die Streichung des § 841 unterblieben. Da der I. Entwurf die Subsidiaritätsklausel noch nicht enthielt, hatte § 841 dort eine legitime Funktion. Bei der Einfügung der SK wurden dann die Auswirkungen auf den Regelungsgehalt des § 841 übersehen, der als § 736 Abs. 2 übernommen wurde. Da die Gesetzesredaktoren den Beamten schützen wollten und ein solcher Schutz nur als endgültiger sinnvoll ist, glaubten sie nicht extra ausdrücken zu müssen, daß auch der Regreß gegen den Beamten ausgeschlossen sei. Demgegenüber verschlägt die Berufung auf die Denkschrift des Reichsjustizamtes nicht, denn die dortige Formulierung ist mehrdeutig und setzt jedenfalls voraus, daß der Beamte erst einmal haftet, was bei vorsätzlicher Tat gegeben ist[18].

---

[14] *Ising*, S. 30.
[15] *Gemtos*, S. 87 f.
[16] *v. Bieberstein*, S. 216.
[17] *Waldeyer*, NJW 1972, 1251 ff. im Anschluß an *Keuk*, AcP 168, 192.
[18] *Mugdan* II, S. 1270. Die Berufung auf diese Stelle findet sich erstmals bei *Keuk*, AcP 168, 192 FN 61.

Die Plausibilität, die die historische Auslegung für sich beanspruchen kann, reicht als Grundlage für die Beschränkung der Wirkung auf das Außenverhältnis nicht aus. Mindestens ebenso plausibel ist die entgegengesetzte Behauptung, § 839 I 2 habe auch das Innenverhältnis zugunsten des Beamten geregelt, mithin einen Regreß ausgeschlossen. Der beabsichtigte Schutz des Beamten wäre ansonsten illusorisch geblieben, da der Beamte im Regreßwege regelmäßig doch in Anspruch genommen worden wäre. Eine ebenfalls „wenig wahrscheinliche" Konsequenz.

Weder aus dem Wortlaut der Norm noch aus dem historischen Befund läßt sich ein überzeugendes Argument dafür gewinnen, die SK habe ursprünglich lediglich das Außenverhältnis geregelt. Für die heute zu entscheidende Wertungsfrage kann es darauf auch nicht ankommen. Man muß nicht die Denkschrift des Reichsjustizamtes aus dem Jahre 1899 bemühen, um darzutun, daß die auf der SK beruhende Interessenbewertung bei der Lohnfortzahlung nach dem Lohnfortzahlungsgesetz aus dem Jahre 1969 nicht sachgemäß ist.

2. Ausgangspunkt einer veränderten Auslegung ist die Schuldnerauswechselung durch Art. 34 GG

Anknüpfungspunkt für eine einschränkende Interpretation der SK — und allein das bezweckt ja auch Waldeyer — kann bei unvoreingenommener Würdigung des historischen Befunds nur der Wechsel des Schuldners sein. Durch die Schuldübernahme auf den Staat hat sich die Interessenlage verschoben. Der „Arbeitgeber" kann sich nicht — worauf Bettermann zu Recht immer wieder hingewiesen hat[19] — auf ein Arbeitnehmerprivileg berufen. Auszugehen ist daher davon, daß die SK nur zum Schutz des Beamten legitim ist, nicht aber bei einer Haftung des Staates für den Beamten. Die Positionen von Verletztem, Staat und Drittem wurden bereits auf ihre Schutzwürdigkeit überprüft. Bezüglich des Verletzten selbst ordnet die SK keine endgültige Belastung an. Diese trifft vielmehr den Dritten, dem der Ausgleichsanspruch (§§ 840, 426) bzw. der Rückgriffsanspruch (§§ 67 VVG, 1542 RVO, 4 Lohnf.G) verwehrt wird. Da wie oben gezeigt, ein sachlicher Grund hierfür nicht einzusehen ist, beschränken manche die SK auf das Außenverhältnis[20]. Die historische Begründung hierfür ist nicht stichhaltig, so daß die Reduktion nur mit dem Funktionswandel der SK begründet werden kann. Der Regelungszweck des § 839 I 2 ist mindestens beim deliktisch haftenden Zweitschädiger obsolet geworden. Die sachlich

---

[19] JZ 1961, 482 (483 unter 1.). Die veränderte Lage berücksichtigt *Hanau*, VersR 1967, 522 l. Sp.
[20] Vgl. oben § 8 I und II, insbesondere *Keuk*, AcP 168, 175 (192 bei FN 61).

gebotene Beschränkung der SK braucht nicht durch konstruktive Verschleierung, wie es etwa Keuk „vorbildlich" versucht hat, vorgenommen zu werden. Der Staat haftet im Außenverhältnis zum Geschädigten unmittelbar, es entsteht eine echte Gesamtschuld. Anders als beim vertraglichen Haftungsverzicht, bei dem der BGH ein Gesamtschuldverhältnis fingieren mußte[21], um zu einem Ausgleichsanspruch nach § 426 zu kommen, ergibt sich bei § 839 I 2 der Ausgleich unmittelbar aus dem „Zweckverfall" der haftungslenkenden Vorschrift selbst. Es bedarf hier keines Vorgriffs auf die Lösung in § 840 Abs. 2 Satz 1 RefE 1967, wo offen im Wege gesetzlicher Regelung ein Ausgleichsanspruch ohne Gesamtschuld geschaffen wird[22]. Es handelt sich hier auch nicht um das Problem, das unter dem Begriff „hinkende Gesamtschuld" verbalisiert wurde. Gegen ein solches konstruktives Monstrum wurden von der Wissenschaft zu Recht Bedenken angemeldet[23]. Soweit die Lehre sich mit § 839 I 2 im Rahmen von Haftungsbeschränkungen überhaupt befaßt hat, sprachen sich die meisten für eine quotale Beschränkung im Außenverhältnis aus[24]. Hanau[25] bemerkt zu Recht, daß die Auslegung bei § 839 I 2 „einen sicheren Anhalt" findet, denn die volle Belastung des Zweitschädigers zugunsten des Staates ist jedenfalls ein unhaltbares Ergebnis. Die konstruktiven Lösungen sollen nun noch näher betrachtet werden.

3. Die Entlastung des deliktisch haftenden Zweitschädigers

Im Anschluß an die Diskussion des Referentenentwurfs 1967 sprachen sich einige Autoren für die Gewährung eines Ausgleichsanspruchs aus, während andere eine quotale Aufteilung befürworten[26]. Bei § 839 I 2 ist der konstruktive Weg jedoch relativ belanglos, da beide Möglichkeiten — ausnahmsweise — zu demselben Ergebnis führen. Die Entscheidung für die eine oder andere Möglichkeit hätte allenfalls „Präjudizcharakter". Bei einer fingierten Gesamtschuld steht dem Zweitschädiger gegen den privilegierten Mitschädiger (= Staat) ein Ausgleichsanspruch nach

---
[21] BGHZ 12, 213 (217); 35, 317 zu § 1359 BGB.
[22] Dazu *Hanau*, VersR 1967, 516 ff.; *Medicus*, JZ 1967, 398 ff.; *Nipperdey*, NJW 1967, 1985 FN 4.
[23] So der Titel des Aufsatzes von *Hanau*. *Stoll*, Fam. RZ 1962, 64 (65) spricht vom „monströsen Begriff" eines nur intern wirkenden Haftungsausschlusses.
[24] *Hanau*, S. 517 l. Sp. oben; *Keuk*, S. 192.
[25] *Hanau*, S. 522 l. Sp. oben.
[26] Heute hat sich die quotale Beschränkung im Außenverhältnis, mindestens für den Bereich des vertraglichen Haftungsverzichts, in der Literatur durchgesetzt: *Böhmer*, MDR 1968, 13 (14); *Hanau*, S. 524; *Keuk*, S. 188 ff.; *Medicus*, S. 401; *Prölss*, JUS 1966, 400 ff.; *Esser* I, § 59 II; *Larenz* I, § 32 I; aus der Kommentarliteratur ist *Palandt/Heinrichs*, § 426 Anm. 5 hervorzuheben.

§ 426 zu, so daß im Ergebnis der Staat seinen Haftungsanteil selbst tragen muß. Dieser Weg über eine fingierte Gesamtschuld löst das Problem stets auf Kosten des Privilegierten. Bei § 839 I 2 ist dies sicherlich eine im Ergebnis sachgerechte Lösung. Kürzt man hingegen bereits den Anspruch des Geschädigten im Außenverhältnis zum Zweitschädiger, dann verlagert man die Belastung normalerweise zum Geschädigten. Nicht so jedoch bei § 839 I 2. Durch die Technik der Privilegierung in § 839 I 2 bedingt, die nur dann eingreift, wenn eine anderweite Ersatzmöglichkeit gegeben ist, kann der Geschädigte die Anspruchskürzung an den Staat weitergeben. Der Geschädigte hat gegen den Zweitschädiger nur in Höhe der Quote einen Anspruch, nur in dieser Höhe besteht dann auch eine anderweite Ersatzmöglichkeit, so daß der Staat für den Rest direkt einstehen muß. Durch diesen Trick kommt es auch hier zu einer Belastung des Staates in Höhe der dem Verantwortungsbeitrag entsprechenden Haftungsquote[27]. Die zweite Lösung hat dabei den Vorteil, daß sie prozessual zu wesentlich einfacheren Rechtsverhältnissen führt. Bedenkt man, daß der Staat in aller Regel den Instanzenzug voll ausschöpft, dann wird deutlich, daß dies ein wichtiger Vorteil ist, da so das Prozeßrisiko beim Geschädigten verbleibt. Beide Lösungen geben jedoch nicht an, weshalb sie die SK so auslegen wollen und nicht den „Zweckverfall" durch eine Nichtanwendung der Klausel berücksichtigen. Der BGH hat zwar im Anschluß an das BAG eine quotale Beschränkung im Außenverhältnis gebilligt, um bei § 636 RVO die Belastung des privilegierten Arbeitgebers zu vermeiden[28]. Im Bereich der staatlichen Haftung besteht aber gar kein Grund, den Staat im Außenverhältnis nicht voll haften zu lassen. Er haftet unmittelbar und nicht nur in Höhe seines Verantwortungsbeitrags, so daß der Verletzte seinen ganzen Schaden vom Staat liquidieren kann und diesen auf den Ausgleichsanspruch nach § 426 gegen den Zweitschädiger verweisen kann. Die Bewertung der beteiligten Interessen erzwingt eine solche Lösung, die man konstruktiv nicht verstecken sollte. Angesichts des Entwicklungsstandes der Doktrin ist die Behandlung des Zweitschädigers im Rahmen der Amtshaftung ein Skandal.

III. Leistungen von „kollektiven" Vorsorgeträgern als anderweite Ersatzmöglichkeit

Der Ausschluß des Versichererregresses[29] durch die Rspr. führt im Ergebnis zu einer Berücksichtigung von Drittleistungen bei der Scha-

---

[27] Erstmals so für den Bereich der Amtshaftung, *Keuk*, S. 192. Keuk beruft sich allerdings ebenfalls auf den historischen Befund, der m. E. für die hier zu beantwortende Frage nichts ergibt.

[28] BGHZ 27, 62 (65) im Anschluß an BAG 5, 1 = JZ 1958, 254. Dazu *Medicus*, S. 400.

§ 11 Auflösung der Fallgruppen

densberechnung. Ein Ergebnis, das dem deutschen Recht sonst fremd ist. Im Rahmen der Vorteilsausgleichung wurden solche scheinbar schadenstilgenden Leistungen zwar anfangs berücksichtigt, doch ist heute anerkannt, daß solche lediglich vorläufige Leistungen den Schadenersatzanspruch unberührt lassen[30]. Dieses Ergebnis steht auch im Widerspruch zu dem Dogma des deutschen Versicherungsrechts, das die Anrechnung von Versicherungsleistungen, die sich der Geschädigte selbst „erkauft" hat, grundsätzlich ausschließt. Die Durchbrechungen des Trennungsprinzips dienten bis jetzt nur dem Schutz des Geschädigten. Eine Durchbrechung auf Kosten des Geschädigten ist systemwidrig und auch sachlich nicht zu rechtfertigen[31]. Die Genese des Dogmas der Anrechenbarkeit von Versicherungsleistungen bei § 839 I 2 ist oben[32] dargestellt worden, so daß hier lediglich noch die Auswirkungen der Beschränkung der SK auf das Außenverhältnis zu erörtern sind.

Ausgangspunkt für die Erwägungen ist dabei die Art des Forderungserwerbs auf Seiten des Vorsorgeträgers. Sowohl im Rahmen der Schadensversicherung als auch in den Lohn- bzw. Pensionsfortzahlungsfällen erfolgt dieser regelmäßig durch cessio legis. Ohne nun die heute entschiedene Diskussion wieder aufzunehmen, ob sich aus einer cessio legis ergibt, daß diese den Übergang des Schadenersatzanspruches voraussetzte, kann festgestellt werden, daß der Gesetzgeber durch die cessio legis angibt, daß an den Berechtigten keine endgültige Haftungszuweisung erfolgt[33]. Der Vorsorgeträger soll die Leistungen, die er selbst erbringen muß, wieder zurückerhalten. Die Schadensvorsorge steht im Vordergrund; der Versicherer übernimmt sämtliche prozessualen Risiken und leistet vor. Seine Leistungen haben den Charakter einer bloßen „Zwischenfinanzierung", denn er stellt, soweit der Anspruch gegen den Schädiger durchsetzbar ist, nur zwischenzeitlich eigenes Kapital zur Verfügung[34].

Aus den Ausführungen zur Haftung des deliktisch haftenden Zweitschädigers ergab sich, daß dieser nur anteilig haftet und der Staat letzt-

---

[29] Vorsorgeträger und Versicherer werden hier synonym verwendet, damit sollen sowohl die §§ 67 VVG, 1542 RVO, 4 Lohnfortzahlungsgesetz 1969, §§ 87 a, 151 BBG etc. erfaßt werden.
[30] v. Bieberstein, S. 73 im Anschluß an eine Darstellung des historischen Werdegangs der Rechtsprechung. Eike Schmidt, Athenäum Zivilrecht I, S. 599 ff. (601).
[31] Vgl. oben § 8 II bei FN 46.
[32] § 8 II.
[33] Allgemeine Meinung, vgl. Bruck/Möller/Sieg, VVG § 67 Anm. 5 mit weiteren Nachweisen. Zum Problem Schaden- und Summenversicherung Bruck/Möller/Sieg, VVG, § 67 Anm. 17.
[34] Waldeyer spricht S. 1252 von „Vorfinanzierung". Mir scheint der Begriff „Zwischenfinanzierung" das Zwischstadium zwischen vorläufiger und endgültiger Haftungszuweisung besser auszudrücken.

lich seinen eigenen Haftungsanteil tragen muß. Die Interessenbewertung, die in einer cessio legis zum Ausdruck kommt, führt beim bloßen „Zwischenkredit" zum selben Ergebnis: Der Versicherer kann gegen den Staat voll Regreß nehmen. Weder der Wortlaut noch der Sinn des § 839 I 2 stehen dem entgegen, vielmehr erfordert die veränderte Interessenlage auf Seiten des Privilegierten eine solche veränderte Auslegung.

v. Bieberstein[35] hat 1967 geglaubt, auf die Auflösung des „Sonderproblems bei der Amtshaftung" verzichten zu können, da der Gesetzgeber „die ihrem Zweck nicht entsprechende Anwendung der SK bei der Haftung des Staates ausdrücklich ausschließen will". Sein Optimismus hat getrogen und heute wird eine Totalreform des staatlichen Haftungsrechts zwar konkreter diskutiert, sie ist aber immer noch so unsicher und weit entfernt, daß die Rechtsprechung aufgerufen bleibt, nun endlich die längst fällige Konsequenz aus der unbefriedigenden Rechtslage zu ziehen.

In allen Fällen, in denen eine cessio legis die Wertung erkennen läßt, daß eine endgültige Haftungszuweisung nicht beabsichtigt ist, kommt es zu einer Interessenbewertung auf Seiten des Privilegierten. Bei § 839 I 2 hat die Untersuchung ergeben, daß für diese Haftungsprivilegierung zugunsten des Staates nichts — aber auch gar nichts spricht. Der gesetzliche Regreßanspruch der Vorsorgeträger bleibt daher von § 839 I 2 völlig unberührt. Es bedarf dabei keiner weiteren Differenzierung mehr zwischen Privatversicherung, Sozialversicherung und Lohn- bzw. Pensions- oder Gehaltsfortzahlung. In allen diesen Fällen ist die Interessenlage identisch, so daß es auch nur eine einheitliche Lösung geben kann. Lediglich die Unfallsummenversicherung bleibt ausgenommen, da für sie die cessio legis des § 67 VVG nicht gilt[36].

Dieses Ergebnis war schon 1935/36 von Kerschbaum und Arnold unter Berufung auf die von der Rspr. entwickelten Grundsätze zur Vorteilsausgleichung gefordert worden. Auch heute treten immer wieder Autoren für eine Änderung der Rspr. ein. Die Korrektur ist überfällig[37].

---

[35] a.a.O. S. 273.
[36] RGZ 155, 186 nahm bereits die Lebensversicherung aus § 839 I 2 aus. Dazu oben § 8 II bei FN 29.
[37] *Arnold*, JRPV 1936, 353 (355 l. Sp.); *Kerschbaum*, JW 1935, 2600 ff. Neuerdings widersprechen *Bonsmann*, ZRP 1969, 52 f.; *v. Bieberstein*, S. 215 f. und *Waldeyer* der Rechtsprechung des BGH. Der BGH selbst wendet die SK bei dem Regreßanspruch des Sozialversicherungsträgers nach §§ 640, 641 RVO nicht an, DGII VersR 1973, 818 (820) = NJW 1973, 1497.

IV. Die Anspruchskonkurrenz zwischen § 839 I und § 7 StVG

Die Lösung der mit dieser Fallgruppe verbundenen Probleme erfolgte weitgehend bereits bei der Darstellung der Rechtsprechung des BGH. Anders hätte die komplizierte Rechtslage nicht verdeutlicht werden können[38]. An dieser Stelle genügt daher eine wiederholende Zusammenfassung der gefundenen Ergebnisse. Die Rechtsprechung des BGH, die den Anspruch aus § 7 StVG proportional im Verhältnis zum Gesamtschaden aufteilt, verdient Unterstützung. Die Versicherung kann daher nicht den gesamten Anspruch aus § 7 StVG geltend machen, sondern nur die Quote der Höchstsumme, die dem Anteil am Kfz-Schaden entspricht. Die häufigen und scharfen Angriffe gegen diese Rspr. beruhen auf einer fehlerhaften Berücksichtigung des Ersatzanspruchs nach § 7 StVG auf einer der beiden Seiten.

§ 839 I 2 ist lediglich Auslöser der Problematik, nicht das Problem selbst. Im Kommissionsentwurf 1973 wird dieses Problem nicht völlig beseitigt, da sich im Tumultschadensrecht in dem geplanten § 22 StHG 1973 eine neue SK findet, die allerdings recht selten mit § 7 StVG kollidieren dürfte.

V. Straßenverkehrssicherungspflicht

Dieses Sonderproblem hängt mit der Einordnung von Versicherungsleistungen eng zusammen. Da die straßenverkehrssicherungspflichtigen Organe in den Ländern, die die StVSP hoheitlich ausgestaltet haben, in aller Regel haftpflichtversichert sind, kommt es hier häufig zu dem grotesken Ergebnis, daß die Haftpflichtversicherung des Schädigers deshalb nicht leisten muß, weil dem Geschädigten eine anderweite Ersatzmöglichkeit, meist ebenfalls ein Versicherungs- oder Lohnfortzahlungsanspruch, zur Verfügung steht. Die Rechtsprechung des BGH zur StVSP an öffentlichen Straßen verdient keinen Beifall, da sie doppelt inkonsequent ist. Einmal regelt sie die StVSP privatrechtlich, angeblich um die SK zu vermeiden und läßt dennoch die öffentlich-rechtliche Ausgestaltung zu, ohne dabei konsequent auch die damit verbundenen Vorteile zu gewähren[39]. Solange die Vorschrift des geplanten § 17 Nr. 1 StHG 1973 nicht Gesetz geworden ist, wonach sich die Verletzung der StVSP an öffentlichen Straßen wenigstens einheitlich nach den Vorschriften des Privatrechts richtet, werden in diesem Bereich laufend unbefriedigende Entscheidungen produziert werden. Der BGH hat es in der Hand, durch die gebotene Reduktion der SK wenigstens die gröbsten Mißstände zu beseitigen.

---

[38] Oben § 8 III.
[39] Oben § 8 IV.

VI. Ergebnis

Das Dogma „ohne Gesamtschuld kein Ausgleich", das die Rspr. bei § 839 I 2 dahin variiert hatte, „kein Ersatzanspruch gegen den Staat, daher kein Übergang" ist nicht haltbar. Die Rspr. des BGH bedarf der Korrektur. Nachdem nicht mehr der Beamte, sondern der Staat Schuldner des Amtshaftungsanspruches ist, muß diese Veränderung auch bei der Bewertung des Dreiecksverhältnisses Staat - Geschädigter - Dritter berücksichtigt werden. Die Interessenbewertung, die in der cessio legis zum Ausdruck kommt, zeigt an, daß der Regreßberechtigte nicht endgültig haften soll, sondern lediglich einen „Zwischenkredit" geben soll. Die Belange des Staates auf finanzielle Unversehrtheit stehen dem gegenüber hintan. Man braucht auch nicht mühsam eine quotale Beschränkung des Anspruchs gegen den Zweitschädiger zu konstruieren, vielmehr haftet der Staat unmittelbar. Der „Zweckverfall" der SK hat zur Folge, daß der Staat selbst Zurechnungsobjekt der Haftung wird, so daß eine echte Gesamtschuld entsteht. Nur dieses Ergebnis zieht die gebotenen Folgerungen aus dem empirischen Befund. Die anderen vertretenen Lösungen erreichen im Ergebnis zwar „über Tricks und Schleichwege"[40] dasselbe Ziel, sie sind jedoch zwangsläufig nicht stringent.

---

[40] So der Untertitel von *Scheuerles* Aufsatz: Finale Subsumtion, Studien über Tricks und Schleichwege in der Rechtsanwendung, AcP 167, 305.

4. Kapitel

Begrenzungen staatlicher Haftung in anderen Rechtsordnungen im Vergleich mit dem Entwurf eines Staatshaftungsgesetzes für die Bundesrepublik

Im Verlauf der Erörterung der gegenwärtigen Rechtslage in der BRD wurde verschiedentlich auf das Recht der DDR, der Schweiz und auch Österreichs Bezug genommen. Neben dem Referentenentwurf 1967 mußte auch der Kommissionsentwurf zur Reform des Staatshaftungsrechts (Kommissionsentwurf 1973) berücksichtigt werden[1]. Zur Lösung der in Deutschland anstehenden Probleme hätte es aber wenig geholfen, die Rechtslage im Ausland vergleichend heranzuziehen, da die SK im staatlichen Haftungsrecht ein für Deutschland eigentümliches Instrument zur Haftungslenkung ist. Reizvoll ist es jedoch, den Kommissionsentwurf 1973, der nach seinen eigenen Angaben die SK „ersatzlos entfallen"[2] lassen will, mit dem Recht in unseren Nachbarländern zu vergleichen. Die SK ist ein Mittel, um die staatliche Haftung zu beschränken, mindestens wird sie von der Rspr. dazu verwendet. Diese Tendenz ist jedoch im Staatshaftungsrecht allenthalben zu beobachten. Das Stichwort Haftungsbegrenzung taucht im Zusammenhang mit der in § 2 Abs. II StHG 1973 geplanten Reduktionsklausel auf, die sich eng an die bereits im Referentenentwurf 1967 geplante generelle Reduktionsklausel anschließt. Haftungsbeschränkung ist aber auch das Ziel der SK im Staatshaftungsgesetz der DDR vom 12. 5. 1969[3]. § 3 Abs. 3 StHG DDR enthält eine wörtliche Übernahme des § 839 I 2. Im Rahmen dieser Arbeit ist zu überprüfen, inwieweit die bei uns geplante Reduktionsklausel des § 2 II StHG 1973 die Funktion der Subsidiaritätsklausel übernimmt. Weiterhin, ob dadurch nicht lediglich alte Schwierigkeiten durch neue ersetzt werden. Die Berechtigung einer allgemeinen zivilrechtlichen Reduktionsklausel, wie sie im Referentenentwurf 1967 enthalten war, ist viel diskutiert worden. Soweit dabei die Auswirkungen auf das Staatshaftungsrecht berücksichtigt wurden, lehnten diese

---

[1] Oben § 3/S. 25 f.; § 5 I/S. 38; § 9 II/S. 91 ff.
[2] S. 38 unter 2.1.2.3.
[3] Gesetz zur Regelung der Staatshaftung in der Deutschen Demokratischen Republik vom 12. Mai 1969 (GBl. I S. 34). Der Text findet sich in Müller-Römer unter Nr. 36 und teilweise im Anhang.

Autoren eine Anwendung ab, da „ein dem Interesse des Geschädigten zu voller Wiederherstellung seiner Güterwelt gleichwertiges Interesse des Staates an einer Haftungsminderung nicht gegeben (sei)"[4]. Angesichts des empirischen Befundes scheint ein Bedürfnis für eine Reduktionsklausel als Regelfall im Staatshaftungsrecht nicht vorhanden zu sein[5]. Diese These kann durch eine rechtsvergleichende Untersuchung gestützt werden. Die Haftungsbeschränkungen im Staatshaftungsrecht anderer Länder oder auch der Verzicht hierauf erweitern den Blick für die Prüfung der Notwendigkeit einer Maßnahme wie der Einfügung der Reduktionsklausel. Die Auswahl der dabei herangezogenen Länder DDR, England, Frankreich, Österreich und Schweiz richtete sich nach 2 Kriterien. Diese Auswahlgesichtspunkte sollen kurz erläutert werden. Ein erster Gesichtspunkt betraf das Alter der jeweiligen Staatshaftungsgesetze, da die jeweiligen Anschauungen über den Staat auf die Ausgestaltung staatlicher Haftung zurückwirken. Es bot sich dabei an, einmal die Rechtslage in Ländern zu untersuchen, die sich unmittelbar nach dem 2. Weltkrieg Amts- bzw. Staatshaftungsgesetze gegeben hatten, zum andern waren neue, moderne Gesetze heranzuziehen, die die unmittelbare Staatshaftung ohne die Zwischenschaltung des Beamten konstituiert hatten. So sind die Paarbildungen Österreich - England und Schweiz - DDR zu erklären. Österreichs Amtshaftungsgesetz datiert vom 18. 12. 1948, während der Crown Proceedings Act am 1. 1. 1948 in Kraft trat. Die Schweiz setzte das Verantwortlichkeitsgesetz vom 14. 3. 1958 am 1. 1. 1959 in Kraft, die DDR erst rund 10 Jahre später am 12. 5. 1969[6]. Als Beispiel eines ohne gesetzgeberische Neuregelung funktionierenden Staatshaftungsrechts wurde Frankreich hinzugenommen.

Zweites Auswahlkriterium war die Untersuchung der differierenden Rechtsordnungen im EG-Bereich. Nach Art. 215 II EWG-Vertrag richtet sich die Amtshaftung gegen die Gemeinschaft nach den jeweiligen Grundsätzen in den Mitgliedsländern. Harmonisierungsbestrebungen im Rahmen der EG werden ohne Berücksichtigung der französischen und englischen Vorstellungen nicht erfolgreich sein können. Die Rechtsordnung Frankreichs schließt dabei hier die Beneluxländer mit ein, da dort das Staatshaftungsrecht im engen Anschluß an die französische Rspr. ausgebildet wurde.

---

[4] *Lorenz-Meyer*, S. 128 f.; *Bydlinski*, JBl. 1968, 333.

[5] Oben § 9.

[6] Amtshaftungsgesetz vom 18. 12. 1849 (Österreich) abgekürzt AHG. Crown Proceedings Act (England) abgekürzt CPA. Gesetz über die Verantwortlichkeit des Bundes, sowie seiner Behördenmitglieder und Beamten, vom 14. 3. 1958, Bundesblatt der Schweiz 110. Jahrgang, 1958, S. 633, abgekürzt Verantwortlichkeitsgesetz (VG). Für die DDR vgl. FN 3.

§ 12 Der Kommissionsentwurf 1973 zur Reform des Staatshaftungsrechts 119

In einem ersten Abschnitt werden zunächst die wesentlichen — hier relevanten — Änderungen, die der Kommissionsentwurf 1973 gegenüber dem geltenden Recht enthält, dargestellt (§ 12). Ein kurzer, auf die Haftungsbeschränkung konzentrierter Länderbericht schließt daran an (§ 13).

Ein eigener Reformvorschlag, der sich auf die im Rahmen dieser Arbeit behandelten Probleme beschränkt, wird den Abschluß bilden (§ 14).

§ 12 Der Kommissionsentwurf 1973 zur Reform des Staatshaftungsrechts

I. Die Fragen der Haftungsbegründung und der Haftungsbegrenzung im Entwurf — die beiden ersten Grundsatzbeschlüsse

1. Die Staatshaftung als „Unrechtshaftung"

Die Kommission hat das Ergebnis ihrer Arbeit in 4 Grundsatzbeschlüssen zusammengefaßt. Im ersten Beschluß „von der Verschuldenshaftung zur Unrechtshaftung"[7] will die Kommission der gesteigerten Verantwortlichkeit des Staates Rechnung tragen. Das „Herrschafts- und Gewaltmonopol" des Staates setze „den Bürger größeren Gefahren aus" als im normalen „Verkehr mit seinen Rechtsgenossen"[8]. Der Entwurf ist sich bewußt, daß er damit sehr weitgehend lediglich den bereits durch die Rspr. geschaffenen Zustand positiviert. Das Verschuldenserfordernis hatte kaum noch eine haftungsbeschränkende Funktion, wie der Entwurf selbst nachgewiesen hat[9]. Damit beantwortet die Kommission auch die bereits oben gestellte Frage nach der Qualität staatlicher und privater Deliktshaftung[10]. Die geplante Unrechtshaftung soll weder im Sinne einer Gefährdungshaftung „soziales Entschädigungsrecht" darstellen[11] noch soll sie ein Abbild der zivilrechtlichen Deliktshaftung sein[12]. Das Versagen technischer Einrichtungen, das de lege lata unter dem Stichwort Gefährdungshaftung diskutiert wird[13], regelt der Entwurf in § 1 II StHG 1973 als Unrechtshaftung. Diese

---

[7] a.a.O. S. 50.
[8] a.a.O. S. 52.
[9] a.a.O. S. 50 unter 4.1.2; auf S. 51 wird gesagt (unter 4.1.3) die „Rückkehr zum Verschuldenserfordernis (würde) einen Rückschritt bedeuten". Vgl. Teil IX/S. 153 f. des Entwurfs, wo die praktische Irrelevanz des Verschuldens de lege lata nachgewiesen wird.
[10] Oben § 7 I/S. 51.
[11] a.a.O. S. 63 f.
[12] a.a.O. S. 52.
[13] *Ossenbühl*, JuS 1971, 575 und JuS 1973, 421.

Vorschrift dient nach Auffassung der Kommission lediglich der Klarstellung und kann somit nicht als Positivierung einer Gefährdungshaftung verstanden werden[14]. Die starke Betonung der „Staatsunrechthaftung" als Ausfluß des Rechtsstaats- und nicht des Sozialstaatsprinzips, sowie die explizite Ablehnung „einer allgemeinen Entschädigungspflicht des Staates für erhöhte Risiken" verdeutlichen, daß die Kommission sich von dem Modell der Gefährdungshaftung bewußt distanziert hat[15].

Problematischer als die Abgrenzung von der Gefährdungshaftung ist denn auch die Abgrenzung von der allgemeinen zivilrechtlichen Deliktshaftung. Diese wird zwar noch immer über das ihr zugrundeliegende Zurechnungsmodell als Verschuldenshaftung bezeichnet[16]. Doch überwiegt heute in der Wissenschaft die Meinung, daß es sich hierbei um eine Unrechtshaftung handelt[17]. Eine Abgrenzung mußte mithin wesentlich schwieriger ausfallen. Dem Entwurf, der sich im Ergebnis zu einem „Mehr an Haftung" gegenüber dem allgemeinen Deliktsrecht bekennt, ist es jedoch nicht gelungen darzutun, inwieweit die Einführung einer Unrechtshaftung auch tatsächlich einen Fortschritt bringt. Auf eine Auseinandersetzung mit der zivilrechtlichen Doktrin, die auch das private Deliktsrecht als Unrechtshaftung begreift, wartet man vergebens. Nach den empirischen Untersuchungen, die sich in Teil IV unter dem Titel „Die Bedeutung des Verschuldens in der Praxis der Gerichte und Behörden" finden, scheint es auch so zu sein, daß sich die Kommission bewußt war, daß die Konstituierung einer Unrechtshaftung allein nichts wesentliches ändern würde[18]. Es ist hier nicht der Ort, die hinreichend bekannten Argumente zur Verhaltensunrechtslehre und zu den Vorteilen einer Staatshaftung als Gefährdungshaftung zu rekapitulieren[19]. Wesentlich erscheint es aber, klar festzustellen, daß die Prämisse des Entwurfs „im Gegensatz zur Schadenshaftung des geltenden Zivilrechts (wurde) auf das Verschulden als Anspruchsvoraussetzung (verzichtet)" nicht die hierauf gegründeten Beschränkungen der Staatshaftung trägt[20]. Die grundsätzliche Position

---

[14] a.a.O. S. 77.
[15] a.a.O. S. 63 f. unter 5.
[16] Etwa *Esser* I, § 37/S. 239 ff.
[17] Vgl. die Nachweise bei *Esser* I, § 38 I Nr. 1 und 2/S. 244 f.; a. A. vor allem *Weitnauer*, KF 1961, 28 ff.; VersR 1963, 992 ff. und öfters, zuletzt VersR 1970, 585. Expressis verbis bezeichnet *Eike Schmidt*, Athenäum Zivilrecht I, § 4 I 3/ S. 494 die zivilrechtliche Deliktshaftung als Unrechtshaftung.
[18] Vgl. FN 9.
[19] Zum Streit Verhaltensunrecht — Erfolgsunrecht: *Larenz* I, § 20 IV/ S. 213 ff. und II, § 72 I c/S. 461 ff. Zur Staatshaftung als Gefährdungshaftung: *Leisner*, VVDStRL 20, 185; *Forsthoff*, VerwR I, § 19 I/S. 359 ff.
[20] a.a.O. S. 52 unter 4.1.5, die Einschränkungen unter 4.1.6 ff.

des Entwurfs ist insoweit unklar, da nicht gesagt wird, welche Funktion das Verschulden im zivilrechtlichen Deliktsaufbau haben soll. Der privatrechtliche Unrechtsbegriff gibt nicht lediglich an, daß ein nicht gerechtfertigter Verletzungserfolg vorliegt, vielmehr drückt das Rechtswidrigkeitsurteil positiv den Verstoß gegen die „objektiven Anforderungen an die ‚erforderlichen' Sorgfaltsmaßnahmen" aus. Der Fahrlässigkeitsbegriff der Vertreter der Erfolgsunrechtslehre wird ebenso durch ein Abstellen auf die generell erforderlichen Maßnahmen objektiviert und normativiert[21]. Werden diese Sorgfaltsmaßnahmen aber erst im Verschuldensbereich relevant, dann bleibt für die Rechtswidrigkeit lediglich zu prüfen, ob qua Rechtfertigungsgrund eine Eingriffsberechtigung vorlag. Im Normalfall auch der staatlichen Unrechtshaftung ist das durchaus die Ausnahme, so daß die Kommission damit eine bloß tatbestandlich begrenzte Verursachungshaftung geschaffen hätte, bei der der Unrechtsbewertung keine eigenständige Funktion zukäme. An der Stelle der Begründung, an der die Begriffe Verhaltens- und Erfolgsunrecht fallen, wird denn auch ausgeführt, daß „nur die pflichtbegründende Norm" selbst einen „in diesem Sinne pflichtwidrigen, d. h. rechtswidrigen (!) Verstoß angeben könne[22].

Der behauptete Unterschied zwischen Zivilrecht und der geplanten Staatshaftung als Rechtswidrigkeitshaftung wird mithin nicht klar. Die Grundposition des Entwurfs bleibt verschwommen.

2. Die geplanten Haftungsbegrenzungen

Die Kommission hat besonderes Gewicht auf die Beschränkung der angeblich die Haftung erweiternden „Unrechtshaftung" gelegt. Der zweite Grundsatzbeschluß regelt dabei die Beschränkung auf der haftungsausfüllenden Seite des Tatbestandes, während der haftungsbegründende Tatbestand selbst durch die Beibehaltung des Drittbezugs der verletzten Rechtsnorm eingeschränkt wird[23].

Der Versuch, „in der Bestimmung des Haftungsausmaßes auf richterliche Ermessensvollmachten (auszuweichen)", wurde von Esser bereits 1968 abgelehnt. Esser hat damals gemeint, „daß eine Preisgabe von rechtlich exakten Tatbeständen ... zugunsten einer leichteren Erfas-

---

[21] *Esser*, Gefährdungshaftung, Vorwort zur 2. Aufl. S. VI oben; *Esser* I, § 38 II und III/S. 245 ff. Dazu *Michaelis*, in: FS für Larenz, S. 927 f., während *Münzberg*, Verhalten und Erfolg als Grundlagen der Rechtswidrigkeit und Haftung, 1966, S. 16 die Problematik der Rechtswidrigkeit von Verwaltungsakten ausdrücklich ausspart.
[22] a.a.O. S. 75. Vgl. unten § 14.
[23] Der zweite Grundsatzbeschluß lautet: „Die individuelle Bemessung des Geldersatzes: Minderungs- oder Adäquanzklausel (§ 2 Abs. 2)", a.a.O. S. 54 unter 4.2.

sung des Unfallschadens gerade in den Augen der Betroffenen wie der ganzen Öffentlichkeit ein Rückschritt und eine Einbuße an Glaubwürdigkeit unseres Rechts wäre"[24]. An diesem Maßstab, den Esser auf die zivilrechtliche Verantwortung bezogen hat, muß der Entwurf eines Staatshaftungsgesetzes gemessen werden.

a) Die Begrenzung des haftungsbegründenden Tatbestandes

Ein Verstoß gegen eine Rechtspflicht soll nach dem neuen Staatshaftungsgesetz nur dann bejaht werden, wenn die öffentliche Gewalt jemand in *seinen* Rechten verletzt. Die Kommission hat das Wörtchen „seinen" durch eine Legaldefinition erläutert. Dadurch wird ausdrücklich klargestellt, daß insoweit gegenüber dem geltenden Recht keine Änderung beabsichtigt war und die Rspr. zu diesem Merkmal in § 839 I übernommen werden kann[25]. Dieser Versuch der Beschränkung des Haftungsgrundes ist problematisch, da die damit in bezug genommene Rspr. zu § 839 I in sich inkonsistent war. Oben war gezeigt worden, daß gerade das Merkmal „einem Dritten gegenüber obliegende Amtspflicht" als Instrument der Haftungsbeschränkung völlig ausgeschaltet wurde. Selbst die Kompetenzvorschriften wurden als drittgerichtete Pflichten verstanden[26]. Deshalb ist kaum zu erwarten, daß diese Einschränkung fruchtbar werden wird. Es ist auch nicht recht einsichtig, weshalb der Entwurf hier nicht auf die Rspr. vertraut, die über den „Schutzzweck der Norm" sicherlich zu eindeutigeren Ergebnissen kommen könnte. Die Begründung faßt die Einschränkung jedoch bewußt „subjektiv-rechtlich", obwohl die schweizerische Regelung, die in § 3 VG keinerlei Beschränkung enthält, durch die Rspr. im Sinne der Lehre vom Schutzzweck der Norm sachgemäß „objektiv-rechtlich" beschränkt wurde[27]. Dieses Mißtrauen in die richterliche Arbeit, dieses „overruling" steht in seltsamem Gegensatz zu der Totaldelegation an den Richter, die sich bei der Beschränkung des Haftungsumfangs in § 2 Abs. 2 StHG 73 findet.

---

[24] *Esser*, Gefährdungshaftung, Vorwort zur 2. Aufl. S. IX.
[25] Der haftungsbegründende Tatbestand lautet (§ 1 Abs. 1): „Verletzt die öffentliche Gewalt jemand in seinen Rechten, so haftet ihr Träger dem Verletzten nach diesem Gesetz (In seinen Rechten wird jemand verletzt, wenn die öffentliche Gewalt gegen eine ihm gegenüber obliegende Amtspflicht verstößt). Vgl. dazu die Begründung, a.a.O. S. 52 unter 4.1.6.1 und S. 74 ff.
[26] Oben § 10 II/S. 97.
[27] S. 74 unter b.

b) Die Begrenzung des haftungsausfüllenden Tatbestandes durch die geplante Reduktionsklausel in § 2 Abs. 2 StHG 1973

Die im zweiten Grundsatzbeschluß Minderungs- oder Adäquanzklausel genannte Beschränkung wird später als Reduktionsklausel bezeichnet, während an anderer Stelle ausgeführt wird, statt Minderungsklausel sollte sie besser Adäquanzklausel heißen[28]. Dieses terminologische Durcheinander deutet auf eine beträchtliche Unsicherheit in bezug auf die Funktion und die Notwendigkeit dieser Klausel hin. Ich bezeichne sie als Reduktionsklausel. Den terminus Adäquanzklausel halte ich für verfehlt, da eine solche Berücksichtigung der Adäquanz schlicht überflüssig ist. Auf der haftungsausfüllenden Seite ist nach heute allgemeiner Ansicht die Adäquanz ohnehin das Filter der Haftungsbeschränkung[29]. Diese Adäquanz brauchte folglich nicht durch eine Klausel ausgedrückt zu werden. Der Entwurf meint auch etwas anderes, er will dadurch „dem Grundsatz der Verhältnismäßigkeit bei der Schadensersatzbemessung Raum" geben. „Delikt und Entschädigung soll sich nicht nur am Erfolgsunrecht, sondern auch am Handlungsunrecht orientieren[30]." Hier herrscht offenbar eine heillose Begriffsverwirrung, die dadurch noch größer wird, daß in der Einzelbegründung darauf überhaupt nicht mehr eingegangen wird. Die Bezeichnung einer haftungsbeschränkenden Klausel auf der haftungsausfüllenden Seite als „Adäquanzklausel" kann nur als Mißgriff bezeichnet werden. Wenn dann noch ausgeführt wird, diese Klausel diene dazu, die Höhe der Entschädigung (sic!)[31] nicht nur am Erfolgsunrecht, sondern auch am Handlungsunrecht auszurichten, versagt das Verständnis auch des wohlwollenden Lesers[32].

Die Einfügung der Reduktionsklausel wird mit der Preisgabe des Verschuldens und der Subsidiarität gerechtfertigt, was zu einer „beträchtlichen Ausweitung" gegenüber der Amtshaftung führe[33]. Die

---

[28] S. 55 unter 4.2.3.2. und unter 4.2.2.
[29] *Larenz* I, § 27 III a/S. 314, *Weitnauer*, in: FS für Oftinger, S. 326. *Eike Schmidt*, Athenäum Zivilrecht I S. 490.
[30] So auf S. 55.
[31] Im Gegensatz zu den eigenen Ausführungen auf S. 54, 71 und dem Wortlaut von § 2 Abs. 1 StHG 73 spricht die Begründung auf S. 55 von Entschädigung anstatt von Schadenersatz. Dieser Fehler in der Terminologie ist nicht nur auf diese beschränkt.
[32] Eine Darstellung dessen, was im Zivilrecht mit diesem Begriffspaar gemeint ist bei *Eike Schmidt*, Athenäum Zivilrecht I, Grundlagen des Haftungs- und Schadensrechts, § 4 II 1 und 2/S. 495 ff. Unbestritten ist jedenfalls, daß damit das Problem der Haftungsbegründung, nicht aber der Bemessung des Schadenersatzes thematisiert ist.
[33] S. 55 unter 4.2.3.2.

Abkehr vom „Alles-oder-Nichts-Prinzip" sei „von der Sache her geboten"[34]. Die Begründung unter Punkt 2.2 der Einzelbegründung zu § 2 StHG 73 vermag aber diese „Gebotenheit von der Sache her" nicht darzutun. Zunächst wendet sich die Einzelbegründung gegen die eigene Formulierung der Kommission in der Allgemeinen Begründung[35]. Es wird behauptet, es gehe nicht um die Wiederherstellung des alten Gleichgewichts, das durch den Wegfall der Subsidiarität und des Verschuldenserfordernisses gestört worden sei. Eine solche Sicht der Dinge sei unzutreffend und habe allenfalls einen richtigen Kern. Aus der „spezifischen, intensiveren und deshalb für Unrecht anfälligeren Gesetzesgebundenheit der Träger öffentlicher Gewalt" und dem „ganz außerordentlich gesteigerten Schadenspotential" wird gefolgert, daß die Haftung reduziert werden müsse, wenn man nicht „unvertretbare Auswirkungen in anderen Ebenen" erkaufen wolle[36]. In welchen anderen Ebenen wird allerdings nicht gesagt, denn die Begründung verdeutlicht die Gefahr für den Staat lediglich an einem Beispiel. Anhand dieses Beispiels folgt dann eine Wiederholung der Begründung, die sich schon in den Materialien zum BGB bei der Einfügung der SK findet. Da dem Träger öffentlicher Gewalt seine Aktivität eine Rücksichtnahme[37] auf die Haftungskonsequenz nicht gestatte, müsse seine Haftung beschränkt werden. Der Entwurf führt dann wörtlich aus: „Wäre eine solche Entscheidung mit einer Unrechtshaftung belastet, deren Rechtsfolge in einem Schadenersatz von unbeschränktem Umfang besteht, müßte damit gerechnet werden, daß diese Rechtsfolge die Entscheidung ausschlaggebend beeinflussen könnte[38]." Durch die SK in § 839 I 2 sollte verhindert werden, daß die Entscheidungsfreudigkeit des Beamten aus Furcht vor Haftung gelähmt wird. Exakt denselben Zweck verfolgt die Reduktionsklausel des Entwurfs. Da sie eine regelmäßige Reduktion auch bei leichter Fahrlässigkeit vorsieht, bringt sie, bezogen auf den konkreten Fall, sogar eine Verschlechterung gegenüber der bestehenden Rechtslage[39].

Wenn die Begründung zu § 2 StHG 73 unter 2.3. versucht, die Reduktionsklausel unter Berufung auf die im Bürgerlichen Recht geführte Diskussion um eine Reduktionsklausel zu legitimieren, schlägt dieser Versuch fehl. Die Bezugnahme auf die Begründung des Referentenentwurfs 1967 ist verfehlt, wie die Begründung sogleich selbst ausführt.

---

[34] S. 81 unten.
[35] S. 82 im Verhältnis zu S. 55.
[36] S. 82.
[37] S. 82.
[38] Das ist kein scheinbarer, wie die Kommission meint (S. 55), sondern ein echter Rückschritt.
[39] S. 83.

§ 12 Der Kommissionsentwurf 1973 zur Reform des Staatshaftungsrechts

„Das Gesetz (geht) in der Reichweite seiner Regelung beträchtlich über den Vorschlag des erwähnten Referentenentwurfes hinaus[40]." Berücksichtigt man nun, daß die Regelung des Referentenentwurfes nur als Ausnahmeregelung konzipiert ist, während der Kommissionsentwurf 1973 die Reduktion als Regelfall will; berücksichtigt man weiter, daß die wesentlichen Argumente, die im Zivilrecht für eine Reduktion sprechen, nicht auf das öffentliche Recht übertragen werden können, und berücksichtigt man schließlich, daß auch im Zivilrecht die eingeschränkte Reduktionsklausel noch heftig umstritten ist, mindestens was ihre Formulierung angeht[41], dann erhellt, wie weit § 2 Abs. 2 StHG 73 geht. Der Satz in der Begründung unter 2.4.: „Die Ersatzpflicht mindert sich ..., wenn und soweit das angemessen ist", ist ein Offenbarungseid für einen Gesetzesvorschlag. Die genannten vier Gesichtspunkte sollen dabei „der Frage nach der Angemessenheit eine Richtung (geben)" und verhindern, „daß irgendwelche allgemeinen und unqualifizierten Billigkeitserwägungen auf die Entscheidung Einfluß nehmen"[42].

Die im Gesetz genannten 4 Gründe sind die Geringfügigkeit der Rechtsverletzung oder eines etwaigen Verschuldens, die mangelnde Vorhersehbarkeit des Schadens und die unverhältnismäßige Höhe des Schadens.

Die Geringfügigkeit eines etwaigen Verschuldens, sprich leichte Fahrlässigkeit, *berechtigt* zur Reduktion, selbst wenn der Schaden vorhersehbar und groß, sowie die Rechtsverletzung beträchtlich war. Diese Regelung bedeutet eine Verschlechterung gegenüber dem geltenden Recht und sollte beseitigt werden. Kommt bei einer reinen Rechtswidrigkeitshaftung Verschulden hinzu, dann muß die Reduktion ausgeschlossen sein.

Für die grobe Fahrlässigkeit bringt § 2 Abs. 2 Satz 2 StHG 73 eine erfreuliche Verbesserung gegenüber § 839 I 2. Damit wird der „gröbste" Mangel der SK beseitigt, deren Anwendung auch auf grobe Fahrlässigkeit zu ungerechten Ergebnissen führte. Daß der Geschädigte bei leichter Fahrlässigkeit schlechter gestellt wurde, ist trotzdem nicht zu billigen. Die Qualität staatlicher Haftung verlangt bei gegebenem Verschulden nicht ein Weniger an Haftung, sondern ein Mehr.

Die Geringfügigkeit der Rechtsverletzung durch den Staat soll den Schädiger Staat berechtigen, die Haftung zu reduzieren. Dabei ist zunächst die Frage zu stellen, ob überaupt eine relevante Fallgruppe

---
[40] S. 84 unter 2.4.
[41] Ablehnend: *Erdsiek*, KF 1960, 8; *Esser* I, § 40 II 4/S. 269; *Lorenz-Meyer*, S. 67 - 80; *Eike Schmidt*, Athenäum-Zivilrecht I § 10 III/S. 593 f. Zustimmend: *Weitnauer*, KF 1961, 32 ff., besonders beachtlich in diesem Zusammenhang S. 34 ff.; *Deutsch*, JuS 1967, 152 (156); *Nipperdey*, NJW 1967, 1985.
[42] S. 84.

existiert, bei der eine geringfügige Rechtsverletzung bejaht werden kann. Normalerweise wird der Verwaltung bei der Entscheidung von Lebenssachverhalten ein Ermessensspielraum eingeräumt, der den Entscheidungsdruck, den die Kommission bei einer gebundenen Entscheidung anschaulich zu schildern bestrebt ist[43], soweit auffängt, daß eine Rechtsverletzung praktisch nicht nachweisbar ist. Die Argumentation anhand eines bloßen Beispiels überzeugt nicht[44], da sich leicht Gegenbeispiele bilden lassen. Bedenkt man, daß etwa beim Schußwaffengebrauch der Staat wesentlich andere Eingriffsgefahren setzen darf, als ein Privater, dann ergibt sich schon aus dem Rechtsstaatsprinzip, daß der Staat für seine Rechtsverletzungen auch voll einzustehen hat[45]. Nicht beantwortet hat die Kommission auch die sich aufdrängende Frage, nach welchen Kriterien die Geringfügigkeit einer Rechtsverletzung quantifiziert werden soll.

Bei der unverhältnismäßigen Schadenshöhe, dem einzigen Merkmal, das schon in § 255 a RefE 1967 enthalten war, wird das gleiche Problem aufgeworfen. Für das Staatshaftungsrecht ist ein solches Merkmal zu unspezifisch. Warum sollte denn der Staat sich nicht versichern müssen? Ob er dies im Wege der Rücklagenbildung, also der Eigenversicherung, wie bei vielen kommunalen Trägern der StVSP durchführte oder über die „großen Versicherer", ändert daran nichts. Vergleicht man das Haftungsrecht mit dem Enteignungsrecht, dann erhellt, daß eine solche Reduktionsmöglichkeit doch wohl ernsthaft nur bei Sachschäden in Frage kommen könnte. Ich halte den Ausschluß des vollen Schadenersatzes bei unverhältnismäßig hohen Personenschäden für indiskutabel. Will man aber — infolge des „ganz außerordentlich gesteigerten Schadenspotentials" des Staates — unverhältnismäßig hohe Sachschäden ausschließen, dann gibt es hierfür lediglich zwei praktikable Möglichkeiten. Einmal die Versicherung dieses Risikos und zum andern bei unversicherbaren Risiken die Einführung einer Haftungshöchstsumme. Der Vergleich mit der Enteignung beleuchtet noch einen weiteren Aspekt. Art. 14 Abs. 3 GG spricht von Entschädigung, die Rspr. hat hieraus in sehr weitem Umfang Schadenersatz gemacht, wobei heute Umschwungtendenzen erkennbar sind[46]. Das geplante Staatshaftungsgesetz gewährt Schadenersatz, und es ist mehr als ein lapsus linguae, wenn in der Begründung an verschiedenen Stellen von Entschädigung

---

[43] S. 82 f.

[44] Die Begründung bringt keinerlei abstrakte Begründung, sondern lediglich ein Beispiel. Die Ausführungen verdeutlichen keine vorher exakt getroffene Aussage, sondern lediglich eine anonym bleibende „Gefahr".

[45] Auf das Rechtsstaatsprinzip beruft sich die Kommission selbst, gerade um eine öffentlich-rechtliche Gefährungshaftung im Sinne „eines sozialen Entschädigungsrechtes" zu vermeiden, S. 63.

[46] Vgl. oben § 10 II FN 23/S. 97.

die Rede ist[47]. Damit befürwortet der Entwurf indirekt eine Umkehr der Prioritäten. Die deliktische Haftung hat Schadenersatz zur Folge und die Enteignung Entschädigung, nicht umgekehrt. Gerade dem Staat, der jahrelang nach Art. 14 III GG Schadenersatz gezahlt hat, stünde es schlecht an, nun sogar die Haftung für Personenschäden, die besonders hoch sind, zu begrenzen.

Auch das Merkmal der mangelnden Vorhersehbarkeit eines Schadens ist überflüssig. Dieses Merkmal allein könnte den Terminus Adäquanzklausel rechtfertigen. Doch erhebt sich sofort die Frage, inwieweit dieses Merkmal über die ohnehin zu prüfende Adäquanz des Schadenseintritts hinausführt. Sicherlich ist hier nicht der Ort, um einer Neubelebung des Adäquanzgedankens das Wort zu reden, doch gibt es für eine deliktische Haftung des Staates keine „forseeability", die ein taugliches Mittel zur Haftungsbeschränkung sein könnte. Im englischen Kaufrecht, auch im Haager einheitlichen Kaufgesetz, wo diese Einschränkung auftaucht, mag sie zwischen Privaten am Platze sein[48]. Im Vertragsrecht handelt es sich dabei um die Berücksichtigung der vor Vertragsabschluß noch nicht absehbaren Risiken. Die staatliche Verwaltung muß ihren Mitteleinsatz jedoch so planen, daß sie durch entsprechende Recherchen die Gefahrenpunkte auslotet und dadurch Unvorhergesehenes tunlichst vermeidet. Es handelt sich hier — wie Steindorff für die Produktenhaftung anschaulich nachgewiesen hat[49] — lediglich um die Frage, wieviel hätte aufgewendet werden müssen, um das Unvorhergesehene zu vermeiden. Wenn unter mangelnder Vorhersehbarkeit aber tatsächlich unerkennbare Risiken gemeint sein sollten, dann empfiehlt es sich, von Unglück und nicht von Unrecht zu sprechen[50].

Mit den genannten 4 Gründen läßt es der Entwurf nicht genügen, er setzt hinzu, eine Reduktion solle auch dann eintreten, wenn dies „aus ähnlichen Gründen angemessen (sei)". Durch diese Formulierung sollen „allgemeine und unqualifizierte Billigkeitserwägungen"[51] ausgeschlossen werden. Daran wird man begründete Zweifel haben dürfen. Was § 2 Abs. 2 StHG 73 aber mit Sicherheit erreichen wird, ist eine noch

---

[47] Die Grundaussage: Totalreparation, Schadenersatz findet sich etwa auf S. 47 unter 3.2.2; 3.3; 3.3.1; eine Diskussion über das Problem Schadenersatz oder Entschädigung auf S. 54 f. unter 4.2; S. 78, 80, 81. Die fehlerhafte Bezeichnung Entschädigung taucht auf bei der Begründung der Reduktionsklausel S. 55, 56.
[48] Vgl. dazu *König*, in: „Das Haager Einheitliche Kaufgesetz und das Deutsche Schuldrecht" S. 75 ff., 87, S. 121 ff.
[49] AcP 170, 93 ff.; besonders S. 97 ff. (101), 114 ff. Zur Planung besonders S. 120 ff.
[50] *Esser*, Gefährdungshaftung S. 1 ff. (5, 26).
[51] a.a.O. S. 84.

weiter zurückgehende Bereitschaft der öffentlichen Hand zu einer außerprozessualen Regelung. In einem Brief an den Verfasser hat Fritz Hauß zum Ausdruck gebracht, daß seiner Erfahrung nach dann, wenn der Fiskus Partei ist „nicht leicht formale Rechtspositionen auf(ge)geben (werden)" und es der Fiskus meist lieber sieht, „daß das Gericht die Verantwortung für die Entscheidung übernimmt". Diese Beurteilung, die noch auf die geltende Rechtslage bezogen ist, würde durch die geplante Reduktionsklausel verschärft. Über dem „ob" und „wieviel" der Reduktion wird immer Streit entstehen. Die Witwe des 1956 durch eine fehlgelaufene Polizeikugel ruinierten Kölner Ingenieurs Verweegen, die den Kampf um ihr Recht nach 17 Jahren aufgegeben hatte, weil sie die Prozeßkosten nicht mehr aufbringen konnte[52], würde auch durch den Kommissionsentwurf nicht wesentlich besser gestellt. Eine verirrte Polizeikugel legt es nahe, die Merkmale mangelnde Vorhersehbarkeit des Schadens, unverhältnismäßige Schadenshöhe und auch eine geringfügige Rechtsverletzung zu bejahen. Ein Verschulden wird man sogar ganz verneinen können. Gerade für solche Fälle sollte aber doch Remedur geschaffen werden durch die Streichung des Verschuldenserfordernisses. Die geplante Reduktionsklausel macht in problematischen Fällen, um die es allein geht, eine gütliche Einigung unmöglich. Das Revisionsgericht wird nach langwierigen Prozessen schließlich Einzelfälle entscheiden: die Rechtslage der betroffenen Bürger insgesamt wird dadurch aber nicht gebessert.

c) Weitere Haftungsbeschränkungen

In den §§ 2 Abs. 3, 5 und 7 StHG 1973 übernimmt der Entwurf im wesentlichen die Einschränkungen der §§ 254, 839 Abs. 3 und 2 des BGB.

§ 2 Abs. 3 StHG 1973 übernimmt die Vorschrift des § 254 BGB mit lediglich terminologischen Änderungen. Der in § 254 untechnisch gemeinte Verschuldensbegriff wird dabei durch die Verursachung ersetzt. § 2 Abs. 3 StHG 1973 „entspricht § 254 BGB"[53]. Ein Unterfall des „Mitverschuldens" bzw. der „Mitverursachung" im Sinne des § 2 Abs. 3 StHG 1973 wird im Anschluß an die Tradition des § 839 III in § 5 Abs. 1 StHG 1973 kodifiziert. Die Regelung sieht für das „Versäumen von Rechtsbehelfen" vor, daß der Anspruch auf Geldersatz nach § 2 StHG 1973 entfällt. Insoweit geht § 5 I über § 2 III hinaus, da der Anspruch auf Geldersatz *völlig* entfällt. Es findet keine Abwägung der gegenseitigen „Verursachungsanteile" statt. Der Herstellungsanspruch nach § 3 bleibt

---

[52] Süddeutsche Zeitung vom 11.10.1973, S. 4 „Der Staat soll sich nicht mehr drücken."

[53] a.a.O. S. 85 unter 3.

§ 12 Der Kommissionsentwurf 1973 zur Reform des Staatshaftungsrechts

unberührt[54]. Der Folgenbeseitigungsanspruch des geltenden Rechts wird durch diese Regelung unverändert in das StHG integriert. Er wird mit den durch die Rechtsprechung des BVerwG entwickelten Einschränkungen[55] in den §§ 3, 4 StHG 1973 positiviert. Dies ist eine der dogmatisch wichtigsten Leistungen des Entwurfs, die auch in ihrer hier nicht näher zu behandelnden Durchführung als gelungen zu bezeichnen ist.

In § 7 wird das Richterprivileg des § 839 Abs. 2 BGB übernommen. Die Kommission hat hier jedoch eine sachlich gebotene Korrektur vorgenommen, indem sie eindeutig klärte, daß es sich bei § 7 StHG 1973 nicht um ein „Standesprivileg", sondern um ein „Rechtskraftprivileg"[56] handelt. Die Begründung stellt dies auch eindeutig klar[57], so daß gegenüber § 839 Abs. 2 eine Klärung eingetreten ist.

Der Kommissionsentwurf 1973 hat an mehreren Stellen ausgesprochen, daß er die SK des § 839 in ihrer Wirkung beseitigen wolle und hat dies formal auch getan, da sich keine direkt entsprechende Vorschrift finden läßt. Der Entwurf verwendet jedoch in 2 Fällen das technische Mittel der Subsidiarität, um Haftungsprioritäten festzulegen. Dies geschieht einmal in § 22 Abs. 1 StHG 1973 bei der Regelung der Tumultschäden und in § 28 Abs. 1 bei der Ausgestaltung des Rückgriffes des Staates gegen den Beamten in den neuen §§ 46 BRRG, 78 BBG. Hierbei glaubt der Entwurf aus dem „Fortfall der bisher auch dem Beamten zugute kommenden SK des § 839 Abs. 1 Satz 2" folgern zu müssen, daß zum Schutz des Beamten dieses Privileg aufrechterhalten werden müsse. „Damit wird die SK des geltenden Amtshaftungsrechts in das Regreßrecht übernommen." Der Entwurf will damit nicht allein „den Besitzstand der Beamten wahren", sondern der Fürsorgepflicht des Dienstherrn gegenüber seinen Beamten Ausdruck verleihen[58].

Es ist bereits bei der Erörterung der SK des geltenden Rechts aufgezeigt worden, daß ein solcher Schutz des Beamten bei grober Fahrlässigkeit nicht sachgemäß ist[59]. Die Vorsorge des Dienstherrn für seinen Beamten kann wohl nicht ernstlich von einer Versicherung des Dienstherrn oder einer anderen anderweiten Ersatzmöglichkeit abhängig gemacht werden.

---

[54] a.a.O. S. 96 unter 3.
[55] Vgl. das Merkmal „zumutbar" in den §§ 3 Abs. 2 und 4 Abs. 1 StHG 1973 sowie die Übernahme der „Mitverursachung" in § 3 Abs. 3. Im geltenden Recht BVerwG DÖV 1971, 857 m. Anm. *Bachof*.
[56] *Merten*, in: FS für Wilhelm Wengler S. 519 (540).
[57] a.a.O. S. 101.
[58] a.a.O. S. 141.
[59] Oben § 7 I.

II. Die erweiterte Haftung nach Privatrecht und die Rechtswegvereinheitlichung — der 3. und 4. Grundsatzbeschluß

Der 3. und 4. Grundsatzbeschluß „Haftung nur für hoheitliches Unrecht" und „Vereinheitlichung der gerichtlichen Zuständigkeiten, insbesondere des Rechtsweges"[60] verdienen Zustimmung. Im Rahmen dieser Arbeit braucht nur auf die in § 17 Nr. 1 und 2 StHG 1973 neu dem Privatrecht zugeschlagenen Bereiche eingegangen zu werden. Zu begrüßen ist dabei, daß endlich die Teilnahme der öffentlichen Hand am allgemeinen Verkehr privatrechtlich behandelt werden soll. Auf Bedenken stößt dagegen die privatrechtliche Ausgestaltung der VSP der öffentlichen Gewalt. Nachdem der eigentliche Anlaß für die Aufrechterhaltung der vom RG geschaffenen privatrechtlichen StVSP, nämlich die SK in § 839 I entfallen soll, ist es verwunderlich, daß die Kommission die privatrechtliche Konstruktion beibehalten will[61]. Wenn die Begründung ausführt, hier handele die „öffentliche Hand ohne Befehl und Zwang", mithin oblägen „ihr die gleichen Pflichten wie dem Bürger"[62], so ist dies nicht richtig. Aus der Sicht des Verletzten macht es sehr wohl einen Unterschied, ob ein Träger öffentlicher Gewalt oder ein Privater gegen eine Verkehrssicherungspflicht verstößt[63]. Ob sich jemand in den Verantwortungsbereich eines privaten Dritten begibt, ist weitgehend seine Sache. Tut er dies zur Anbahnung vertraglicher Kontakte, wird er weitergehender geschützt, als durch die zivilrechtliche Deliktshaftung. Ob sich aber jemand auf öffentlichen Straßen, Grundstücken und in öffentlichen Bauwerken bewegt, untersteht praktisch nicht seiner Dispositionsbefugnis. Er ist gezwungen, die öffentlichen Straßen und Einrichtungen zu benützen. Das dadurch hervorgerufene engere Verhältnis rückt aus dem Bereich des Deliktsrechts, das zufällige Begegnungen rechtlich ordnet, heraus und kommt in die Nähe vertragsähnlicher Haftung. Das gesteigerte Schadenspotential des Staates rechtfertigt in Verbindung mit diesen Tatsachen daher eine strengere Haftung.

§ 13 Begrenzungen staatlicher Haftung in den Rechtsordnungen der DDR, der Schweiz, Österreichs und Englands sowie in Frankreich (Länderberichte)

I. Die Einschränkungen der Staatshaftung in der DDR

In Erfüllung von Art. 106 Abs. 2 der DDR-Verfassung vom 6. April 1968[1] erging am 12. Mai 1969 das Staatshaftungsgesetz der DDR (StHG

---

[60] a.a.O. S. 56 und S. 57.
[61] Vgl. oben § 8 III.
[62] a.a.O. S. 57.
[63] a. A. der Entwurf a.a.O. S. 118.

DDR)[2]. Die Kommission hat dieses Gesetz bei ihren Beratungen ebenfalls berücksichtigt. Bei der Begründung der im Entwurf vorgeschlagenen Haftungsbeschränkungen zog die Kommission die Rechtslage in der DDR aber nicht heran.

Materiell ähneln sich der Entwurf und das StHG DDR stark. In § 1 StHG DDR findet sich in Abs. 1 der haftungsbegründende Tatbestand, in Abs. 2 der Haftungsausschluß des Organs. Einzelne Haftungsbegrenzungen finden sich in §§ 1 Abs. 4, 2, 3 I und III StHG DDR. Wichtig erscheint § 3 Abs. 2 StHG DDR, der für den Umfang des Schadenersatzes auf die allgemeinen zivilrechtlichen Vorschriften verweist. Das StHG DDR kommt also ohne eine Reduktionsklausel aus. Statt dessen findet sich in § 3 Abs. 3 StHG DDR unverändert die SK des § 839 I 2 BGB. Die Kommission ging bei der Begründung der Streichung der SK und der Einfügung der Reduktionsklausel auf diese Tatsache nicht ein.

1. Die Streichung des „Spruchrichterprivilegs" in § 1 Abs. 4 StHG DDR

Sowohl im geltenden Recht (§ 839 Abs. 2 BGB) als auch im Entwurf (§ 7 StHG 1973) ist die Haftungsbeschränkung zugunsten der Spruchrichter unbestritten. Der Richter kann danach nur bei Rechtsbeugung in Anspruch genommen werden, was in der Praxis regelmäßig an Beweisfragen scheitert. Die DDR hat in § 1 IV StHG DDR hieraus auch formal die Konsequenzen gezogen und die Ersatzpflicht für Schäden aufgrund gerichtlicher Entscheidungen aus dem Staatshaftungsrecht herausgenommen. Damit ist theoretisch eine wesentliche Beschränkung der Rechte des Bürgers verbunden, da die anderen „dafür bestehenden Gesetze oder ... Rechtsvorschriften" entweder lediglich Entschädigung und nicht Schadenersatz umfassen oder aber lediglich Rechtsmittel einräumen.

Diese Streichung des „Richterprivilegs" erscheint aber als unnötiger Bruch mit der Tradition des Staatshaftungsrechts. Die Anfänge aller staatlichen Haftung liegen in der Syndikatshaftung, die im frühen Mittelalter einen bedeutenden Einfluß auf das richterliche Verhalten

---

[1] GBl. I S. 199. Art. 106 lautet:
„(1) Für Schäden, die einem Bürger oder seinem persönlichen Eigentum durch ungesetzliche Maßnahmen von Mitarbeitern der Staatsorgane zugefügt werden, haftet das Staatliche Organ, dessen Mitarbeiter den Schaden verursacht hat.
(2) Voraussetzungen und Verfahren der Staatshaftung werden durch Gesetz geregelt."
Zum StHG DDR vgl. Kap. 4 FN 3.

[2] Dazu *Westen*, Das Staatshaftungsgesetz der DDR, 1971.

ausübte³. Nähme man nun — wie es im StHG DDR geschehen ist — für ein rechtsbeugendes Urteil diese Sanktion weg, dann dürfte das auf die Öffentlichkeit einen ungünstigen Eindruck machen. Es ist daher zu begrüßen, daß der Entwurf 1973 in § 7 die Haftung für Rechtsbeugung beibehält.

2. Die Regelung der Schadensabwendungspflicht in § 2 StHG DDR

Die heute schon in der BRD nach §§ 839 III, 254 BGB gegebene Möglichkeit, den Schadenersatz zu begrenzen, hat der westdeutsche Entwurf durch die §§ 2 III, 3 III, 5 StHG 1973 ausgebaut. Im StHG DDR werden alle diese Pflichten in § 2 zusammengefaßt. Der Geschädigte hat danach „alle ihm möglichen und zumutbaren Maßnahmen zu ergreifen, um einen Schaden zu verhindern oder zu mindern". Nur wenn er diese Pflicht schuldhaft verletzt, kann die staatliche Haftung „entsprechend eingeschränkt oder ausgeschlossen" werden. Es findet also grundsätzlich eine anteilige Haftung statt. Der Entwurf 1973 ist darüber in § 5 I für das Versäumen von Rechtsmitteln hinausgegangen, da dort ein Wegfall des Ersatzanspruchs angeordnet wird.

3. Die Subsidiaritätsklausel in § 3 Abs. 3 StHG DDR

Der Entwurf 1973 ist auch mit der Einfügung einer Reduktionsklausel über die Regelung in der DDR hinausgegangen. Eine funktionell angelegte Rechtsvergleichung darf sich durch das Fehlen einer Reduktionsklausel im StHG DDR den Blick nicht verstellen lassen. Funktionell muß die Reduktionsklausel in § 2 III Entwurf 1973 mit der SK in § 3 III StHG DDR verglichen werden. Beide Regelungen sollen die Haftungslast des Staates verringern, die staatlichen Finanzen schützen.

Die Regelung in § 3 III StHG DDR zeigt, daß die SK nicht an den Beamtenschutz gebunden ist. Die SK kann als Instrument der Haftungslenkung seine Funktion auch in einem modernen Staatshaftungsgesetz erfüllen. In § 3 III StHG DDR ist die SK von den Beschränkungen des § 839 I 2 BGB befreit. Selbst bei vorsätzlichem Handeln des „Organs" wird der Anspruch gegen den Staat ausgeschlossen, soweit nur anderweit Ersatz verlangt werden kann⁴. Damit wird gewährleistet, daß der

---

[3] Oben § 1 bei FN 5.
[4] Teilweise anderer Ansicht *Westen*, S. 24 f., der aus dem Wörtchen „insoweit" folgern will, durch die SK werde lediglich „eine Doppelliquidierung von Schäden verhindert". Seine weiteren Ausführungen widerlegen seine eigene These, denn er vergleicht diese Klausel mit § 839 I 2 BGB. Sein Satz gegen Ende der Ausführungen „... in diesen Fällen (werde) eine Staats-

Staat nur als letzter, praktisch wie ein „Ausfallbürge" haftet. Der Beamtenschutz spielt dabei keine Rolle mehr, denn bei Vorsatz ist der Beamte nicht schützenswert. Der „Mitarbeiter oder Beauftragte staatlicher Organe oder staatlicher Einrichtungen" haftet nach den Vorschriften über die arbeitsrechtliche materielle Verantwortlichkeit (§§ 9 Abs. 1 StHG DDR, 112 ff. GBA)[5]. Der „Beamte" haftet im Innenverhältnis nach § 112 Abs. 2 GBA bei jedem schuldhaften Verstoß gegen seine Arbeitspflicht, also auch bei leichter Fahrlässigkeit, § 112 GBA. § 113 Abs. 1 GBA sieht jedoch zum Schutze des Schädigers vor, daß er bei Fahrlässigkeit nur bis zur Höhe seines monatlichen Tariflohns haftet. Über diese eindeutige Haftungsbegrenzung hinaus braucht niemand geschützt zu werden, zumal § 115 Abs. 4 GBA zusätzlich noch die Möglichkeit vorsieht, auf die Geltendmachung des Ersatzanspruchs zu verzichten[6].

Die Gesichtspunkte, die in der DDR für die Einfügung der Subsidiarität in das StHG sprachen, werden mittelbar durch die Präambel offengelegt. Zunächst muß aber auf die Rechtslage vor dem StHG DDR eingegangen werden. Trotz grundsätzlicher Weitergeltung des BGB in der DDR galt § 839 nicht mehr, so daß die durch den Staat Geschädigten keinen Rechtsanspruch auf Schadenersatz hatten. Dem wollten Art. 106 DDR-Verfassung und das StHG DDR abhelfen, ohne aber dem Staat zuviel neue Lasten aufbürden zu wollen und ohne den Rechtsweg zu eröffnen[7]. Ausweislich der Präambel zum StHG DDR sollte die gesetzliche Regelung der Staatshaftung „der Vertiefung des Vertrauens der Bürger zu ihrem sozialistischen Staat (dienen)" und zugleich die „weitere Stärkung der sozialistischen Staatsmacht" fördern. Inwieweit hierin bloß gängige programmatische Äußerungen zu sehen sind, kann hier nicht abschließend beurteilt werden. Fest steht jedoch, daß durch die SK in § 3 III StHG DDR die Staatsmacht auf Kosten der Geschädigten bzw. der für sie eintretenden kollektiven Vorsorgeträger gestärkt wird. In der DDR besteht zwar im Gegensatz zur BRD kein relevantes Privatversicherungssystem. Sowohl für den Krankheitsfall als auch für Unfälle bestehen staatliche kollektive Versicherungen. Als ander-

---

haftung nur dann gewährt, wenn auf anderem Wege von einem Dritten ein Schadenersatz nicht zu erlangen (sei)" stellt dann das hier vertretene Ergebnis doch noch fest.

[5] Gesetzbuch der Arbeit der DDR vom 12. April 1961 (GBl. S. 27) in der zuletzt gültigen Fassung nach dem 2. Gesetz zur Änderung und Ergänzung vom 23. 11. 1966 (GBA); Müller/Römer Nr. 360.

[6] Zu der damit verbundenen Diskrepanz zwischen der Haftung im Außenverhältnis und der Regreßmöglichkeit im Innenverhältnis, *Westen*, S. 22 f. Zu den arbeitsrechtlichen Haftungsbestimmungen, *S. Mampel*, Arbeitsverfassung und Arbeitsrecht in Mitteldeutschland, 1966, S. 344 ff.

[7] Darauf weist der Entwurf 1973, S. 51 FN 2 zu Recht hin. Aus diesem Grunde existiert auch keine Rspr., die verwertet werden könnte.

weite Ersatmöglichkeit kommen somit in 1. Linie Ersatzansprüche gegen diese staatlichen Vorsorgeträger in Betracht. § 3 III StHG DDR ist daher zunächst eine Konkurrenzbestimmung zwischen verschiedenen staatlichen „Kassen". Wenn damit lediglich ausgesagt würde, daß zunächst die übrigen staatlichen Stellen in Anspruch genommen werden sollen, wäre dies in Anbetracht der von der unseren verschiedenen Gesellschaftsstruktur in der DDR keine einschneidende materielle Norm, sondern eher eine formale Vorschrift. Es darf aber nicht übersehen werden, daß auch private „Mitschädiger" unter das Merkmal „anderweiter Ersatz" fallen. Die Ungereimtheiten, die heute in unserer Rechtsordnung noch bestehen, gelten aufgrund des § 3 III StHG DDR weiter. Der Schutz der staatlichen Finanzen auf Kosten des Geschädigten mag in einer sozialistischen Rechtsordnung hinzuzunehmen sein. Dort steht der Schutz des Staates an erster Stelle. In einer freiheitlichen Demokratie, die dem Privatrechtssubjekt und seinen Rechten mehr Raum gibt, ist eine solche Bestimmung nicht gerechtfertigt.

Diese Beurteilung trifft aber auch auf die Reduktionsklausel des Entwurfs 1973 zu. Das Interesse des Verletzten an einer Restitution seiner Sphäre geht dem Interesse des Staates an einer Reduktion der Haftung vor. Dies ergibt sich gerade aus dem von der Kommission beschworenen Rechtsstaatsprinzip. Die Reduktionsklausel gewährt im „staatlichen" Deliktsrecht weniger als im privatrechtlichen, sie ist damit Ausdruck eines „umgekehrten Sozialstaatsprinzips". Im privaten Deliktsrecht ist allgemein anerkannt, daß eine Reduktionsklausel nur dann gerechtfertigt ist, wenn der „Schädiger durch die Pflicht zur vollen Schadenstragung unverschuldet in eine ebenso schwierige Lage geraten würde wie der Geschädigte selbst"[8]. Das ist der alleinige Grund für das Abgehen vom „Alles-oder-Nichts-Prinzip". Nur wer die staatliche Haftung als Billigkeitshaftung bezeichnet, kann sowohl die Subsidiaritätsklausel als auch die Reduktionsklausel begründen[9].

Beide Klauseln sind haftungslenkende Vorschriften zugunsten des Staates. Beide Klauseln sind für eine freiheitlich demokratische, am Rechtsstaatsprinzip ausgerichtete Rechtsordnung kein geeignetes Mittel, da das Integritätsinteresse des Geschädigten höher zu bewerten ist, als das fiskalische Interesse.

Interessant bleibt, daß die Subsidiarität der Amtshaftung, die in § 839 I 2 vielfach als bloßes Relikt aus der Zeit der Beamtenhaftung bezeichnet wird, im StGH DDR eine eigenständige Funktion in einer Staatshaftung expressis verbis zugewiesen bekam. Die Funktion, die im Rahmen des dortigen Gesellschaftsverständnisses durchaus legitim,

---

[8] *Lorenz-Meyer*, S. 129.
[9] Dazu oben § 5 II bei FN 9.

nämlich kraft ausdrücklicher gesetzgeberischer Willensentscheidung der SK zukommt, wird in der BRD illegitim durch § 839 I 2 BGB erfüllt.

II. Die Einschränkungen der Staatshaftung in der Schweiz

1. Die Haftung nach dem VG

Die allgemeine Amtshaftung ist für die Schweiz beschränkt auf den Bund im „Bundesgesetz über die Verantwortlichkeit des Bundes sowie seiner Behördenmitglieder und Beamten" vom 14. März 1958 geregelt[10]. In den einzelnen Kantonen bestehen entweder eigene Verantwortlichkeitsgesetze oder Regelungen in den verschiedenen Einführungsgesetzen zum Zivilgesetzbuch[11]. Hier wird nur das VG behandelt werden.

Nach Art. 3 Abs. 1 VG haftet der Staat ohne Rücksicht auf ein Verschulden des Beamten für jede widerrechtliche Schädigung. Der Anspruch gegen den Beamten selbst ist, wie üblich, ausdrücklich ausgeschlossen, Art. 3 Abs. 3 VG. Auf der haftungsbegründenden Seite hat die Rspr. in der Schweiz eine Eingrenzung der Vorschrift des Art. 3 Abs. 1 VG dadurch vorgenommen, daß sie den Verstoß gegen eine zumindest auch dem Schutz des Verletzten dienende Rechtsnorm verlangte[12]. Im übrigen enthält das schweizerische VG keine Haftungsbeschränkungen. Es gibt im VG weder eine Subsidiaritäts- noch eine Reduktionsklausel. Die Berücksichtigung des Verschuldens in Art. 6 VG dient lediglich dazu, eine dem Zivilrecht entsprechende Schmerzensgeldregelung zu erzielen. Auch Art. 4 VG, der bestimmt, daß bei schadenserhöhenden Umständen, für die der Geschädigte einstehen muß, der Richter die Ersatzpflicht mäßigen oder auch von ihr entbinden kann, regelt nur das Mitverschulden. Diese Regelung entspricht §§ 839 II, 254 BGB, 2 III StHG 1973, 2 StHG DDR. Gleichwohl ist eine Reduktion des Ersatzanspruchs gegen den Staat möglich. Das VG verweist für die Frage der Schadensberechnung in vollem Umfang auf die Vorschriften des OR. Über Art. 43 OR ist es dem Richter daher möglich, den besonderen Umständen des Falles Rechnung zu tragen[13]. Kaufmann hat ausgeführt, daß sich bei einem „außergewöhnlichen Unfall" bei „geringer

---

[10] Bundesblatt der Schweiz, 110. Jahrgang, 1958, S. 633. In Kraft trat das VG am 1.1.1959.

[11] Zu den vielfältigen Haftungsformen in den Kantonen: *Kaufmann*, Länderbericht Schweiz, S. 565.

[12] Ebd., S. 570 mit weiteren Nachweisen.

[13] Art. 43 OR lautet: „Art und Größe des Ersatzes für den eingetretenen Schaden bestimmt der Richter, der hierbei sowohl die Umstände (ZGB 4) als die Größe des Verschuldens zu würdigen hat."
Art. 4 ZGB lautet: „Wo das Gesetz den Richter auf sein Ermessen oder auf die Würdigung der Umstände ... verweist, hat er seine Entscheidung nach Recht und Billigkeit zu treffen."

Intensität des Kausalzusammenhanges" eine Reduktion des Schadenersatzes rechtfertige. Er fügt hinzu, daß damit „die Festsetzung der Höhe des Schadensersatzes weitgehend in das Ermessen des Richters gestellt (wird)". Diese Vorschrift will er aber hauptsächlich dann angewendet wissen, wenn „trotz der strengen Kausalhaftung" der Staat vor „übermäßig hohen Schadenersatzansprüchen" geschützt werden muß[14].

Das VG der Schweiz brauchte daher keine eigene Reduktionsklausel aufzunehmen, da über Art. 43 OR eine Haftungsbeschränkung gewährleistet ist. Der Entwurf 1973 hat geglaubt, die Haftungsbeschränkungen des Staates über die schweizerische Regelung hinaus durch die Reduktionsklausel in § 2 II Entwurf 1973 erweitern zu sollen. Angesichts des vom Entwurf selbst berücksichtigten Zahlenmaterials ist dies nur schwer verständlich. Die Besorgnisse, denen durch die Reduktionsklausel begegnet werden soll, sind ausweislich der Zahlen in der Schweiz, die der Kommission vorlagen, nicht begründet. Natürlich ist zu bedenken, daß es sich in der Schweiz lediglich um die Haftung des Bundes mit den genannten Ausnahmen handelt. Dennoch: Selbst wenn die zu erwartende Haftungslast in der BRD wesentlich höher sein sollte, ist es nicht gerechtfertigt, dem durch eine Belastung des Geschädigten Rechnung zu tragen. Angesichts der zahlenmäßigen Relation zwischen Gesamtsteueraufkommen und Gesamtschadenersatzsumme kann auch eine höhere Belastung als in der Schweiz nicht zu einer Haftungsbeschränkung führen[15].

2. Ausnahmeregelung für das Vormundschaftsrecht

Im historischen Teil war die SK als adäquates Mittel zur Haftungslenkung im Vormundschaftsrecht bezeichnet worden. Im schweizerischen Vormundschaftsrecht findet sich denn auch eine solche SK in den §§ 427 und 429 ZBG. Sowohl die Mitglieder der Vormundschaftsbehörde als auch die Kreise und Gemeinden sowie die Kantone haften nur subsidiär.

III. Die Einschränkungen der Amtshaftung nach dem Amtshaftungsgesetz in Österreich

Durch das Amtshaftungsgesetz vom 18. Dezember 1948[16] wurde das Recht der Staatshaftung in Österreich zum ersten Mal geregelt. In

---

[14] *Kaufmann*, Länderbericht Schweiz, S. 581 f.
[15] Zum Zahlenmaterial vgl. oben § 9 II und den Entwurf 1973 S. 34.
[16] BGBl. Nr. 20/1949, in Kraft getreten am 1. 2. 1949. Vorher galt nur für die Rspr. durch das sog. Syndikatsgesetz vom 12. 7. 1872 (RGBl Nr. 112) etwas anderes. Dazu *Spanner*, Länderbericht Österreich, S. 506.

Ausfüllung von Art. 23 BV[17] bildete § 1 I Satz 2 AHG die Grundnorm des neuen österreichischen Staatshaftungsrechts. Diese Regelung lehnte sich eng an die Voraussetzungen der Amtshaftung in Deutschland an. Abweichend davon wurde nur die Staatshaftung direkt ausgesprochen. Das Schulderfordernis als Zurechnungskriterium beim Amtsträger wurde 1948 nicht in Frage gestellt.

1. Die Haftung nach dem AHG

Das österreichische AHG knüpft die Haftung an ein rechtswidriges und schuldhaftes Verhalten der Personen, die als Organe der öffentlichen Einrichtungen handeln. Mit dem Begriff Organ in § 1 I S. 2 AHG ist nicht, wie es der Sprachgebrauch im deutschen Amtshaftungsrecht vermuten lassen könnte, eine Haftungsbeschränkung verbunden, denn in § 1 II AHG definiert das Gesetz selbst den Begriff Organ im Sinne der deutschen Rechtsprechung zum Begriff „Beamter". Die umfängliche und wenig geschickte Legaldefinition bringt deshalb nichts Neues[18].

Im Gegensatz zum BGB wurde das richterliche Haftungsprivileg fallen gelassen. Weder als „Spruchrichter-" noch als „Rechtskraftprivileg" besteht dafür in Österreich ein Bedürfnis. Anders als in der DDR, wo richterliche Entscheidungen ganz aus dem StHG DDR herausgenommen wurden, genießen in Österreich nur die Mitglieder der höchsten österreichischen Gerichte Schutz. Sie wurden ausdrücklich von der staatlichen Haftung ausgenommen[19]. Insgesamt dürfte dies kaum sachgemäß sein, obwohl es sich nicht um einen persönlichen Schutz für die Richter, sondern um ein Rechtskraftprivileg handelt.

Im Anschluß an das deutsche Amtshaftungsrecht beschränkte man entgegen heftiger Kritik den Ersatzanspruch auf Geld[20]. Der Ausschluß der Naturalrestitution, der in Deutschland später über den öffentlich-rechtlichen Folgebeseitigungsanspruch korrigiert wurde, war schon damals eine unzweckmäßige Übernahme aus dem deutschen Recht. Der Kommissionsentwurf 1973 versucht nunmehr auch diese Beschränkung des Ersatzanspruchs zu überwinden. Die mangelnde Originalität des österreichischen AHG und der mangelnde Impetus für eine echte Neuregelung zeigt sich allenhalben. Das österreichische AHG von 1948 ist kein „großer Wurf" gewesen, sondern im wesentlichen eine Wiederbelebung des Bundeskanzleramtsentwurfs aus dem Jahre 1929 (!)[21].

---

[17] Die Bundesverfassung in der Fassung vom 18.12.1948 (BGBl. Nr. 19/1949).
[18] § 1 I AHG ist im Anhang abgedruckt.
[19] § 2 III AHG; vgl. *Loebenstein/Kaniak*, S. 79.
[20] Etwa: *Pfeifer*, ÖGemZ 1948 Heft 7, S. 15; *Spanner*, Länderbericht Österreich, S. 522.

In unserem Zusammenhang ist hervorzuheben, daß das AHG keine spezielle Beschränkungsklausel für die Amtshaftung kennt. Es gibt weder eine Subsidiaritäts- noch eine Reduktionsklausel, vielmehr haftet der Staat in bezug auf die Schadensbegrenzung nach bürgerlichem Recht wie alle Privaten. Im Verhältnis zum deutschen Recht kennt das österreichische ABGB jedoch einige Haftungsbeschränkungen, die auch auf das AHG zurückwirken. Nach den §§ 1324 ABGB kann der entgangene Gewinn nur bei Vorsatz oder grober Fahrlässigkeit verlangt werden. Die §§ 1323, 1324 ABGB umfassen nämlich nur den Ersatz des unmittelbaren Schadens. Das Ergebnis: kein Ersatz des entgangenen Gewinns bei leichter Fahrlässigkeit (§ 1331 ABGB) läßt sich dennoch mit den Auswirkungen einer Subsidiaritätsklausel nicht vergleichen, da es sich nicht um eine Besonderheit der staatlichen Haftung, sondern um ein allgemeines Prinzip handelt.

2. Ausnahmeregelung im Vormundschaftsrecht

Nach Einführung des AHG kam es in Österreich zu einer interessanten Kontroverse um die Weitergeltung der Subsidiaritätsklausel in § 265 ABGB[22]. Dort ist in Übereinstimmung mit der Rechtstradition wie in der Schweiz die subsidiäre Haftung des Vormundschaftsgerichts angeordnet. Nach Einführung des AHG, das keine SK kennt, hat Ehrenzweig den Fortbestand der in § 265 ABGB normierten SK bestritten. Die h. L. in Österreich geht davon aus, das AHG habe an § 265 ABGB nichts ändern wollen. Die gleiche Argumentation, das gleiche Beharren wie in Deutschland. Nur: im Vormundschaftsrecht gibt es Sachgesichtspunkte für eine Subsidiarität. Es ist müßig, darüber zu streiten, ob bei der Koordination zwischen AHG und geltendem Recht § 265 ABGB schlicht übersehen oder aber bewußt beibehalten wurde.

Das judizielle Beharren auf einer heute auch im Vormundschaftsrecht nicht mehr so wichtigen Klausel zeigt, wie hartnäckig sich einmal eingeführte staatsentlastende Klauseln behaupten.

---

[21] Die Bundeskanzleramtsvorlage 1929 ist abgedruckt bei *Loebenstein/Kaniak*, S. 149 ff.; vgl. auch *Kollmeier*, S. 28.

[22] § 265 ABGB lautet: „Selbst das vormundschaftliche Gericht, welches sein Amt zum Nachteile eines Minderjährigen vernachlässigt hat, ist dafür verantwortlich, und, wenn andere Mittel zum Ersatze mangeln den Schaden zu ersetzen verbunden." Einerseits: *Ehrenzweig*, System des österreichischen allgemeinen Privatrechts, 1928, 2. Aufl. 2. Band, 1. Hälfte, S. 696 Note 13; E. v. 4.2.1936 SZ XVIII 26 bezüglich § 1 Syndikatsgesetz. Andrerseits: *Gschnitzer*, Schuldrecht, Bes. Teil, S. 191 und *Wentzel/Piegner*, in: Gschnitzer/Klanz, Kommentar zum ABGB, 2. Aufl. 1962, § 265 Nr. 5.

IV. Die Einschränkungen staatlicher Haftung im Crown Proceedings Act

Im englischen Recht haftete die Zentralverwaltung, die Krone bis zum Erlaß des Crown Proceedings Act (CPA) im Jahre 1947 überhaupt nicht, sie genoß „vollständige Immunität". Die übrige Verwaltung haftete wie ein Privater. Sämtliche Klagen gegen die Krone waren nach dem Grundsatz „the king cannot be sued in his own courts" ausgeschlossen[23]. Die starke Machtzunahme und das Wachstum der Zentralverwaltung während und kurz nach dem 2. Weltkrieg bewirkte, daß dieser Rechtszustand immer unhaltbarer wurde. Zwar hatte sich die Krone immer für moralisch verpflichtet gehalten, Schäden, die auf ihrem rechtswidrigen Verhalten beruhten, zu ersetzen. Ein Gedanke, den man in Deutschland mitunter schmerzhaft vermißt, der aber allein kein Staatshaftungsrecht ersetzen kann. Der CPA gab den Betroffenen einen Anspruch, mit dem sie die Krone, nicht aber den Monarchen persönlich belangen konnten. Die materiell-rechtlichen Bestimmungen in sections 1 - 12 CPA enthalten in sect. 2 I den Grundsatz, die Krone solle haften wie jeder Private auch. Mit diesem Verweis auf das private Haftpflichtrecht sind bereits mehrere Einschränkungen verbunden. Hier sollen jedoch nur die Beschränkungen im CPA selbst dargestellt werden[24].

1. Einschränkungen, die durch den CPA zur Anwendung kommen

Nach sect. 2 VI CPA haftet der Staat nur, wenn der schädigende Beamte allein aus Steuermitteln der Zentralverwaltung oder Regierung bezahlt wird. Diese eigenartige Vorschrift, die bewirkt, daß alle „civil servants", die nur teilweise aus einem Regierungsfond bezahlt werden, den Staat nicht haftbar machen können, ist nur verständlich vor dem Hintergrund der verstaatlichten englischen Industrien. Sect. 2 VI CPA sollte verhindern, daß auch die staatlichen Industriebetriebe unter den CPA fielen. Diese Vorschrift ist jedoch viel zu weit, denn alle Polizeibeamten, die aus lokalen Steuermitteln besoldet werden, fallen nun trotz rechtswidriger Handlungen nicht unter den CPA[25]. Eine offensichtlich ungerechte Lösung, die sich leicht auf ihren gewollten Sinn reduzieren ließe. Die englischen Gerichte messen aber dem Wortlaut, dem „clear sense" eine andere stärkere Bedeutung bei, als die deutschen. Da auch das Parlament nicht eingegriffen hat, wird über sect. 2 VI CPA die Staatshaftung wesentlich beschränkt.

---

[23] Der andere Grundsatz: „the king can do no wrong" ist bekannter, trifft den Sachverhalt aber nicht so gut. Zur Geschichte vgl. *Street*, Länderbericht Großbritannien, S. 230 ff.; *Kollmeier*, S. 67 ff. und ausführlich *Hampe*, Die Amtshaftung im englischen Recht, AöR 76, 297 (314 ff.).

[24] Zu den in bezug genommenen zivilrechtlichen Haftungsbeschränkungen ausführlich *Kollmeier*, S. 103 ff.

[25] *Street*, Länderbericht Großbritannien, S. 233; *Kollmeier*, S. 105.

Neben dieser dem kontinentalen Rechtskreis fremden Haftungsbeschränkung finden sich mehrere verwandte Beschränkungsformen. Nach § 2 V CPA wird die Haftung für richterliche Beamte vollständig ausgeschlossen. Bei dem Ansehen, das die englische Richterschaft genießt, eine verständliche, aber auch unnötige Regelung. Handeln die Richter rechtswidrig, besteht kein Grund, sie nicht haften zu lassen. Das englische Recht bringt hier trotz der im CPA vorgenommenen Trennung von Krone und Monarch den „königlichen Richter" wieder mit der Immunität des Monarchen zusammen. Die Sonderregelung des gesamten Postwesens in § 9 CPA läuft weitgehend parallel zu den deutschen Vorstellungen über die Haftung des „größten Dienstleistungsbetriebes". In Einzelheiten geht der CPA über die deutsche Regelung noch hinaus. Diese Beschränkung beruht jedoch auf betriebswirtschaftlichen Gründen. Man will die Post nicht zu zu kostspieligen Kontrollen zwingen[26].

Die Sonderbehandlung des Militärs in § 10 CPA findet sich in ähnlicher Form in der Schweiz, während das deutsche Soldatengesetz lediglich die allgemeine Amtshaftung wiederholt.

Der Haftungsausschluß der Soldaten untereinander bewirkt jedoch weitergehend als in der Schweiz, daß der geschädigte Soldat weder gegen seinen Verletzer noch gegen die Krone vorgehen kann. Im Straßenverkehrsrecht führt dieser Haftungsausschluß zu ähnlichen Problemen wie die Subsidiarität der Amtshaftung, da nach § 10 CPA der etwaige private Mitschädiger den vollen Schaden tragen muß[27]. Ein Innenausgleich findet nicht statt. § 10 CPA läßt sich jedoch mit der SK nicht vergleichen, da die SK wesentlich genereller ist. Zu § 10 CPA ist, soweit ersichtlich, auch noch keine gerichtliche Entscheidung ergangen.

Eine für das deutsche Recht undenkbare Beschränkung staatlicher Haftung war in § 40 II e CPA vorgesehen, wonach die Highway Authorities nicht hafteten, wenn durch ihre Vernachlässigung der Instandhaltung der Highways ein Schaden entstanden war. Durch den Highway Act von 1961 ist das geändert worden[28].

Das englische Recht kennt mithin eine Fülle von detaillierten Haftungsbeschränkungen, wobei aber keine Vorschrift derart allgemein gefaßt ist, wie etwa § 839 I 2 BGB[29].

---

[26] So für das deutsche Recht *Dagtoglou*, BK Art. 34 Rdnr. 315 ff.
[27] *Wagenfeld*, S. 135 ff. (140 ff.).
[28] Veraltet daher *Kollmeier*, S. 111; richtig *Street*, Länderbericht Großbritannien, S. 239 unter Nr. 4.
[29] *Street*, Länderbericht Großbritannien, S. 231 meint: „in fact these restrictions on liability of the Crown are excessive." *Hampe*, AöR 76, 332 stellt fest, daß eine der SK vergleichbare Bestimmung fehle.

V. Das Recht der Staatshaftung in Frankreich und seine Beschränkungen

Das französische Staatshaftungsrecht wurde schon frühzeitig in die deutsche Reformdiskussion miteinbezogen. Es fehlt daher nicht an Darstellungen des französischen Rechtszustandes. Bei der Durchsicht dieser Darstellungen fällt auf, daß die Haftungsbeschränkungen nur wenig Raum einnehmen[30].

Der Geschädigte genießt in Frankreich denn auch weitgehenden Schutz. Im Gegensatz zu den modernen Staatshaftungsgesetzen schließt das auf Richterrecht beruhende französische Recht die Verantwortlichkeit des Beamten nicht aus. Die Unterscheidung zwischen „faute personelle" und „faute de service" ist nicht identisch mit dem Merkmal „in Ausübung eines öffentlichen Amtes", denn die französische Doktrin versteht unter fautes personelles alle Handlungen, die „geistig vom Dienst losgelöst werden können[31]. Darunter rechnet man neben allen strafbaren Handlungen auch alle vorsätzlichen und grob fahrlässigen Pflichtverletzungen der Beamten. Diese Differenzierung führte dazu, daß dann, wenn eine besonders eklatante Pflichtverletzung vorlag, der Staat nicht in Anspruch genommen werden konnte. Ursprünglich beruhte diese Differenzierung auf einem Grundsatz des französischen Verwaltungsrechts, wonach „eine Handlung ... durch ihre offensichtliche Rechtswidrigkeit den Charakter als Verwaltungshandlung (verliert) und ... zur Handlung der Privatperson Beamter (wird)"[32].

Hätte die Rspr. diese Abgrenzung unmodifiziert aufrecht erhalten, hätte dies eine wesentliche Begrenzung des Wirkungsbereichs der Haftung für faute de service bedeutet. Die Rspr. hat versucht, durch die Lehre vom „cumul de responsabilités" diese Beschränkungen zu beseitigen. Die Rspr. des Conseil d'Etat kam schließlich zu dem Satz, die Haftung wegen faute de service werde durch die Haftung für faute personelle nicht ausgeschlossen, da eine schädigende Handlung gleichzeitig unter beide Kategorien fallen könne. Die Rspr. hat damit die ursprünglich von der Doktrin mit dieser Kategorienbildung gewollte Haftungsbeschränkung aufgehoben und damit die Haftung für faute de service gewaltig ausgeweitet[33]. Ob ein faute personelle vorliegt, ist heute

---

[30] *Ingo Richter*, Die Grundlagen der Haftung für ‚faute de service' im französischen Staatshaftungsrecht, ein Beitrag zur Umbildung des deutschen Rechts, 1965; *Klaus Barnbeck*, Das französische öffentliche Haftungsrecht als Vorbild einer deutschen Neugestaltung, Diss. Hamburg 1956; *Walter Leisner*, Französisches Staatshaftungsrecht VerwA 1963, 1 ff.; *Fritz Münch*, Entschädigung für staatliche Einwirkungen im französischen Recht, 41. DJT 1955 Band I S. 61 ff.

[31] *J. Richter*, S. 47 im Anschluß an Waline.

[32] *J. Richter*, S. 47. Das ist der früher auch in Deutschland gültige Satz „si excessit privatus est".

[33] *J. Richter*, S. 48 ff. (50).

nur noch für die Frage des Rückgriffs von Bedeutung oder wenn der Beamte persönlich in Anspruch genommen wird. Neben diesen grundsätzlichen Bestimmungen finden sich im französischen Recht viele Sonderregelungen, etwa im Schulrecht oder bei Grundrechtsverstößen. Besonders beachtenswert im Rahmen dieser Arbeit ist, daß der Conseil d'Etat die Haftung des Staates über die Haftung für ‚faute de service' hinaus ausgedehnt hat. Die richterlich ausgebildete Gefährdungshaftung ‚sans faute' geht auch bei vorliegenden Verwaltungsfehlern der Haftung wegen ‚faute de service' vor. Bei besonders schweren und ungewöhnlichen Schadensfällen, für die die öffentliche Hand kausal war, greift dann die Zurechnung über die „théorie du risque" ein[34]. Die französische Staatshaftung umfaßt daher Lösungsmöglichkeiten, die von der deutschen Rspr. ausdrücklich abgelehnt wurden. Die französische Rspr. hat von der Möglichkeit der Rechtsbildung durch Richterrecht umfassend Gebrauch gemacht.

Gleichwohl sind gewisse einschränkende Tendenzen auf der Seite der Schadensbemessung nicht zu verkennen. Grundsätzlich ist zwar jeder Schaden in Geld zu ersetzen, doch neigen insbesondere die Verwaltungsrichter zu einer Reduktion. Fromont hat diese Behauptung allerdings nicht näher präzisiert[35]. Diese Einschränkungen bei gleichzeitiger Garantie des vollen Schadensausgleiches und einer umfassenderen Haftungsbegründung sind jedoch vom Ergebnis her nicht mit den Auswirkungen der Subsidiaritäts- oder Reduktionsklausel in Deutschland zu vergleichen.

VI. Ergebnis

Die Subsidiaritätsklausel im Staatshaftungsrecht ist nur im deutschen Rechtskreis bekannt. Geltendes Recht ist die Subsidiarität staatlicher Haftung sowohl im „antiquierten" Recht der BRD als auch im neuen StHG der DDR. Reduktionstendenzen sind dagegen in der Schweiz und in Frankreich bei der Schadensbemessung nicht zu verkennen. Eine Reduktionsgeneralklausel speziell im und für das Staatshaftungsrecht ist dagegen unbekannt, so daß lediglich privates Recht auch auf den Staat angewendet wird. Voraussetzung für diese Art der Reduktion ist dann aber eine Kausalhaftung. Einem finanziell gut gestellten Schädiger, in der Regel nur einer juristischen Person wird dann zugemutet, „einen Teil des Schadensrisikos" selbst zu tragen[36]. Dabei handelt es sich dann um Zuteilungskriterien innerhalb einer Gefährdungshaftung. Der

---

[34] *Fromont*, Länderbericht Frankreich, S. 154 f.
[35] *Fromont*, S. 172: „Ensuite, le juge lui-même fait preuve de tendances restrictives très nettes; du moins le juge administratif."
[36] *Kaufmann*, Länderbericht Schweiz, S. 582 oben.

§ 14 Abschließende Würdigung des Kommissionsentwurfes 1973 zur Reform des Staatshaftungsrechts und eigener Reformvorschlag

Kommissionsentwurf 1973 hat eine Gefährdungshaftung jedoch ausdrücklich abgelehnt, so daß ein Vergleich nur beschränkt zulässig ist.

I. Die Prämissen des Kommissionsentwurfs 1973

Der Kommissionsentwurf bezeichnet die geplante Staatshaftung als Unrechts- oder Rechtswidrigkeitshaftung, an anderer Stelle aber auch als Verursachungshaftung. Gleichzeitig wird eine Gefährdungshaftung abgelehnt[1]. Da gleichwohl in § 1 II KomE 1973 eine Haftung der öffentlichen Gewalt für „Rechtsverletzungen, die durch das Versagen (ihrer) technischen Einrichtungen verursacht werden" statuiert wird, bleibt unklar, was der Terminus „Unrechtshaftung" dabei aussagen soll. Die Begründung zu diesem entscheidenden Punkt bleibt denkbar unbefriedigend. Danach soll „das Versagen einer technischen Einrichtung wie menschliches Verhalten behandelt werden". Die Kommission glaubt durch diese Fiktion „die rechtstheoretische Frage, ob eine technische Verwaltungseinrichtung rechtswidrig versagen kann", unerörtert lassen zu können[2]. Das kann mit einer Verschleifung der Begriffe allein jedoch nicht erreicht werden. Der Entwurf verwendet dann den Unrechtsbegriff in einem völlig anderen Sinne als die zivilrechtliche Doktrin. Das Haften für das Versagen technischer Einrichtungen kann nur Gefährdungs- oder Verursachungshaftung sein. Der Unrechtsbegriff ist dabei völlig funktionslos. Es ist schädlich und irreführend, wenn der Entwurf hier eine Terminologie in einem neuen Sinne verwendet, die bereits verbraucht ist. Was der Entwurf hier unter dem Etikett Unrechtshaftung anbietet, ist eine reine Verursachungshaftung. Die „Rechtswidrigkeit" ist dabei bereits in den Tatbestand der Norm aufgenommen worden, so daß in der Begründung Termini wie „objektiv rechtswidrig"[3] auftauchen, die gleichzeitig aber wieder mit „pflichtwidrig" gleichgesetzt werden, obwohl ausdrücklich ausgeführt wird, daß nur die pflichtbegründende Norm selbst die Frage nach der Rechtswidrigkeit beantwortet[4]. Damit wird die Pflichtanforderung in den Tat-

---

[1] Unrechtshaftung a.a.O. S. 50, Verursachungshaftung aber a.a.O. S. 53 unter 4.1.6.3. Eine Gefährdungshaftung wird abgelehnt auf S. 64 im Zusammenhang mit der Tumultschadenshaftung und S. 77 unter 7.
[2] a.a.O. S. 77 unter 7.
[3] a.a.O. S. 76; vgl. dazu BGH DVBl 1970, 497 (498 r. Sp.). Dort heißt es, das Vorgehen des Beamten sei pflichtgemäß und objektiv rechtmäßig gewesen, also liege kein Verschulden vor.
[4] a.a.O. S. 75.

bestand der haftungsbegründenden Norm mitaufgenommen und lediglich abstrakt ein Sorgfaltsverstoß festgestellt. Solange man Begriffe wie „pflichtwidrig" verwendet, muß man sich klar darüber sein, daß es eine Sorgfalt per se nicht gibt, sondern immer nur bezogen auf ein konkretes Verhalten in konkreten Situationen. Wenn beim Erlaß eines Verwaltungsaktes (VA) der erlassende Beamte und anschließend zwei Kollegialgerichte zu einem anderen Ergebnis kommen als schließlich das BVerwG, dann kann die dies sanktionierende Haftung nur eine Verursachungs- und keine Unrechtshaftung sein. Andernfalls müßte man für die Staatshaftung einen eigenen gespaltenen Rechtswidrigkeitsbegriff entwickeln, der zwischen der Rechtswidrigkeit des Verhaltens und der Rechtswidrigkeit des Eingriffs trennt[5]. In der Schweiz ist man sich dieser Tatsache auch voll bewußt. Die Haftung nach dem VG wird als Kausalhaftung begriffen, und das Prädikat rechtswidrig bezeichnet ganz im Sinne unserer Erfolgsunrechtslehre lediglich die Tatbestandsmäßigkeit[6].

Der Entwurf hat dieses Modell seinen Überlegungen zugrunde gelegt und hätte deshalb besser von Kausalhaftung als von Unrechtshaftung gesprochen. Dann wären die wenig überzeugenden Ausführungen bei der Haftung für das Versagen technischer Einrichtungen nicht nötig gewesen. Gegenüber dem Begriff Gefährdungshaftung, bei dem es um die Haftung für gegenständlich verkörperte, nicht voll beherrschbare Gefahrenquellen hauptsächlich technischer Art geht[7], dürfte bei der Staatshaftung der Begriff Kausalhaftung oder Verursachungshaftung besser geeignet sein, wenn auch gerade das Versagen technischer Einrichtungen ein typischer Fall der Gefährdungshaftung ist. Unter diesem Aspekt müssen auch die Fragen der Haftungsbegrenzung diskutiert werden. Eine tatbestandlich exakt begrenzte Kausalhaftung bedarf keiner Reduktion. Als „Gefährdungshaftung" kommt für sie bei Sachschäden allenfalls eine Höchstsumme in Frage, während bei Personenschäden eine unbegrenzte Haftung einzutreten hat. v. Caemmerer hat sich in der Diskussion um die Gefährdungshaftung im Zivilrecht für eine Streichung der „summenmäßigen Begrenzungen" ausgesprochen[8]. Stattdessen spricht er sich für eine Reduktionsklausel im Sinne des § 255 a RefE 1967 aus. Dies mag im Zivilrecht angesichts des Ausnahmecharakters der Reduktion angemessen sein. Im öffentlichen Recht jedoch ist die Reduktionsklausel als Regelfall geplant, was zu einem außer-

---

[5] So neuerdings *Michaelis*, in: FS für Larenz, S. 927 ff. (S. 937, 944) der auch bei rechtmäßigem Verhalten die Rechtswidrigkeit eines Eingriffs bejaht.

[6] *Kaufmann*, Länderbericht Schweiz, S. 582.

[7] *v. Caemmerer*, Reform der Gefährdungshaftung, S. 15 ff., 21; *Esser II*, § 114/S. 488.

[8] *v. Caemmerer*, S. 23.

ordentlich erhöhten Prozeßrisiko führen würde. Der Satz v. Caemmerers, niemand könne eine völlig unbeschränkte Haftung tragen, ist für zivile Schuldner sicherlich richtig, nicht dagegen für die öffentliche Hand. Man muß sich zum Verständnis dieses Ergebnisses nochmals das Ziel der Reduktionsklausel in § 255 a RefE 1967 vergegenwärtigen. Der finanzschwache Schädiger sollte vor drückender Haftung dann bewahrt werden, wenn der Haftungsfall für ihn selbst zu einem untragbaren Unglück würde. Bydlinski[9] hat mit aller nötigen Klarheit ausgeführt, „wer den Schaden ersetzen (könne), ohne seine bisherige gewohnte Lebensführung beeinträchtigen zu müssen, (habe) den Schutz der Reduktionsklausel nicht nötig". Damit — so folgert Bydlinski — dürfte regelmäßig die Reduktion bei juristischen Personen des Privatrechts ausgeschlossen sein, während sie bei der öffentlichen Hand „nie in Betracht kommt". Bydlinski bezieht sich dabei zwar auf die Amtshaftung nach Art. 34 GG und § 839 BGB, doch ist oben gezeigt worden, daß sich durch den Übergang auf die Staatshaftung diese Wertung nicht ändert.

II. Eigener Reformvorschlag

Die im Kommissionsentwurf geregelte Staatshaftung ist eine Kausalhaftung. Der Begriff „Unrechtshaftung" ist bereits verbraucht und sollte auf dieses Modell der Staatshaftung nicht angewendet werden[10]. Diese Haftung wird dadurch angemessen schon tatbestandlich begrenzt, daß eine Rechtsverletzung nur dann bejaht wird, wenn die verletzte Rechtsnorm zumindest auch dem Schutz des privaten Dritten zu dienen bestimmt ist. Damit werden die Tatbestände anderer Schutznormen nach dem Modell des § 823 II BGB objektiv in Bezug genommen. Eine darüber hinausgehende Reduktion des Schadensersatzes ist schädlich und überflüssig. Die Reduktionsklausel in § 2 II KomE 1973 sollte daher ersatzlos gestrichen werden. Ohne die Berechtigung einer zivilrechtlichen Reduktionsklausel hier beurteilen zu wollen, läßt sich abschließend soviel feststellen: Nach der der Reduktion im Zivilrecht zugrundeliegenden Idee kann sie auf das Staatshaftungsrecht nicht übertragen werden, mindestens aber kann sie nicht über die geplante zivilrechtliche Reduktionsklausel hinausgehen. Eine Haftungserweiterung existiert faktisch trotzdem nur in bezug auf die bisher ausgenommenen technischen Einrichtungen und die Auswirkungen durch die Streichung der SK. Beide Ausnahmen waren sachlich nicht gerechtfertigt und daher zu korrigieren. Diese Korrekturen dürfen nicht über andere Haftungsbeschränkungstechniken wieder konterkariert werden.

---

[9] *Bydlinski*, JBl. 1968/S. 333.
[10] So der Entwurf selbst S. 53.

Neben der vorrangigen Streichung der in § 2 Abs. 2 KomE 1973 enthaltenen Reduktionsklausel muß auch der haftungsbegründende Tatbestand selbst geändert werden. Der Unterschied zwischen Rechten und Rechtsgütern wird in § 1 Abs. 1 KomE 1973 nicht deutlich. Auch die Legaldefinition des Begriffes „in seinen Rechten verletzt" ist wenig glücklich, so daß man sie besser wegläßt und die Definition der Rspr. überläßt. § 1 Abs. 2 KomE 1973 ist unnötig lang, durch die Wiederholung des Begriffes „Träger öffentlicher Gewalt". Unbefriedigend gelöst erscheint auch das Verhältnis von Geldersatz und Herstellung. Die komplizierten Wahlbefugnisse, die in § 4 KomE 1973 geregelt sind, sind geeignet, Verschlechterungen gegenüber der gegenwärtigen Rechtslage herbeizuführen. Daher sollte dem Verletzten ein Wahlrecht zwischen Geldersatz und Herstellung eingeräumt werden. Wenn § 4 Abs. 2 KomE 1973 dem Staat seinerseits das Recht gibt, Herstellung zu wählen, falls diese dem Verletzten zuzumuten ist, und so eine Art „Kontermöglichkeit" zugunsten des Staates schafft, wird damit das Wahlrecht des Verletzten unnötig beschränkt. Die in § 3 Abs. 2 KomE 1973 enthaltenen Einschränkungen „nicht möglich, nicht zulässig oder nicht zumutbar" sind wohl unnötig. § 3 Abs. 3 KomE 1973 differenziert hingegen sachgemäß zwischen Herstellung und Geldersatz. Bei einem einseitigen Wahlrecht des Verletzten kann § 4 KomE 1973 entfallen.

Gesetzesvorschlag

§ 1 Staathaftung

(1) Verletzt die öffentliche Gewalt jemanden in seinen Rechten oder Rechtsgütern, so haftet ihr Träger dem Verletzten nach diesem Gesetz.

(2) Dasselbe gilt für Rechtsverletzungen, die durch das Versagen technischer Einrichtungen verursacht werden.

(3) Personen, durch die der Träger öffentlicher Gewalt die Rechtsverletzung begeht, haften dem Verletzten nicht.

§ 2 Geldersatz

(1) Der Träger öffentlicher Gewalt hat den aus der Rechtsverletzung entstehenden Schaden in Geld zu ersetzen.

(2) Haben Umstände aus dem Gefahrenbereich des Verletzten, für die er einzustehen hat, den Schaden mitverursacht, so hängen die Verpflichtung zum Ersatz und der Umfang des zu leistenden Ersatzes davon ab, inwieweit der Schaden vorwiegend von dem Verletzten oder dem Träger öffentlicher Gewalt verursacht worden ist.

§ 3 Herstellung

(1) Wird durch die Rechtsverletzung ein Zustand zum Nachteil des Verletzten verändert, so kann dieser wahlweise auch Herstellung des früheren oder eines gleichwertigen Zustands fordern.

(2) Haben Umstände aus dem Gefahrenbereich des Verletzten den nachteiligen Zustand mitverursacht, so kann der Verletzte Herstellung nur bei angemessener Kostenbeteiligung verlangen.

§ 17 Nr. 1 KomE 1973 wird gestrichen[11].

§§ 28, 29, 30 KomE 1973 werden abgeändert[12].

Absatz 2 der entsprechenden Beamtengesetze wird wie folgt geändert:

(2) Fällt dem Beamten grobe Fahrlässigkeit zur Last, so ist der Ersatzanspruch nur ausnahmsweise ausgeschlossen.

---

[11] Nach der Streichung der SK ist der eigentliche Anlaß für die heutige Aufrechterhaltung der privatrechtlichen Lösung entfallen. Da sachliche Gründe für eine Differenzierung bestehen, ist § 17 Nr. 1 KomE 1973 zu streichen. Vgl. oben § 12 II. Allgemein „Zur Reform des Staatshaftungsrechts", *Bender*, VersR 1974, 1 ff.

[12] Bei grober Fahrlässigkeit ist eine Entlastung des Beamten nur dann gerechtfertigt, wenn ihn ausnahmsweise im Einzelfall keine „schwere Schuld" trifft. Eine Entlastung wie sie der Entwurf vorsieht, ist unangemessen, vgl. dazu oben §§ 12 I 2 c am Ende, 7 I.

Anhang

Im Anhang sind die schwerer zugänglichen Gesetzestexte abgedruckt. Die vielen, stets abschlägigen Antworten der staatlichen Behörden, die ich auf meine Fragen nach Art und Umfang der Belastung durch die Amtshaftung bekommen habe und die ich hier zusammengefaßt hatte, konnten aus Raumgründen nicht abgedruckt werden. Aus ihnen ergab sich, daß die an sich kompetenten Stellen über keinerlei einschlägiges Zahlenmaterial verfügen und auch keine Bereitschaft zeigen, die notwendigen Daten künftig zu erheben. Ohne repräsentative Unterlagen, die namentlich von den Rechnungshöfen bestätigt werden müßten, sollte aber die hier behandelte Frage nach der Streichung der Subsidiaritätsklausel gesetzgeberisch nicht entschieden werden.

I. Grundlagen der Staatshaftung in der DDR

Text: Müller-Römer, DDR-Gesetze, Verlag Wissenschaft und Politik, Köln, 1970.

1. Verfassung der Deutschen Demokratischen Republik vom 6. April 1968 (GBl. S. 199).

Art. 106 (Staatshaftung)

(1) Für Schäden, die einem Bürger oder seinem persönlichen Eigentum durch ungesetzliche Maßnahmen von Mitarbeitern der Staatsorgane zugefügt werden, haftet das staatliche Organ, dessen Mitarbeiter den Schaden verursacht hat.

(2) Voraussetzungen und Verfahren der Staatshaftung werden durch Gesetz geregelt.

2. Staatshaftungsgesetz (Gesetz zur Regelung der Staatshaftung in der Deutschen Demokratischen Republik) vom 12. Mai 1969 (GBl. S. 34).

Präambel

Die Gestaltung des entwickelten gesellschaftlichen Systems des Sozialismus entsprechend den Grundsätzen der Verfassung der Deutschen Demokratischen Republik erfordert die weitere Stärkung der sozialistischen Staatsmacht und damit die Vervollkommnung und Festigung der sozialistischen Gesetzlichkeit. Die Verantwortung der staatlichen Organe und staatlichen Einrichtungen für die volle Übereinstimmung der Tätigkeit ihrer Mitarbeiter mit der sozialistischen Gesetzlichkeit schließt die Haftung für Schäden ein, die Bürgern durch ungesetzliche Maßnahmen einzelner Mitarbeiter entstehen.

Die gesetzliche Regelung der Staatshaftung dient der Vertiefung des Vertrauens der Bürger zu ihrem sozialistischen Staat, der weiteren Festigung des Verantwortungsbewußtseins der Mitarbeiter der staatlichen Organe und staatlichen Einrichtungen sowie der Qualifizierung der staatlichen Tätigkeit.

I. Grundlagen der Staatshaftung in der DDR

Auf der Grundlage des Artikels 106 der Verfassung beschließt die Volkskammer der DDR daher folgendes Gesetz:

§ 1 Voraussetzungen der Haftung

(1) Für Schäden, die einem Bürger oder seinem persönlichen Eigentum durch Mitarbeiter oder Beauftragte staatlicher Organe oder staatlicher Einrichtungen in Ausübung staatlicher Tätigkeit rechtswidrig zugefügt werden, haftet das jeweilige staatliche Organ oder die staatliche Einrichtung.

(2) Ein Schadenersatzanspruch des Geschädigten gegen den Mitarbeiter oder Beauftragten des staatlichen Organs oder der staatlichen Einrichtung ist ausgeschlossen.

(3) Die Schadenersatzpflicht staatlicher Organe und staatlicher Einrichtungen als Teilnehmer am Zivilrechtsverkehr bestimmt sich nach den Vorschriften des Zivilrechts*.

(4) Für den Ersatz von Schäden, die einem Bürger oder seinem persönlichen Eigentum durch eine gerichtliche Entscheidung rechtswidrig zugefügt werden, gelten die dafür bestehenden Gesetze oder andere Rechtsvorschriften.

* (§§ 839 und 841 BGB sind gegenstandslos).

§ 2 Pflicht der Abwendung des Schadens

Der Bürger hat alle ihm möglichen und zumutbaren Maßnahmen zu ergreifen, um einen Schaden zu verhindern oder zu mindern. Verletzt er diese Pflicht schuldhaft, so wird die Haftung des staatlichen Organs oder der staatlichen Einrichtung entsprechend eingeschränkt oder ausgeschlossen.

§ 3 Art und Umfang des Schadenersatzes

(1) Der Schadenersatz ist in Geld zu leisten. Das ersatzpflichtige staatliche Organ oder die staatliche Einrichtung kann den Schaden auch durch Wiederherstellung des Zustandes, der vor dem Schadensfall bestanden hat, ausgleichen.

(2) Der Umfang des Schadenersatzes bestimmt sich nach den zivilrechtlichen Vorschriften, soweit in Gesetzen oder anderen Rechtsvorschriften nichts anderes bestimmt ist.

(3) Ein Schadenersatzanspruch besteht insoweit nicht, als ein Ersatz des Schadens auf andere Weise erlangt werden kann.

§ 4 Verjährung

(1) Der Schadenersatzanspruch verjährt innerhalb eines Jahres.
(2) —
(3) —

§ 9 Materielle Verantwortlichkeit der Mitarbeiter und Beauftragten staatlicher Organe und staatlicher Einrichtungen

(1) Für den Ersatzanspruch der staatlichen Organe und staatlichen Einrichtungen gegen Mitarbeiter wegen der von ihnen rechtswidrig und schuld-

haft verursachten Schäden gelten die Rechtsvorschriften über die arbeitsrechtliche materielle Verantwortlichkeit[1]. Für Angehörige der bewaffneten Organe gelten die für diese bestehenden Rechtsvorschriften über die materielle Verantwortlichkeit[2].

(2)

(1 §§ 112 - 115 GBA (360) und Richtlinie Nr. 14 des Plenums des Obersten Gerichts der DDR zur Anwendung der §§ 112 ff. GBA vom 19. 9. 1962 (GBl. I S. 659)).

(2 VO über die materielle Verantwortlichkeit der Angehörigen der bewaffneten Organe, Wiedergutmachungsverordnung, vom 19. 2. 1969, GBl. I S. 159).

3. Gesetzbuch der Arbeit der DDR vom 12. April 1961 (GBl. I S. 27) in der zuletzt gültigen Fassung nach dem 2. Gesetz zur Änderung und Ergänzung vom 23. 11. 1966 (GBA 360).

§ 112 Die materielle Verantwortlichkeit des Werktätigen

(1) Ist ein Schaden am sozialistischen Eigentum eingetreten, so hat der Betriebsleiter unter Teilnahme des Werktätigen die Ursachen unverzüglich aufzudecken und zu beseitigen.

(2) Wird festgestellt, daß ein Werktätiger den Schaden durch schuldhafte Verletzung seiner Arbeitspflicht verursacht hat, so ist er dem Betrieb zum Ersatz des Schadens verpflichtet (materielle Verantwortlichkeit).

(3) Der Schadenersatz ist grundsätzlich in Geld zu leisten, sofern nicht der Werktätigen den von ihm verursachten Schaden selbst beheben kann und dies im gesellschaftlichen Interesse liegt.

§ 113

(1) Ein Werktätiger, der einen Schaden fahrlässig verursacht, ist für den direkten Schaden materiell verantwortlich, jedoch höchstens bis zum Betrag seines monatlichen Tariflohns.

(2) Der direkte Schaden ist in vollem Umfang zu ersetzen
   a) bei Verlust von Werkzeugen ...
   b) bei Verlust von Geld oder Sachwerten ...
   c) bei Schäden, die durch Straftaten, die unter Alkoholeinfluß ...
   (Der weitere Text interessiert in diesem Zusammenhang nicht).

... Die materielle Verantwortlichkeit tritt nicht ein, wenn festgestellt wird, daß der Werktätige oder das Kollektiv den Schaden nicht schuldhaft verursacht hat.

(3) Haben mehrere Werktätige einen Schaden fahrlässig verursacht, so ist jeder nach Art und Umfang seiner Beteiligung und dem Grad seines Verschuldens materiell verantwortlich. Ist der Anteil der einzelnen Werktätigen nicht festzustellen, so sind sie im gleichen Verhältnis schadenersatzpflichtig.

(4) Bei der Festlegung der Schadenersatzsumme ist die Gesamtheit aller Umstände (§ 109 II) einschließlich der volkswirtschaftlichen Auswirkungen des Schadens zu berücksichtigen.

II. Grundlagen der Amtshaftung in Österreich

§ 114

- - - Vorsatz - - -

§ 115

(IV) Der Betrieb kann auf die Geltendmachung des Schadenersatzanspruches verzichten, wenn dies durch die Gesamtheit der Umstände unter besonderer Berücksichtigung der Höhe und der volkswirtschaftlichen Auswirkungen des Schadens gerechtfertigt ist. ...

Entsprechendes gilt, wenn der Werktätige einen angemessenen Teil der festgelegten Schadenersatzsumme vereinbarungsgemäß gezahlt hat und durch vorbildliche Arbeitsmoral und -disziplin erwarten läßt, daß er künftig das sozialistische Eigentum achten wird.

II. Grundlagen der Amtshaftung in Österreich

Text: Das österreichische Bundesverfassungsrecht, 2. Aufl. Wien 1973, herausgegeben von Hans R. Klecatsky.

1. Bundes-Verfassungsgesetz idF von 1929, zuletzt novelliert am 14. 3. 1972 (BVG), (BGBl. I S. 566).

Art. 23

(1) Der Bund, die Länder, die Bezirke, die Gemeinden und die sonstigen Körperschaften und Anstalten des öffentlichen Rechts haften für den Schaden, den die als ihre Organe handelnden Personen in Vollziehung der Gesetze durch ein rechtswidriges Verhalten wem immer schuldhaft zugefügt haben.

(2) Personen, die als Organe eines im Absatz 1 bezeichneten Rechtsträgers handeln, sind ihm, soweit ihnen Vorsatz oder grobe Fahrlässigkeit zur Last fällt, für den Schaden haftbar, für den der Rechtsträger dem Geschädigten Ersatz geleistet hat.

(3) Personen, die als Organe eines im Absatz 1 bezeichneten Rechtsträgers handeln, haften für den Schaden, den sie in Vollziehung der Gesetze dem Rechtsträger durch ein rechtswidriges Verhalten unmittelbar zugefügt haben.

(4) Die näheren Bestimmungen zu den Absätzen 1 bis 3 werden durch Bundesgesetz getroffen.

2. Bundesgesetz vom 18. 12. 1948, BGBl. Nr. 20 aus 1949, womit die Haftung des Bundes, der Länder, der Bezirke, der Gemeinden und der sonstigen Körperschaften und Anstalten des öffentlichen Rechts für den in Vollziehung der Gesetze zugefügten Schaden geregelt wird (Amtshaftungsgesetz), in der Fassung der Bundesgesetze vom 21. März 1952, BGBl. Nr. 60, vom 7. November 1956, BGBl. Nr. 218, und vom 4. Feber 1959, BGBl. Nr. 38.

Erster Abschnitt: Haftpflicht

§ 1

(1) Der Bund, die Länder, die Bezirke, die Gemeinden, sonstige Körperschaften des öffentlichen Rechts und die Träger der Sozialversicherung — im

folgenden Rechtsträger genannt — haften nach den Bestimmungen des bürgerlichen Rechts für den Schaden am Vermögen oder an der Person, den die als ihre Organe handelnden Personen in Vollziehung der Gesetze durch ein rechtswidriges Verhalten wem immer schuldhaft zugefügt haben; dem Geschädigten haftet das Organ nicht. Der Schaden ist nur in Geld zu ersetzen.

(2) Organe im Sinne dieses Bundesgesetzes sind alle physischen Personen, wenn sie in Vollziehung der Gesetze (Gerichtsbarkeit oder Verwaltung) handeln, gleichviel, ob sie dauernd oder vorübergehend oder für den einzelnen Fall bestellt sind, ob sie gewählte, ernannte oder sonstwie bebestellte Organe sind und ob ihr Verhältnis zum Rechtsträger nach öffentlichem oder privatem Recht zu beurteilen ist.

§ 2

(1) Bei Geltendmachung des Ersatzanspruches muß ein bestimmtes Organ nicht genannt werden; es genügt der Beweis, daß der Schaden nur durch die Rechtsverletzung eines Organes des beklagten Rechtsträgers entstanden sein konnte.

(2) Der Ersatzanspruch besteht nicht, wenn der Geschädigte den Schaden durch Rechtsmittel oder durch Beschwerde an den Verwaltungsgerichtshof hätte abwenden können.

(3) Aus einem Erkenntnis des Verfassungsgerichtshofes des Obersten Gerichtshofes und des Verwaltungsgerichtshofes kann ein Ersatzanspruch nicht abgeleitet werden.

§ 3

(1) Hat der Rechtsträger dem Geschädigten auf Grund dieses Bundesgesetzes den Schaden ersetzt, so kann er von den Personen, die als seine Organe gehandelt und die Rechtsverletzung vorsätzlich oder grobfahrlässig verübt oder verursacht haben, Rückersatz begehren.

§ 4

Von einem Organ kann kein Rückersatz wegen einer Handlung begehrt werden, die auf Weisung (Auftrag, Befehl) eines Vorgesetzten erfolgt ist, es sei denn, das Organ hätte die Weisung eines offenbar unzuständigen Vorgesetzten befolgt oder in Befolgung der Weisung gegen strafgesetzliche Vorschriften verstoßen.

Zweiter Abschnitt: Verfahren

§ 8

Der Geschädigte hat zunächst den Rechtsträger, gegen den er den Ersatzanspruch geltend machen will, zur Anerkennung des Ersatzanspruches schriftlich aufzufordern. Kommt dem Geschädigten binnen drei Monaten nach Einlangen dieser Aufforderung beim Rechtsträger eine Erklärung über sein Begehren nicht zu oder wird innerhalb dieser Frist der Ersatz ganz oder zum Teile verweigert, so kann er den Ersatzanspruch durch Klage gegen den Rechtsträger geltend machen.

III. Grundlagen der Staatshaftung in England

Text: Halsburys Statutes of England, Third Edition, Volume 8: Criminal Law, Crown Proceedings, London Butterworths 1969, S. 844 ff.

The Crown Proceedings Act (Order 1947, S.R. O. 1947 No. 2527)
Part I: Substantive Law

1. Right to sue the Crown

Where any person has a claim against the Crown after the commencement of this Act, and, if this Act had not been passed, the claim might have been enforced, subject to the grant of His Majesty's fiat, by petition of right, or might have been enforced by a proceeding provided by any statutory provision repealed by this Act, then, subject to the provisions of this Act, the claim may be enforced as of right, and without the fiat of His Majesty, by proceedings taken against the Crown for that purpose in accordance with the provisions of this Act.

2. Liability of the Crown in tort

(1) Subject to the provisions of this Act, the Crown shall be subject to all those liabilities in tort to which, if it were a private person of full age and capacity, it would be subject: —

(a) in respect of torts committed by its servants or agents;
(b) in respect of any breach of those duties which a person owes to his servants or agents at common law by reason of being their employer; and
(c) in respect of any breach of the duties attaching at common law to the ownership, occupation, possession or control of property:

Provided that no proceedings shall lie against the Crown by virtue of paragraph (a) of this subsection in respect of any act or omission of a servant or agent of the Crown unless the act or omission would apart from the provisions of this Act have given rise to a cause of action in tort against that servant or agent or his estate.

(2) Where the Crown is bound by a statutory duty which is binding also upon persons other than the Crown and its officers, then, subject to the provisions of this Act, the Crown shall, in respect of a failure to comply with that duty, be subject to all those liabilities in tort (if any) to which it would be so subject if it were a private person of full age and capacity.

(3) Where any functions are conferred or imposed upon an officer of the Crown as such either by any rule of the common law or by statute, and that officer commits a tort while performing or purporting to perform those functions, the liabilities of the Crown in respect of the tort shall be such as they would have been if those functions had been conferred or imposed solely by virtue of instructions lawfully given by the Crown.

(4) Any enactment which negatives or limits the amount of the liability of any Government department or officer of the Crown in respect of any tort committed by that department or officer shall, in the case of proceedings against the Crown under this section in respect of a tort committed by

that department or officer, apply in relation to the Crown as it would have applied in relation to that department or officer if the proceedings against the Crown had been proceedings against that department or officer.

(5) No proceedings shall lie against the Crown by virtue of this section in respect of anything done or omitted to be done by any person while discharging or purporting to discharge any responsibilities of a judicial nature vested in him, or any responsibilities which he has in connection with the execution of judicial process.

(6) No proceedings shall lie against the Crown by virtue of this section in respect of any act, neglect or default of any officer of the Crown, unless that officer has been directly or indirectly appointed by the Crown and was at the material time paid in respect of this duties as an officer of the Crown wholly out of the Consolidated Fund of the United Kingdom, moneys provided by Parliament, the Road Fund, or any other Fund certified by the Treasury for the purposes of this subsection or was at the material time holding an office in respect of which the Treasury certify that the holder thereof would normally be so paid.

9. Liability in connection with postal packets

(1) Subject as hereinafter provided, no proceedings in tort shall lie against the Crown for anything done or omitted to be done in relation to a postal packet by any person while employed as a servant or agent of the Crown, or of anything done or omitted to be done in relation to a telephonic communication by any person while so employed; nor shall any officer of the Crown be subject, except at the suit of the Crown, to any civil liability for any of the matters aforesaid.

10. Provisions relating to the armed forces

(I) Nothing done or omitted to be done by a member of the armed forces of the Crown while on duty as such shall subject either him or the Crown to liability in tort for causing the death of another person, or for causing personal injury to another person, in so far as the death or personal injury is due to anything suffered by that other person while he is a member of the armed forces of the Crown if —

40. Savings

(K) Nothing in this Act shall apply to proceedings by or against, or authorise proceedings in tort to be brought against, His Majesty in His private capacity.

(2) Except as theirein otherwise expressly provided, nothing in this Act shall: —

(e) (rep. with a saving by the Highways (Miscellaneous Provisions) Act 1961, S. I (6), (8); cf. now S. I (5) of that Act, Vol. 15, title Highways).

Literaturverzeichnis

(Die Titel werden mit eindeutigen Abkürzungen zitiert. Fehlt eine solche, ist der Autor nur mit einem Titel vertreten.)

Achterberg, Norbert: Die Haftung bei schadensgeneigter Arbeit im öffentlichen Dienstrecht, DVBl. 1964, 605 und 655.
— Der Rechtsgrund der Haftungsbeschränkung und der Ersatzansprüche des Arbeitnehmers bei schadensgeneigter Arbeit, AcP 164, 14.

Arndt, Herbert: Die Straßenverkehrssicherungspflicht in der Rechtsprechung des Bundesgerichtshofes, 1968.
— Stationierungsschäden, VersR 1973, 481.

Arnold, Hans: Schließt die Möglichkeit, aus einer Unfallversicherung Ersatz für einen infolge einer fahrlässigen Amtspflichtverletzung (§ 839 Abs. 1 Satz 2 BGB) eingetretenen Unfallschaden zu verlangen, die Amtshaftung aus?, JRPV 1936, 353.

Bachof, Otto: Die verwaltungsgerichtliche Klage auf Vornahme einer Amtshandlung, Tübingen 1951; 2. Aufl. 1968.
— Die Dogmatik des Verwaltungsrechts, VVDStRL 30, 193.

Barnbeck, Klaus: Das französische öffentliche Haftungsrecht als Vorbild einer deutschen Neugestaltung, Diss. Hamburg 1956.

Bartlsperger, Richard: Die Folgen von Staatsunrecht als Gegenstand der Gesetzgebung, NJW 1968, 1697.
— Verkehrssicherungspflicht und öffentliche Sache, 1970.
— Rechtsansprüche und Haftung bei der öffentlichen Straßenverkehrssicherungspflicht, DVBl. 1973, 465.

Baumann, Horst: Gedanken zur Subsidiarität der Amtshaftung, AcP 169, 318.

Baumbach/Lauterbach/Albers/Hartmann: Kommentar zur Zivilprozeßordnung, 31. Aufl., München 1973.

Bender, Bernd: Zur Problematik der durch Staatsunrecht begründeten öffentlich-rechtlichen Kompensations- und Restitutionspflichten, DÖV 1968, 156.
— Staatshaftungsrecht, Karlsruhe 1971.
— Zur Reform des Staatshaftungsrechts, VersR 1974, 1.

Bendix, Ludwig: Zur Psychologie der Urteilstätigkeit des Berufsrichters, Neudruck Neuwied und Berlin 1968. Zitiert: Berufsrichter.

Bernzen, M.: Das Subsidiaritätsprinzip als Prinzip des deutschen Staatsrechts, Kieler Diss., Düsseldorf 1966.

Bettermann, Karl-August: Rechtsgrund und Rechtsnatur der Staatshaftung, DÖV 1954, 299 ff.
— Zur Lehre vom Folgenbeseitigungsanspruch, DÖV 1955, 528 - 536.

Bettermann, Karl-August: Die Amtshaftung, Die Grundrechte, Band III, 2. Halbband, S. 830 ff., Berlin 1959.

— Vom Sinn der Amtshaftung: Bemerkungen zu BGHZ 34, 99, JZ 1961, 482.

Bieberstein, Marschall von: Siehe unter Marschall von Bieberstein, Wolfgang Freiherr.

Bluntschli, Johann Caspar: Gutachten über die Gesetzgebungsfrage: „Soll der Staat, bzw. die Gemeinde für Schäden und Nachteile, welche die von ihnen angestellten Beamten durch vorsätzliche oder kulpose Verletzung ihrer Dienstpflichten einem Dritten zufügen, überhaupt haften und bejahenden Falls in erster Reihe unbedingt oder nur subsidiär?", in: Verhandlungen des 6. Deutschen Juristentags, Band I, 1865, S. 45.

Böhmer, Emil: Haftungsverzicht zum Nachteil Dritter?, MDR 1968, 13.

Bonsmann, Paul: Subsidiäre Staatshaftung und Versicherungsvertrag, ZRP 1969, 52 - 53.

Boos, H.: Anmerkung zum Urteil des RG vom 13. 5. 1939, DR 1939, 1319.

Bruck/Möller/Sieg: Kommentar zum Versicherungsvertragsgesetz, 8. Aufl., Berlin 1970 (Kommentierung zu § 67 VVG).

Brüggemann, Dieter: Zur Konkurrenz zwischen Amtshaftung und Haftung nach StVG bei Hoheitsfahrten, DAR 1955, 233.

Bull, Hans-Peter: Ampel-Unfälle als Schicksalsschläge?, DÖV 1971, 305.

Burchardi, Georg Christian: Lehrbuch des römischen Rechts, II. Teil, Das System und die innere Geschichte des römischen Privatrechts, 1. und 2. Abteilung, Stuttgart 1843.

Bydlinski, Franz: Zur ‚Reduktionsklausel' des deutschen Referentenentwurfs für eine Novellierung des Schadensersatzrechts, in: Juristische Blätter (Österreich), JBl. 1968, S. 330 ff.

von Caemmerer, Ernst: Der privatrechtliche Persönlichkeitsschutz nach deutschem Recht, FS für Fritz von Hippel, Tübingen 1967, S. 27.

— Reform der Gefährdungshaftung, 1971.

Coing, Helmut: Grundzüge der Rechtsphilosophie, Berlin, 2. Aufl., 1969.

Cornu Gerard: Etude comparée de la Responsabilité delictuelle au droit privé et au droit public, Reims 1951.

Dagtoglou, Prodromos: Kommentierung des Artikels 34 GG in der Zweitbearbeitung des Bonner Kommentars, Hamburg 1970.

Delius, Hans: Die Beamtenhaftpflichtgesetze des Reiches und der Länder, 3. Aufl., Berlin und Leipzig 1921.

Dernburg, Heinrich: Lehrbuch des Preußischen Privatrechts, 2. Band, Halle 1878.

— System des Römischen Rechts, Die Pandekten, 8. Aufl. bearbeitet von Sokolowski 2. Teil, Berlin 1912.

Deutsch, Erwin: Entwicklungstendenzen des Schadensrechts in Rechtsprechung und Wissenschaft, JuS 1967, 152.

Dietzel, Gottfried: Zur Neuordnung des Amtshaftungsrecht, JZ 1969, 48.

Donau, Helmut: „Anderweitige Ersatzbeschaffung" im Sinne von § 839 Abs. 1 Satz 2 BGB bei Haftung desselben öffentlichen Dienstherren auf Grund anderer Bestimmungen?, MDR 1955, 716.

Dürig, Günter: Verfassung und Verwaltung im Wohlfahrtsstaat, JZ 1953, 193.

— Grundfragen des öffentlich-rechtlichen Entschädigungssystems, JZ 1955, 521.

Dürig, Günter, Theodor *Maunz* und Roman *Herzog*: Grundgesetz, Kommentar, Loseblattsammlung, Lieferungen 1 bis 12, München 1971.

Ehrenzweig, Armin: System des österreichischen allgemeinen Privatrechts, 2. Aufl., 2. Band, 1. Hälfte, Wien 1928.

Engelmann, Woldemar: Die Wiedergeburt der Rechtskultur in Italien durch die wissenschaftliche Lehre, Leipzig 1939.

Engisch, Karl: Einführung in das juristische Denken, 5. Aufl., Stuttgart—Berlin—Köln—Mainz 1971.

Enneccerus/Nipperdey: Allgemeiner Teil des BGB, 15. Aufl., 1959.

Erdsiek, G.: Bedarf unser Haftungsrecht einer Überprüfung und in welchen Punkten?, KF 1969, 3.

Erman, Walter Harm Peter *Westermann* und Klaus *Küchenhoff:* Handkommentar zum BGB, 5. Aufl., Münster 1972.

— Buchbesprechung, JZ 1955, 294.

Esser, Josef: Grundsatz und Norm in der richterlichen Fortbildung des Privatrechts, 2. Aufl., Tübingen 1964; zitiert: Esser, Grundsatz und Norm.

— Grundlagen und Entwicklung der Gefährdungshaftung, 2. Aufl. 1969, München; zitiert: Gefährdungshaftung.

— Schuldrecht Allgemeiner Teil, 4. Aufl., Karlsruhe 1970; zitiert: Esser I.

— Schuldrecht Besonderer Teil, 4. Aufl., Karlsruhe 1971; zitiert: Esser II.

— Vorverständnis und Methodenwahl in der Rechtsfindung, Frankfurt 1970; zitiert: Vorverständnis.

— Möglichkeiten und Grenzen des dogmatischen Denkens im modernen Zivilrecht, AcP 172, 97.

Evers, Hans-Ulrich: Verkehrssicherungspflicht oder Hoheitshaftung?, BGHZ 32, 352, JuS 1961, 125.

Fikentscher, Wolfgang: Das Schuldrecht, 3. Aufl., Berlin—New York 1971.

Fischer, Robert: Die Weiterbildung des Rechts durch die Rechtsprechung, Jur. Studiengesellschaft Karlsruhe 100, Karlsruhe 1971.

Flume, Werner: Richter und Recht, 1966.

Forsthoff, Ernst: Die Verkehrssicherungspflicht in Ansehung öffentlicher Sachen im Gemeingebrauch, DVBl. 1952, 164.

— Lehrbuch des Verwaltungsrechts, Allgemeiner Teil, Band I, 10. Aufl., 1973.

Friedmann, Wolfgang: Recht und sozialer Wandel, Frankfurt 1969.

Fromont, Michel: La responsabilité de l'Etat pour le comportement illégal de ses organs, Länderbericht Frankreich, in: Sammelband des Max-Planck-Instituts, Köln und Berlin 1967, S. 135.

Füchsel, Konrad: Ist die Subsidiaritätsklausel des § 839 I 2 mit Art. 34 GG vereinbar?, DAR 1972, 313.

Gebauer, G.-Chr.: De actione Tutelae adversus magistratus, Leipzig 1726, in: Exercc. acad. T.I., S. 209 - 222.

Geerds, Friedrich: Zur Lehre von der Konkurrenz im Strafrecht, Hamburg 1961.

Gehre, Horst: Die Entwicklung der Amtshaftung in Deutschland seit dem 19. Jahrhundert, Diss. Bonn 1958.

Geigel, Reinhart und Robert: Der Haftpflichtprozeß mit Einschluß des materiellen Haftpflichtrechts, 15. Aufl., München 1972.

Gemtos, Petros: Haftungsausschluß bei Schuldnermehrheiten, Tübingen 1969.

Gerhard: JW 1933, 778 Anm. zu RGZ 138/209 (Urt. v. 15. 11. 32 III 414/31).

Gerhard, Johann Hinrich: Der Beamtenbegriff des § 839 BGB, Diss. Berlin 1962.

Gitter, Wolfgang: Schadensausgleich im Arbeitsunfallrecht, Tübingen 1969.

Glaser, Krischan: Das Subsidiaritätsprinzip und die Frage seiner Verbindlichkeit nach Verfassungs- und Naturrecht, Diss. München 1965.

Gross, Rolf: Zu den Haftungsbeschränkungen des § 839 BGB, ZBR 1964, 72.

Gschnitzer, Franz: Kommentar zum ABGB, 2. Aufl., 1. Band, 2. Halbband, §§ 137 - 284, Wien 1962.

— Schuldrecht Besonderer Teil und Schadenersatz, Wien 1963.

Haas, Diether: System der öffentlich-rechtlichen Entschädigungspflichten, Karlsruhe 1955.

Hamann, Wolfram: Die Bedeutung des Subsidiaritätsprinzips im geltenden Verwaltungsrecht, Diss. Tübingen 1961 (Maschinenschrift).

Hampe, Karl-Alexander: Die Amtshaftung im englischen Recht, AöR 76, 297.

Hanau, Peter: Hinkende Gesamtschulden, VersR 1967, 516.

Haueisen: Straßenbaulast und Verkehrssicherungspflicht, NJW 1953, 1613.

Hauss, Fritz: Zur Reform des deutschen Haftungsrechts, erweiterte Fassung eines am 30. 11. 1964 gehaltenen Vortrags, Sonderdruck, herausgegeben vom Justizministerium des Landes Nordrhein-Westfalen.

Heidenhain, Martin: Amtshaftung und Entschädigung aus enteignungsgleichem Eingriff, Berlin 1965; zitiert: Amtshaftung.

— Folgen rechtswidrigen hoheitl. Verwaltungshandelns, JZ 1968, 48.

Heine, Bernd: Die schadensgeneigte Arbeit des Beamten, Diss. München 1969.

Heitmann, Klaus: Konkurrenz von Schadensersatzanspruch nach § 7 StVG und § 839 BGB, NJW 68, 437.

Herz, Günther: Anmerkung zu OLG Bamberg NJW 1972, 689, NJW 1972, 1138.

Hickl, Manfred: Die Ausweitung der Amtspflicht, Frankfurt Diss. 1971.

Hirsch, Hans Joachim: Richterrecht und Gesetzesrecht, JR 1966, 334.

Hohenester, Hermann: Die Ausgleichshaftung der öffentlichen Hand, NJW 1967, 1140.

Isele, Hellmut Georg: Ein halbes Jahrhundert deutsches Bürgerliches Gesetzbuch, AcP 150, 1 (1949).

Isensee, Josef: Subsidiaritätsprinzip und Verfassungsrecht, Berlin 1968.

Ising, Peter: Einseitiger Haftungsausschluß bei mehreren Schadensverursachern, Diss. Köln 1969.

Jahn, Friedrich-Adolf: Rechtsanspruch bei Verletzung der Verkehrssicherungspflicht auf öffentlichen Straßen, Diss. Münster 1961.

— Die Tendenz der Rechtsprechung zur Ausweitung der Amtshaftung, DÖV 1965, 265 - 267.

— Die Haftungsgrundlage bei Verletzung der VSP auf öffentlichen Straßen, JuS 1965, 165.

Janicki, Hubertus: Die Verkehrssicherungspflicht als Amtspflicht, NJW 1967, 2038.

Jellinek, Walter: Schadenersatz aus Amtshaftung und Enteignungsentschädigung, JZ 1955, 147.

Jostock, Paul: Die sozialen Rundschreiben, 3. Aufl., Freiburg—Basel 1961.

Junck, Johannes: Bemerkungen zu RGZ 138, 209, JRPV 1934, 311 (313).

Kaser, Max: Das Römische Privatrecht, 1. Abschnitt, Das altrömische vorklassische und klassische Recht, 2. Aufl., München 1971; zitiert: Kaser, Römisches Privatrecht I.

— Das Römische Privatrecht, 2. Abschnitt, Die nachklassischen Entwicklungen, München 1959.

Kaufmann, Otto K.: Haftung des Staates für rechtswidriges Verhalten seiner Organe, Länderbericht Schweiz, in dem Sammelband des Max-Planck-Instituts für ausländisches öffentliches Recht und Völkerrecht mit demselben Titel, Köln und Berlin 1967, S. 555.

Kayser/Leiss: Die Amtshaftung, 2. Aufl., München—Berlin 1958.

Kerschbaum: Die Anrechnung von privaten Versicherungsleistungen in Fällen der Beamten- und Staatshaftpflicht, JW 1935, 2600.

Keuk, Brigitte: Die Solidarhaftung der Nebentäter, AcP 168, 175.

Kimminich, Otto: Die öffentlichrechtlichen Entschädigungspflichten, JuS 1969, 349.

Kleinewefers, Herbert und Walter *Wilts*: Die Verkehrssicherungspflicht auf öffentlichen Straßen — Darstellung der Rechtsprechung des BGH, VersR 65, S. 397.

Koch, C. F.: Allgemeines Landrecht für die Preußischen Staaten, Kommentar in Anmerkungen, Berlin 1854, Zweiter Theil, zweiter Band (Band 4).

König, Detlef: Voraussehbarkeit des Schadens als Grenze vertraglicher Haftung (zu Art. 82, 86, 87 EKG), in: Das Haager Einheitliche Kaufgesetz und das Deutsche Schuldrecht, Karlsruhe 1973, S. 75 ff.

Kollmeier, Wolf-Dieter: Die Amtshaftung in Österreich und England, Diss. Marburg 1962.

Kommissionsbericht zur Reform des Staatshaftungsrechts, Entwürfe eines Staatshaftungsgesetzes und einer Grundgesetzänderung mit Begründungen, herausgegeben von den Bundesministern der Justiz und des Innern, Oktober 1973; zitiert: Kommissionsentwurf 1973, abgekürzt KomE 73.

Konow, Karl-Otto: Amtshaftungsanspruch u. Gleichheitsgebot, DVBl. 1971, S. 454.

Krause, Wilhelm: Zur geplanten Änderung des § 839 BGB, 2.) Aus der Sicht der Praxis und der Versicherungswirtschaft, KF 1962, 33.

Kreft, Friedrich: Zur geplanten Änderung des § 839 BGB, 1.) aus der Sicht der Rechtsprechung und der Dogmatik, KF 1962, 30.

— Die Reform des Amtshaftungsrechts, insbesondere im Blick auf die persönliche Haftung des Beamten, ZBR 1962, 338.

Kübler, Friedrich: Der deutsche Richter und das demokratische Gesetz, AcP 162, 104.

— Kodifikation und Demokratie, JZ 1969, 645.

— Anmerkung zu BVerfG, NJW 1973, 1221 = JZ 1973, 662, JZ 1973, 667.

Küchenhoff, Günther: Das Prinzip der staatlichen Subsidiarität im Arbeitsrecht, RdA 1959, 201.

Kühne: Anmerkung zu BGH v. 18. 6. 1973, JR 1974, 70.

Larenz, Karl: Lehrbuch des Schuldrechts, Band I, Allgemeiner Teil, 10. Aufl., München 1970; zitiert: Larenz I.

— Lehrbuch des Schuldrechts, Band II, Besonderer Teil, 10. Aufl., München 1972.

— Methodenlehre der Rechtswissenschaft, 2. Aufl., Berlin—Heidelberg—New York 1969.

— Kennzeichen geglückter richterlicher Rechtsfortbildungen, Karlsruhe 1965.

Leisner, Walter: Französisches Staatshaftungsrecht, VerwA 1963, 1; 240; 369.

— Gefährdungshaftung im öffentlichen Recht, VVDStRL 20, 185.

Lerche, Peter: Amtshaftung und enteignungsgleicher Eingriff, JuS 1961, 237.

Levy, Ernst: Schadenersatz und Privatstrafe im klassischen römischen Recht, Berlin 1915.

Loebenstein, Edwin und Gustav *Kaniak:* Kommentar zum Amtshaftungsgesetz mit den Materialien, Wien 1951 mit einem Nachtrag von 1957.

Lorenz-Meyer, Ulrich: Haftungsstruktur und Minderung der Schadenersatzpflicht durch richterliches Ermessen, Tübingen 1971.

Luer, Hans-Joachim: Die Begrenzung der Haftung bei fahrlässig begangenen unerlaubten Handlungen, Karlsruhe 1965.

Luhmann, Niklas: Öffentlich-rechtliche Entschädigung rechtspolitisch betrachtet, Berlin 1965.

Lumm, Hermann: Zu den Voraussetzungen und der Funktion des Ausgleichs unter Gesamtschuldnern, Diss. Hamburg 1968.

Mampel, Siegfried: Das Recht in Mitteldeutschland, Köln, Berlin, Bonn, München 1966.

Marschall von Bieberstein, Wolfgang Freiherr: Reflexschäden und Regreßrechte, Stuttgart—Berlin—Köln—Mainz 1967.

— Der Regreß in der sozialen Unfallversicherung und in der Privatversicherung, VersR 1972, 991.

Martens, Wolfgang: Übertragung von Hoheitsgewalt auf Schüler, NJW 70, 1029.

Mayer, Kurt: Beschränkte Amtshaftung bei Verletzung der Straßenverkehrssicherungspflicht, NJW 1973, 1918.

Medicus, Dieter: Haftungsbefreiung und Gesamtschuldnerausgleich, JZ 1967, 398.

Mennicken, Axel: Das Ziel der Gesetzesauslegung, Bad Homburg v. d. H.—Berlin—Zürich 1970.

Merten, Detlef: Zum Spruchrichterprivileg in § 839 Abs. 2 BGB, in: Festschrift für Wilhelm Wengler, Band II, Berlin 1973, S. 519.

Michaelis, Karl: Zur Rechtswidrigkeit als Haftungsgrund bei der Amtshaftung und beim sog. enteignungsgleichen Eingriff, in: Festschrift für Larenz, München 1973, S. 927 ff.

Migsch, Erwin: Die absolut geschützte Rechtsstellung des Arbeitnehmers, München—Salzburg 1972.

Mohl, Robert von: System der Präventiv-Justiz oder Rechtspolizei, 1834.

Münzberg, Wolfgang: Verhalten und Erfolg als Grundlagen der Rechtswidrigkeit und Haftung, Frankfurt 1966.

Münzel, Karl: Die Rechtsprechung zu § 839 BGB in Verbindung mit dem Staatshaftungsrecht, NJW 1966, 1341.

Mugdan, Benno: Die gesammelten Materialien zum Bürgerlichen Gesetzbuch für das Deutsche Reich, II. Band, Recht der Schuldverhältnisse, Berlin 1899.

Nedden, Gerhard: NJW 1968, 937, Anmerkung zu BGH NJW 1968, 443.

Nelte, Otto: Ausschluß des Versicherer-Regresses bei Schädigung des Versicherten durch fahrlässige Amtspflichtverletzung?, JRPV 1934, 113.

Neumann-Duesberg, Horst: Das Haftungsbeschränkungsprinzip bei schadensgeneigter Tätigkeit außerhalb des Arbeitsverhältnisses, JZ 1964, 433 - 441.

Nipperdey, Hans-Carl: Tatbestandsaufbau und Systematik der deliktischen Grundtatbestände, NJW 1967, 1985.

Ossenbühl, Fritz: Enteignungsgleicher Eingriff und Gefährdungshaftung im öffentlichen Recht — BGHZ 54, 332, JuS 1971, 575.

— Probleme der Amtshaftung bei Versagen von Ampelanlagen — BGH NJW 1971, 2220 und 1972, 1268, JuS 1973, 421.

Pagendarm, Kurt: Verhältnis von öffentlich-rechtlichen Entschädigungsansprüchen zu Amtshaftungsansprüchen im Hinblick auf § 839 I 2 BGB, DÖV 1955, 520 ff.

— Anmerkung zu BGHZ 25/340 = NJW 58/180 in LM Nr. 10 zu § 67 VVG.

Palandt: Kommentar zum BGB, 31. Aufl., München 1972.

Papier, Hans-Jürgen: Die Forderungsverletzung im öffentlichen Recht, Berlin 1970.

Pentzek, Karl-Fred: Anmerkung zu der Entscheidung des BGH vom 18. 12. 1972, BGH NJW 1973, 463, NJW 1973, 846.

Pfeifer: Zur Frage der Amtshaftung, ÖGemZ 1948, Heft 7, S. 14 ff.

Prölss, Jürgen: Haftungsausschluß und Schadensausgleich, JuS 1966, 400.

Referentenentwurf eines Gesetzes zur Änderung und Ergänzung schadensrechtlicher Vorschriften, herausgegeben vom Bundesministerium der Justiz. Band I Wortlaut, Band II Begründung, Januar 1967; zitiert: Referentenentwurf 1967, abgekürzt RefE 67.

RGRK, Das Bürgerliche Gesetzbuch, Kommentar, herausgegeben von Reichsgerichtsräten und Bundesrichtern, 11. Aufl., Berlin 1960.

Reinhardt, Rudolf: Einige Grundgedanken über § 839 BGB und die Staatshaftung, DÖV 1955, 542.

Richter, Ingo: Die Grundlagen der Haftung für ‚faute de service' im französischen Staatshaftungsrecht, Ein Beitrag zur Umbildung des deutschen Rechts, Frankfurt/M., Berlin 1965.

Richter, Karl: Der Ausschluß der Staatshaftung nach Art. 34 GG, Diss. München 1968.

Rudorff, Adolph August Friedrich: Das Recht der Vormundschaft, 3. Band, Berlin 1834.

Rüfner, Wolfgang: Zum gegenwärtigen Stand des deutschen Staatshaftungsrechts, BB 1968, 881.

— Bodenordnung und Eigentumsgarantie, JuS 1973, 593.

Rüthers, Bernd: Die unbegrenzte Auslegung, zum Wandel der Privatrechtsordnung im Nationalsozialismus, Tübingen 1968.

Rottleuthner, Hubert: Richterliches Handeln. Zur Kritik der juristischen Dogmatik, Frankfurt 1973.

Sachers, Ernst: Tutela, in: Paulys Realencyclopädie der classischen Altertumswissenschaft, neue Bearbeitung, begonnen von Georg Wissowa, 2. Reihe, 14. Halbband, 1948.

Schack, Friedrich: Öffentlich-rechtliche Entschädigung und Schadenersatz, BB 1959, 1259.

Scheuerle, Wilhelm: Finale Subsumtion — Studien über Tricks und Schleichwege in der Rechtsanwendung, AcP 167, 305.

Scheuner, Ulrich: Amtshaftung und enteignungsgleicher Eingriff, Korreferat, JuS 1961, 243.

— Grundfragen der Staatshaftung für schädigende Eingriffe. Gedächtnisschrift für Walter Jellinek 1955, S. 331.

Schmelzeisen, Gustaf Klemens: Quellen zur Neueren Privatrechtsgeschichte Deutschlands, Köln—Graz 1968.

Schmidt, Eike: Nachwort zum gemeinsamen Neudruck der Abhandlungen von Jhering, Culpa in contrahendo und von Staub, Die positiven Vertragsverletzungen, Bad Homburg, Zürich, Berlin 1969, S. 131 - 164; zitiert: Nachwort.

— Grundlagen des Haftungs- und Schadensrechts, in: Athenäum-Zivilrecht I, S. 405 - 614.

Schneider, Egon: Anmerkung zu BGH vom 28. 4. 1966, NJW 1966, 1263.

Schöning, Jürgen: Rechtliche Auswirkungen der Technisierung der Verwaltung auf das System der öffentlich-rechtlichen Ersatzleistungen, Diss. Bochum 1973.

Schönke, Adolf und Horst *Schröder*: Strafgesetzbuch, Kommentar, 16. Aufl., Tübingen 1972.

Schroer, Leopold: Amtshaftung und Enteignungsentschädigung, JZ 1955, 308.

Schultz, Ludwig: Anmerkung zu BGH NJW 1967, 1273, NJW 1967, 1756.

Sendler, Horst: Die Konkretisierung einer modernen Eigentumsverfassung durch Richterspruch, DÖV 1971, 16.

Soergel/Siebert: Kommentar zum Bürgerlichen Gesetzbuch, Band 2, 10. Aufl., Stuttgart, Berlin, Köln, Mainz 1967.

Spanner, Hans: Länderbericht Österreich, in: Haftung des Staates für rechtswidriges Verhalten seiner Organe, S. 505 ff., Köln und Berlin 1967.

— Das österreichische Amtshaftungsrecht, DVBl. 1955, 545.

Statistisches Jahrbuch für die Bundesrepublik Deutschland, 1971.

Staudinger, J. von: Kommentar zum Bürgerlichen Gesetzbuch, 10./11. Aufl., Band II, Berlin 1970; zitiert mit Verfasser hier: Staudinger/Schäfer.

Steindorff, Ernst: Repräsentanten- und Gehilfenversagen und Qualitätsregelungen in der Industrie, AcP 170, 93.

Stich, R.: Die Bedeutung des Verschuldensgrades für die Schadenshaftung bei gefahrengeneigter Tätigkeit, ZBR 1960, 103 - 106.

— Beschränkung der Schadenshaftung des Beamten bei gefahrengeneigter Tätigkeit, ZBR 1959, 215.

Stoll, Hans: Anmerkung zu BGHZ 35, 317, FamRZ 1962, 66.

Stosch, Hans-Dieter: Der Aufopferungsanspruch im Verhältnis zur Amtshaftung, Diss. Würzburg 1973.

Street, Harry: Liability of the State for Illegal Conduct of its Organs, Länderbericht Großbritannien, in: Sammelband des Max-Planck-Instituts, Köln und Berlin 1967, S. 229.

— Governmental Liability, Cambridge 1953.

Theda, Werner: Die Anrechenbarkeit von Leistungen aus einer privaten Unfall- und Lebensversicherung als „anderweiter Ersatz" nach § 839 Abs. 1 S. 2 BGB, VersR 1974, 13.

Venzlaff, Friedrich: Über die Schlüsselstellungg des Rechtsgefühls bei der Gesetzesanwendung, Frankfurt 1973.

Wacke, Andreas: Der Erlaß oder Vergleich mit einem Gesamtschuldner, AcP 170, 42.

Waldeyer, Hans-Wolfgang: Die Grenzen der Subsidiaritätsklausel im Amtshaftungsrecht, NJW 1972, 1249.

Wagenfeld, Meike: Ausgleichsansprüche unter solidarisch haftenden Deliktsschuldnern im englischen und deutschen Recht, Tübingen 1972.

Weber, Hanns: Die Entschädigung bei einer in Ausübung öffentlicher Gewalt im Verkehr verschuldeten Beschädigung eines kaskoversicherten Kraftfahrzeugs, NJW 1966, 1645.

Weber, Werner: Eigentum und Enteignung, in: Neumann/Nipperdey/Scheuner, Die Grundrechte, Band 2, 1954, S. 331.

Weitnauer, Hermann: Die Haftung aus Amtspflichtverletzung, Schriftenreihe „Der Betrieb", Düsseldorf 1956.
— Zum Schutz der absoluten Rechte, KF 1961, 28.
— Grundsätze der Haftung, KF 1962, 3.
— Fahrlässigkeit und Rechtswidrigkeit im Zivilrecht, VersR 1963, 992.
— Zur Lehre vom adäquaten Kausalzusammenhang, Versuch einer Ehrenrettung, FS für Oftinger, Zürich 1969, S. 321.
— Aktuelle Fragen des Haftungsrechts, VersR 1970, 585.

Westen, Klaus: Das Staatshaftungsgesetz der DDR. Berichte des Bundesinstituts für ostwissenschaftliche und internationale Studien, Köln 14/1971.

Weyers, Hans-Leo: Unfallschäden, Praxis und Ziele von Haftpflicht- und Vorsorgesystemen, Frankfurt 1971; zitiert: Weyers, Unfallschäden.

Wiese, Günther: Der Ersatz des immateriellen Schadens, Tübingen 1964.

Windscheid, Bernhard: Lehrbuch des Pandektenrechts, 2. Band, 5. Aufl., Frankfurt 1882.
— Lehrbuch des Pandektenrechts, 9. Aufl., 1906, 2. Band.

Wolany, Joseph: Zur Rechtfertigung der bloß subsidiären Haftpflicht bei fahrlässigen Amtspflichtverletzungen, in: Annales Universitatis Saraviensis, Serie III, 1954, S. 121 - 133.

Wolff, Hans J.: Verwaltungsrecht Band 1 (Allgemeiner Teil), 8. Aufl., München 1971.

Wussow, Werner: Amtshaftung der Länder und Gemeinden bei Straßenverkehrsunfällen?, NJW 1964, 1459.
— Die Verkehrssicherungspflicht der Länder und Gemeinden auf öffentlichen Straßen, BB 1967, 353.
— Das Unfallhaftpflichtrecht. Gesamtdarstellung, 11. Aufl., Köln, Berlin, Bonn, München 1972.

Zachariä, Heinrich Albert: Über die Haftungsverbindlichkeit des Staates aus rechtswidrigen Handlungen und Unterlassungen seiner Beamten, ZgesStW 19 (1863), 582.

Zimmern, Sigmund Wilhelm: Geschichte des Römischen Privatrechts bis Justinian, 1. Band, Heidelberg 1826.

Zuck, Rüdiger: Subsidiaritätsprinzip und Grundgesetz, Diss. Tübingen 1963.

MIX
Papier aus verantwortungsvollen Quellen
Paper from responsible sources
FSC® C105338

Printed by Libri Plureos GmbH
in Hamburg, Germany